AF860348

Für

Professor Dr. Battes

mit bestem Dank

für die Leitung

der mündlichen Prüfung.

Lutz Plewe

im September 2003

Die gesetzlichen Formen des Rechtsgeschäfts

Eine Bestandsaufnahme
zu Beginn des 21. Jahrhunderts

Inaugural-Dissertation
zur Erlangung des Grades eines Doktors
der Rechte
durch die
Rechts- und Staatswissenschaftliche Fakultät
der
Rheinischen Friedrich-Wilhelms-Universität
Bonn

vorgelegt von Lutz-Ingo Plewe

aus Wolfsburg

Tag der Promotion: 16. Juli 2003

Dekan: Prof. Dr. Kindhäuser

Erstreferent: Prof. Dr. Schilken

Zweitreferent: Prof. Dr. Schmitz-Valckenberg

Tag der mündlichen Prüfung: 16. Juli 2003

Berichte aus der Rechtswissenschaft

Lutz-Ingo Plewe

Die gesetzlichen Formen des Rechtsgeschäfts

Eine Bestandsaufnahme
zu Beginn des 21. Jahrhunderts

D 98 (Diss. Universität Bonn)

Shaker Verlag
Aachen 2003

Bibliografische Information Der Deutschen Bibliothek
Die Deutsche Bibliothek verzeichnet diese Publikation in der Deutschen Nationalbibliografie; detaillierte bibliografische Daten sind im Internet über http://dnb.ddb.de abrufbar.

Zugl.: Bonn, Univ., Diss., 2003

Printed in Germany.

ISBN 3-8322-1967-6
ISSN 0945-098X

Shaker Verlag GmbH • Postfach 101818 • 52018 Aachen
Telefon: 02407 / 95 96 - 0 • Telefax: 02407 / 95 96 - 9
Internet: www.shaker.de • eMail: info@shaker.de

Zum Gedenken

an meinen Bruder

Ralf-Erik Plewe

Überblick

Die gesetzlichen Formen des Rechtsgeschäfts

Eine Bestandsaufnahme zu Beginn des 21. Jahrhunderts

Inhalt

Die gesetzlichen Formen des Rechtsgeschäfts

Eine Bestandsaufnahme zu Beginn des 21. Jahrhunderts

Erstes Kapitel

A Einleitung

"Ein Mann, ein Wort."

Getreu diesem Sprichwort bedarf der Abschluß eines Rechtsgeschäftes gemäß BGB heutzutage grundsätzlich nicht der Einhaltung einer besonderen Form.[1] Der Grundsatz der Formfreiheit bedeutet, daß der Erklärende wählen kann, in welcher Art und Weise er seinen Willen äußert: Ihm ist es überlassen, ob er seinen Willen mündlich, schriftlich oder durch sonstiges Verhalten konkludent zum Ausdruck bringt.[2] Demgegenüber bildet der gesetzliche Formzwang die Ausnahme.

Historisch betrachtet ist dies das Ergebnis einer Entwicklung vom generellen Formzwang, wie er im römischen Recht zunächst noch üblich war, über unterschiedliche Stufen der allmählichen Lockerung hin zur heutigen Formfreiheit. In früheren Rechtsordnungen konnten nur Formalakte rechtsgeschäftliche Wirkung erzielen, ein Beispiel ist die Veräußerung von Grundbesitz: Der Veräußerer öffnete in Anwesenheit von Zeugen Fenster und Türen des Gebäudes, löschte das Herdfeuer, trat vor das Haus und führte den Erwerber um die Grundstücksgrenze herum. Indem der Erwerber sodann das Anwesen betrat, Fenster und Türen schloß und das Herdfeuer entfachte, erwarb er an diesem das Eigentum.[3] Von dieser feierlichen Grundstücksübertragung ist im heutigen Recht noch der Begriff "Auflassung" vorhanden.

Im römischen Recht wurde zunächst der Formzwang für manche Vertragstypen gelockert: Einige verkehrstypische Geschäfte wie Kauf, Miete und Gesellschaftsvertrag (sogenannte Konsensualverträge) wurden vom Formzwang ausgenommen.[4] Im System des preußischen Allgemeinen Landrechts (ALR) hingegen galt Schriftformzwang, sobald

---

[1] Palandt/Heinrichs § 125 Rn. 1.

[2] Larenz/Wolf AT § 27 Rn. 4.

[3] Köbl DNotZ 1983, S. 207 (216).

[4] MünchKomm/Einsele § 125 Rn. 1; Larenz/Wolf AT § 27 Rn. 2.

der Vertragsgegenstand einen Wert von mehr als 50 Talern hatte.[5] Eine ähnliche Regelung bestand im französischen Recht (Cc. 1341), dort war ab einer Grenze von 500 Franken nur der Urkundenbeweis zulässig.[6]
Im Laufe der Zeit erwies sich der starre Formzwang als zu hinderlich und umständlich, um der durch den wachsenden Handel notwendigen Vielzahl von Rechtsgeschäften gerecht zu werden. Die allmähliche Anerkennung des rechtsgeschäftlichen Willens als konstitutivem Element des Rechtsgeschäftes führte schließlich zum Grundsatz der Formfreiheit.[7]
Der Grundsatz, daß formlos geschlossene Rechtsgeschäfte auch einklagbare Verbindlichkeiten begründeten, setzte sich durch. Die Form wurde nicht mehr als eigentlicher Grund für das Entstehen einer rechtlichen Bindung angesehen. Die Bedeutung der Form war nur noch die als zusätzliches Erfordernis zur Gültigkeit einzelner Rechtsgeschäfte.[8]
Die im BGB geltende Formfreiheit des Rechtsgeschäfts ist allerdings nicht ausdrücklich normiert. Eine in § 91 des Entwurfs zum BGB zunächst vorgesehene entsprechende Bestimmung wurde für überflüssig befunden und gestrichen.[9] Anders ist dies beispielsweise in der Schweiz (Art. 11 Obligationenrecht) oder in Österreich (§ 883 ABGB).
Vom Grundsatz der Formfreiheit sieht das BGB mehrere Ausnahmen vor, welche schwerpunktmäßig im Sachenrecht sowie im Familienrecht und Erbrecht liegen. Doch auch im Schuldrecht sind einige Formvorschriften zu finden, jüngstes Beispiel ist der wieder aktivierte § 623 BGB, welcher die Schriftform für die Kündigung des Arbeitsverhältnisses vorsieht.[10]
Auch heute noch werden die rechtsgeschäftlichen Formvorschriften vielfach als Hindernis im Rechtsverkehr gesehen, insbesondere wenn es um die Einbeziehung moderner Medien im Massenverkehr geht.
Mit der Entwicklung einer Elektronischen Form (§ 126 a BGB) und einer bildschirmtauglichen Form der Unterzeichnung (elektronische Signatur) als elementarem Teil aller Formvorschriften soll dieser Entwicklung Rechnung getragen werden, einer Entwicklung deren Anfänge sich bereits zu Beginn der achtziger Jahre des 20. Jahrhunderts finden.[11]

---

[5] Staudinger(12)/Dilcher § 125 Rn. 2.
[6] Nussbaum Privatrecht, S. 90.
[7] Köbl DNotZ 1983, S. 207 (216).
[8] Larenz/Wolf AT § 27 Rn. 3.
[9] Staudinger(12)/Dilcher § 125 Rn. 2.
[10] Wieder eingeführt durch das Gesetz zur Vereinfachung und Beschleunigung des arbeitsgerichtlichen Verfahrens vom 30. März 2000, Inkrafttreten zum 1. Mai 2000.
[11] Vgl. z. B. den Aufsatz von Köhler zur "Problematik automatisierter Rechtsvorgänge" in AcP 182 (1982), S. 126.

Sozusagen als Nebenprodukt dieser Entwicklung findet sich seit dem 1. August 2001 auch eine weitere neue Form im Allgemeinen Teil des BGB, deren Sinn allerdings schon im Gesetzgebungsverfahren vielfach kritisch[12] betrachtet wurde: Die Textform (§ 126 b BGB).
Die demgegenüber etablierten gesetzlichen Formen des BGB sind die Schriftform (§ 126 BGB), die öffentliche Beglaubigung (§ 129 BGB) und die notarielle Beurkundung (§ 128 BGB).
Obwohl diese Paragraphen bis zur Einfügung der beiden neuen Formen viele Jahrzehnte unverändert blieben, haben sich gerade in den letzten Jahren in Einzelfragen nicht unbedeutende Änderungen in der höchstrichterlichen Rechtsprechung ergeben: Hinsichtlich der Schriftform wurden etwa die Anforderungen an die Einheitlichkeit der Urkunde herabgesetzt, die Möglichkeit der Blankounterzeichnung eingegrenzt, und die räumliche Abschlußfunktion bestätigt.
Gerade die neuen Formen dürften auch für Dynamik im Hinblick auf die einzelnen Anwendungsfälle der Formvorschriften sorgen. Die unterhalb der Schriftform angesiedelte Textform bietet erstmals eine Stufe zwischen Formfreiheit und Schriftform, vielleicht bedürfen die Formvorschriften über eine Anpassung an den modernen Rechtsverkehr[13] hinaus auch einer Aktualisierung, basierend auf den nunmehr jahrzehntelangen Erfahrungen: Auf der einen Seite hat sich der Grundsatz der Formfreiheit bewährt und könnte eine Ausweitung erfahren, auf der anderen Seite könnte der immer stärker aufkommende Verbraucherschutz zusätzliche Formvorschriften zum Schutz der Verbraucher erfordern.
All dies zeigt, daß zu Beginn des 21. Jahrhunderts Bewegung in die Formvorschriften des BGB gekommen ist. Der langen Geschichte der Formvorschriften wird somit wohl auch in der Zukunft noch das ein oder andere Kapitel hinzugefügt werden.
Die Formvorschriften haben eine Vielzahl von Funktionen. Zweck und Aufgabe einer Formvorschrift bilden vielfach eine gute Grundlage zur Beurteilung kontrovers diskutierter Probleme im Rahmen der Formarten. Daher sollen die möglichen Funktionen der Formvorschriften hier vorab aufgeführt werden.
Diese Arbeit beginnt dementsprechend mit einem Blick auf die möglichen Funktionen der Formvorschriften. Daran fügt sich eine

[12] So der nordrhein-westfälische Justizminister Dieckmann, Protokoll der 763. Sitzung des Bundesrats vom 11. Mai 2001, S. 212 und im Bundestag die Fraktion der CDU/CSU BT-Drucksache 14/5561 S. 19.
[13] So lautet der Titel des Gesetzes, durch das die §§ 126 a und 126 b BGB eingefügt wurden.

Darstellung über die Anwendung der gesetzlich vorgeschriebenen Form, gefolgt von einer Betrachtung der gesetzlich geregelten Arten der Form. Anschließend werden die Rechtsfolgen der Nichtbeachtung der Form behandelt. Schließlich folgt ein Überblick über die neuen Formvorschriften. Am Ende steht eine kurze Zusammenfassung der Ergebnisse der Arbeit.

Im Mittelpunkt der gesamten Arbeit stehen die vom Gesetzgeber für bestimmte Rechtsgeschäfte festgelegten Formen, von den Vertragsparteien selbst auferlegte Formen, wie die gewillkürte Schriftform des § 127 BGB werden daher nicht behandelt.

Zweites Kapitel

B *Funktionen der Formvorschriften*

Die Formvorschriften können unterschiedlichen Zielsetzungen dienen: Bezweckt werden Warnfunktion, Beweisfunktion, die Möglichkeit fachkundiger Beratung, Kontrollfunktion sowie Abschluß- und Inhaltsklarheit. Weitere denkbare Zwecksetzungen sind zudem die Erkennbarkeit des Rechtsgeschäfts für Dritte und die Erschwerung des Vertragsschlusses.[14]
Erwähnung finden die verschiedenen Wirkungen der Form bereits in den Motiven zum BGB: Die Notwendigkeit der Beachtung einer Form ruft bei den Beteiligten eine geschäftsmäßige Stimmung hervor. Sie weckt das juristische Bewußtsein, fordert zur besonnenen Überlegung heraus und gewährleistet so die Ernstlichkeit der gefaßten Entschließung. Die Form sichert endlich den Beweis des Rechtsgeschäfts seinem Bestand und Inhalt nach für alle Zeit. Dadurch führt sie auch zur Verminderung oder doch zur Abkürzung und Vereinfachung der Prozesse.[15]

Der Berücksichtigung der Formzwecke im Rahmen der teleologischen Auslegung der Formvorschriften soll nach einer Auffassung[16] entscheidende Bedeutung für die Beantwortung unklarer Fragen im Zusammenhang mit einzelnen Formvorschriften zukommen.
Formvorschriften bedürften wie andere Bestimmungen der Auslegung, um zu bestimmen, welche Rechtsgeschäfte im einzelnen der Form unterfallen oder welche Voraussetzungen zur Einhaltung der Form zu erfüllen sind. Bei diesen Fragen gehe es etwa um die Gestaltung der Urkunde oder um die sprachliche Fassung einer förmlichen Erklärung. Ohne eine Berücksichtigung der Formzwecke sei eine zufriedenstellende Beantwortung dieser Fragen nicht denkbar.

Häsemeyer ist hingegen der Auffassung, daß die Heranziehung der unterschiedlichen Formzwecke für die Lösung einzelner Probleme nicht geeignet sei. Formzwecke seien in unbegrenzter Zahl und verschiedenster Ausgestaltung denkbar. Der einzelnen Formvorschrift lägen eine

---

[14] So bereits Heldrich AcP 147 (1941), S. 89.
[15] Motive I S. 179 f. .
[16] Hagen FS Schippel, S. 173; Bernard Formbedürftige Rechtsgeschäfte, S. 34.

Kombination unterschiedlichster Formzwecke zugrunde. Somit sei es auch nur eine untergeordnete Frage, ob der eine oder andere Formzweck den Ausschlag bei der Entscheidung des Gesetzgebers für die Form gegeben habe. Zudem hätten alle Formvorschriften bei Nichtbeachtung mit § 125 BGB eine gemeinsame Folge, die nicht nach einzelnen Funktionen der Form unterscheide. Dafür solle eine Unterscheidung zwischen objektiven Zielrichtungen der Formfunktionen und subjektiven Zielrichtungen der Formfunktionen erfolgen. Aus objektiver Sicht solle differenziert werden, ob die Form eine Überwachung aus übergeordnetem öffentlichem Interesse darstelle oder ob ein anderer Eingriff in die Privatautonomie vorliege. In subjektiver Hinsicht solle bestimmt werden, ob die Form dem Einzelinteresse oder dem Drittinteresse, dem Verkehrsinteresse oder dem Parteiinteresse diene.[17]

Die von *Häsemeyer* gegen die teleologische Auslegung von Formvorschriften vorgebrachten Einwände zielen in die falsche Richtung. Die teleologische Reduktion etwa dient dazu, verdeckte Regelungslücken zu schließen. Wenn eine gesetzliche Regel entgegen dem Wortsinn, aber gemäß der immanenten Teleologie des Gesetzes einer Einschränkung bedarf, die nicht im Gesetzestext enthalten ist, kann dies im Wege der teleologischen Reduktion erreicht werden.[18] Sicherlich kann es bei den Formvorschriften nicht in erster Linie darum gehen, die Nichtigkeitsfolge des § 125 Satz 1 BGB auf diese Weise einzuschränken. Denn ohne diese eindeutige und klare Regelung bestünde eine Möglichkeit zur Umgehung der Form, die Formvorschriften wären um einen wesentlichen Teil ihrer Funktion beraubt. Insofern muß auch die Rechtsprechung, die in einigen Fällen eine Korrektur der Formnichtigkeit nach Treu und Glauben vornimmt[19], kritisch hinterfragt werden. Um in Einzelfällen zu gerechten Ergebnissen zu kommen, wird die Rechtssicherheit damit nämlich eingeschränkt. Ein negatives Beispiel ist die Rechtsprechung im Zusammenhang mit letztwilligen Verfügungen, in denen vielfach die Form des eigenhändigen Testamentes nach § 2247 BGB und die Anforderungen an die Unterschrift und die Eigenhändigkeit großzügig gehandhabt werden.[20]

---

[17] Häsemeyer Form S. 164 ff. und JuS 1980, S. 1.
[18] Larenz Methodenlehre, S. 391.
[19] Dazu unter E IV. .
[20] Vgl. dazu auch den Blick auf die erbrechtlichen Formvorschriften unter D IV. 2. .

Die teleologische Reduktion einer Formvorschrift kann aber auch umgekehrt Regelungen einschränken, die einzelne rechtlich relevante Handlungen von der Form freistellen. Hierzu paßt folgendes Beispiel: Bei warnenden Formvorschriften bedarf es einer Vorverlagerung der Formbedürftigkeit des Hauptgeschäftes auf die Vollmacht, die nach dem Wortlaut des § 167 II BGB formfrei ist.[21] Auf diese Weise kann die Erfüllung der Formzwecke sichergestellt werden.

Die gesetzlichen Formen und die einzelnen Anwendungsfälle sind mit wenigen Ausnahmen kein Selbstzweck, sie dienen vielmehr dazu, bestimmte Aufgaben zu erfüllen. Mit der Berücksichtigung von Sinn und Zweck der Formvorschrift werden die Funktionen der Form für detaillierte Fragen genereller Art ausgestaltet.

Mitnichten soll dabei überprüft werden, ob in einem Einzelfall die Formzwecke erfüllt sind. Für die Gültigkeit eines konkreten Rechtsgeschäfts ist es unerheblich, ob die Funktionen der Form im Einzelfall erfüllt sind. Maßgeblich ist allein, ob die Form eingehalten wurde. Im Wege der teleologischen Auslegung kann aber für alle Fälle ermittelt werden, wie die Urkunde und die Unterschrift gestaltet werden müssen, um die gesetzliche Schriftform zu erfüllen.

Die Formzwecke, die dabei berücksichtigt werden müssen, sind auch keineswegs unzählbar. Vielmehr lassen sich wenige konkrete Funktionen bestimmen, welche den Gesetzgeber zur Schaffung der Formvorschriften motiviert haben.

I. Warnfunktion und Übereilungsschutz

Der Zweck einer Vielzahl von Formvorschriften liegt unter anderem darin, den Erklärenden bei umfangreichen Rechtsgeschäften vor einer übereilten Bindung zu schützen.[22]

Nach einer Ansicht muß bereits das Verpflichtungsgeschäft für formbedürftig erklärt werden, um diesen Übereilungsschutz zu erreichen.[23] Betrachtet man die Formvorschriften mit Warnfunktion im BGB, so liegt tatsächlich der Schwerpunkt im Schuldrecht, aber auch im Sachenrecht finden sich bedeutende Formvorschriften mit warnendem Charakter.

---

21 Vgl. dazu die Ausführungen zur Form von Vollmacht und Zustimmung unter C I. 6. .
22 MünchKomm/Einsele § 125 Rn. 6; Palandt/Heinrichs § 125 Rn. 1.
23 Köbl DNotZ 1983, S. 207 (210).

Ein typisches Beispiel für die Warnfunktion ist die Schriftform bei der Bürgschaft (§ 766 BGB). Diese Norm hat wegen der Gefährlichkeit der Bürgschaft Warnfunktion und soll zugleich das übernommene Risiko des Bürgen eingrenzen.[24]
Weitere Beispiele für die Warnfunktion sind die notarielle Beurkundung beim Schenkungsversprechen (§ 518 BGB), sowie die notarielle Beurkundung des schuldrechtlichen Vertrags zur Übereignung des gesamten Vermögens (§ 311 b III BGB) und der Verpflichtung zur Veräußerung oder zum Erwerb von Grundvermögen (§ 311 b I BGB). Bei letzteren tritt zur Warnfunktion noch die Beratungspflicht des Notars hinzu.[25]
Im Sachenrecht finden sich Formvorschriften mit Warnfunktion bei der Auflassung eines Grundstücks (§ 925 BGB) und zur Übertragung einer Hypothekenforderung (§ 1154 BGB). Als Übereilungsschutz ist für die Ausschlagung der Erbschaft (§ 1945 BGB) und für die Einwilligungserklärung im Zusammenhang mit der Adoption (§ 1750 BGB) die Erklärung gegenüber einer bestimmten Stelle vorgesehen.[26]
Die Warnfunktion wird für geschäftskundige und somit in diesem Zusammenhang nicht schutzwürdige Erklärende[27], nämlich für die Kaufleute, durch § 350 HGB aufgehoben: Hier findet das Schriftformerfordernis des § 766 BGB für die Bürgschaft keine Anwendung, wenn es sich um ein Handelsgeschäft handelt. Handelt es sich aber nicht um ein Handelsgeschäft, so fallen auch Kaufleute unter den Formzwang des § 766 BGB. Auf den ersten Blick könnte dies Zweifel an der Warnfunktion hervorrufen. Allerdings liegt der Schwerpunkt der Ausnahmeregel des § 350 HGB eher in der Erleichterung des wirtschaftlichen Verkehrs, so daß in seiner strikten Beschränkung auf Handelsgeschäfte vielmehr noch eine Bestärkung der Warnfunktion des § 766 BGB zu sehen ist: Sogar Kaufleuten soll außerhalb ihrer Handelsgeschäfte der Schutz der gesetzlichen Form bei der Eingehung von Bürgschaften gewährt werden.

§ 350 HGB bestimmt die Nichtanwendbarkeit zudem auch für die §§ 780 und 781 Satz 1 BGB, welche das Schuldversprechen bzw. das Schuldanerkenntnis der Schriftform unterwerfen. Ob diese Normen des

[24] BGHZ 132, 119.
[25] Medicus AT Rn. 614; Palandt/Heinrichs § 311b Rn. 1.
[26] Vgl. Larenz/Wolf AT § 27 Rn. 7-8.
[27] Erman/Palm § 125 Rn. 1; MünchKomm/Einsele § 125 Rn. 6.

BGB allerdings auch eine Warnfunktion erfüllen, wird unterschiedlich beurteilt:

Der BGH und ein Teil der Literatur lehnt dies ab.[28] Nach den Motiven zum Bürgerlichen Gesetzbuch[29] und den Protokollen der Kommission für die zweite Lesung des Entwurfs des Bürgerlichen Gesetzbuchs[30] habe das Schriftformerfordernis den Sinn, Streitigkeiten über die Frage, ob der Schuldner seine Verpflichtung mündlich verbindlich anerkannt hat, vorzubeugen. So soll vermieden werden, daß der Schuldner an jeder beliebigen Äußerung festgehalten und im Prozeß jeder Anspruch von vornherein außer auf den besonderen Verpflichtungsgrund auch auf das Fundament der Anerkennung gestützt werden kann. Auf dieser Grundlage werden vom BGH in der Entstehungsgeschichte des § 781 BGB keine Anhaltspunkte dafür gesehen, daß der Gesetzgeber auch einen Schutz des Schuldners vor Übereilung bezweckt habe. Auch die Ausnahmevorschrift des § 782 BGB spreche eher gegen eine solche Zweckbestimmung. Die Vorschrift begründe sich allein in der Erwägung, daß sich der Verpflichtungswille eines Schuldners, der abgerechnet oder sich verglichen hat, ohne weiteres aus dem Zweck der Erklärung ergebe und nicht darin, daß ein Schuldner, der ein Schuldanerkenntnis auf Grund einer Abrechnung oder im Wege eines Vergleichs erteilt, vor Übereilung nicht geschützt zu werden brauche. Die Ausnahmevorschrift des § 350 HGB habe den Sinn, durch Freistellung von hinderlichen Formvorschriften den Handelsverkehr zu erleichtern und dessen besonderem Bedürfnis nach schneller Abwicklung Rechnung zu tragen. Auch unter anderen Gesichtspunkten sei ein der formgerecht begründeten Schuld aus § 781 BGB Beitretender nicht schutzbedürftiger als derjenige, der eine auf andere Art und Weise entstandene Schuld übernimmt. Die Rechtsfolgen des abstrakten Schuldanerkenntnisses, nämlich die Besserstellung des Gläubigers im Prozeß, der im Wege des Urkundenprozesses vorgehen und seine Klagebegründung auf das verbriefte Anerkenntnis beschränken kann, seien nach der Wertung des Gesetzgebers nicht so schwerwiegend, daß der Schuldner vor Übereilung durch eine Formvorschrift geschützt werden müßte.[31]

---

[28] BGHZ 121, 1 (4 ff.); OLG Düsseldorf MDR 1961, S. 411; Gernhuber Schuldverhältnis § 18 III 4 a; Reinicke NJW 1970, S. 885 (886f.); Blaurock EWiR 1993, S. 245 (246).
[29] Motive Band II S. 689 f. .
[30] Protokolle S. 505.
[31] BGHZ 121, S. 1 (4-6).

Ein anderer Teil der Literatur sieht durch §§ 780, 781 BGB auch eine Warnfunktion erfüllt.
Begründet wird diese Ansicht nur auf der Grundlage der Ausnahmevorschrift für Kaufleute: Die Regelung des § 350 HGB, welche Kaufleute von der Formvorschrift befreit, ließe sich nur aus der geringeren Schutzbedürftigkeit der Kaufleute erklären, nicht aus verminderten Anforderungen an die Rechtsklarheit. Diese sei im Handelsverkehr schließlich nicht weniger wichtig als im allgemeinen Rechtsverkehr. § 350 HGB betrifft auch die Formvorschrift des § 766 BGB, welche unstreitig Warnfunktion erfüllt, daher solle auch §§ 780, 781 BGB der Warnfunktion dienen.[32]

Den Stimmen in der Literatur, die auf der Grundlage des § 350 HGB die Parallele zwischen § 766 BGB und §§ 780, 781 BGB ziehen und damit die Warnfunktion der §§ 780, 781 BGB begründen, kann entgegengehalten werden, daß doch deutliche Unterschiede zwischen den betroffenen Rechtsgeschäften bestehen: Bei der Bürgschaft muß dem künftigen Bürgen oftmals die Tragweite seines Handelns erst vor Augen geführt werden. Vielfach besteht der Gedanke, daß die Bürgschaft nur eine formale Angelegenheit sei (getreu dem Gedanken "es wird schon gut gehen"). Der Bürge könnte ohne das Formerfordernis bei entsprechender Leichtfertigkeit die eingegangene Verpflichtung falsch einschätzen. Anders ist dies bei Schuldversprechen und Schuldanerkenntnis. Für diese Rechtsgeschäfte ist es nicht charakteristisch, daß deren Inhalt und dessen Bedeutung für den Erklärenden von diesem falsch eingeschätzt werden. Hier soll durch die Formvorschrift eine Abgrenzung zu mißverständlich formulierbaren mündlichen Erklärungen erreicht werden. Dies ist nicht gleichzusetzen mit einer Warnfunktion. Nicht jede Formvorschrift, welche die Schriftform anordnet, hat den Schutz vor übereilten Erklärungen zum Zweck.
Durch eine Gesetzesänderung findet sich nunmehr ein weiteres Argument, welches für eine Warnfunktion der §§ 780, 781 BGB und damit für die Ansicht in der Literatur sprechen könnte. In § 780 BGB (letzter Halbsatz) und in § 781 Satz 2 BGB wird die Erteilung in der elektronischen Form ausgeschlossen. Auf den ersten Blick könnte daraus

[32] Jauernig/Vollkommer § 781 Rn. 8; Larenz/Canaris § 61 I 1 b; Einsele DNotZ 1996, S. 835 (851f.); Medicus Schuldrecht II Rn. 559; Dehn WM 1993, S. 2115; Fischer JuS 1998, S. 205 (208).

gefolgert werden, daß der Gesetzgeber durch diesen Ausschluß zu erkennen geben wollte, daß der Zweck der Formvorschriften nicht durch die elektronische Form erfüllt werden könne. Wenn man sodann die elektronische Form als nicht zur Erfüllung der Warnfunktion geeignet ansieht, könnte dies zu der Schlußfolgerung führen, daß der Gesetzgeber mit den Formvorschriften der §§ 780, 781 BGB auch eine Warnfunktion bezwecke.
Diese denkbare Überlegung ist jedoch nicht zutreffend. Zum einen geht eine solche Argumentationskette von der Grundlage aus, daß die elektronische Form nicht zur Erfüllung der Warnfunktion geeignet sei. Dies ist jedoch durchaus der Fall, wie die noch folgende Betrachtung der elektronischen Form zeigt.[33] Zum anderen geht der Ausschluß der elektronischen Form für Schuldversprechen und Schuldanerkenntnis vielmehr mit dem eigentlichen Zweck dieser Normen konform, nämlich der Rechtssicherheit durch Schaffung klarer Beweisverhältnisse. Falls die elektronische Form in den §§ 780, 781 BGB nicht ausgeschlossen wäre, böte sich hier eine Mißbrauchsmöglichkeit durch Fälschung der elektronischen Signatur, noch begünstigt durch die neue Regelung des § 292 a ZPO. Insofern zeugt der Ausschluß der elektronischen Form nur von einem noch bestehenden Rest an Mißtrauen gegenüber der Verläßlichkeit der elektronischen Form, welches durchaus nach erfolgreicher Bewährung der elektronischen Form in der Praxis beseitigt werden könnte, und bestätigt den Zweck der §§ 780, 781 BGB zur Bestärkung der Rechtssicherheit.
Die Literaturansicht, die in den Formvorschriften der §§ 780, 781 BGB eine Warnfunktion erfüllt sieht, vermag somit nicht zu überzeugen.

II. Beweisfunktion

Die Beweisfunktion als Formzweck entspringt zumeist der Verwendung von Urkunden. Als Bestandteil vieler Formvorschriften fungiert die Urkunde. Die Urkunde wird allgemein definiert als verkörperte Gedankenerklärung, die zum Beweis im Rechtsverkehr geeignet und bestimmt ist und ihren Aussteller erkennen läßt.[34]
Die Aufgaben der Urkunde sind neben der für die Form primären Beweisfunktion auch Perpetuierung und Verifikation:

---

33 Im Abschnitt F I., konkret zur Erfüllung der Warnfunktion unter F. I. 3. a) bb).
34 Z. B. in Erman/Palm § 126 Rn. 3.

Formerfordernisse in Zusammenhang mit einer Urkunde führen dazu, daß der in der Urkunde aufgeführte Text und die Unterschriften fortdauernd wiedergegeben werden und einer dauerhaften Überprüfung zugänglich sind (Perpetuierung).
Bei fast allen Rechtsgeschäften dient die Einhaltung der Form dem sicheren Beweis, daß diese vorgenommen wurden. Häufig sind dies solche Rechtsgeschäfte, die eine über einen kurzen Zeitraum hinausgehende Bedeutung für die Beteiligten selbst oder auch für Dritte haben.[35]
Beispiele hierfür sind die speziellen Formvorschriften zu Eheschließung, Ehevertrag (§ 1410 BGB), Testament (§§ 2231, 2247 BGB) und Erbvertrag (§ 2276 BGB).
Die Urkunde dient hier als Beweis im Rechtsverkehr. Neben diesen speziellen Regelungen erfüllen auch die Formen der öffentlichen Beglaubigung (§ 129 BGB) und der notariellen Beurkundung (§ 128 BGB) durch die Zwischenschaltung des Notars den Zweck der Beweissicherung in hohem Maße.
Zum Dritten bewirkt die Urkunde den Aufschluß über den Urheber einer Erklärung (Verifikation).

III. Beratungsmöglichkeit

Formvorschriften können durch die Verpflichtung zur Inanspruchnahme fachkundiger Personen den Weg zu sachgerechter Beratung bereiten. Auf diese Weise können bei komplizierten Rechtsgeschäften Fehler von vornherein vermieden werden. Zudem kann so für "Waffengleichheit" bei Rechtsgeschäften zwischen rechtsunkundigen Laien und versierten Profis gesorgt werden.
Ein bekanntes Beispiel für das Ziel, Beratungsmöglichkeit zu erlangen, ist der Grundstückskaufvertrag nach § 311 b I BGB, welcher der notariellen Beurkundung bedarf. Hier stehen mit der Warnfunktion und der Beratungsfunktion zwei Formzwecke nebeneinander.[36]
Die notarielle Beurkundung nach § 128 BGB ist zugleich auch diejenige Form des BGB, welche in erster Linie die sachgerechte Beratung bezweckt. Unter Umständen kann dies auch bei der öffentlichen Beglaubigung nach § 129 BGB der Fall sein.

---

[35] Larenz/Wolf AT § 27 Rn. 5.
[36] MünchKomm/Einsele § 125 Rn. 6; RGRK/Krüger-Nieland § 125 Rn. 1.

Die Beratung und Belehrung, zu welcher der Notar nach § 17 BeurkG und § 24 BNotO verpflichtet ist, umfaßt die rechtlichen Folgen und die Sinnhaftigkeit des Geschäfts, nicht aber die wirtschaftlichen Folgen.[37]
Erst mit Schaffung des Beurkundungsgesetzes im Jahr 1969, inkraftgetreten am 1. Januar 1970 (§ 71 BeurkG), wurde eine erste Zusammenfassung von Verfahrensregeln bewirkt, in der auch diese Belehrungspflicht ausdrücklich kodifiziert wurde. Zuvor wurde diese Belehrungspflicht immer als selbstverständlich angenommen und damit eine Aufnahme in früheren Gesetzgebungsverfahren für überflüssig erachtet, wie etwa im preußischen FGG.[38]
Heute ist das im BeurkG geregelte Beurkundungsverfahren unerläßlich zur Erreichung der mit der Form bezweckten Ziele, wie der fachkundigen Beratung. Umfang und Inhalt der Belehrungspflicht bestimmen dabei den Rang und den gesellschaftlichen Sinn der gesetzlichen Form.[39]
Weitere Beispiele sind der Ehevertrag nach § 1410 BGB und der Erbvertrag nach § 2276 BGB, welche ebenfalls der notariellen Beurkundung bedürfen.

IV. Kontrollfunktion

Durch Formvorschriften kann eine behördliche Kontrolle von Geschäften ermöglicht werden.
Eine Überwachung bestimmter Bereiche im Sinne der Gemeinschaft kann auch erreicht werden, indem die Gültigkeit eines Rechtsgeschäfts von der Genehmigung einer Behörde abhängig gemacht wird.[40]
Ein Beispiel für die Kontrollfunktion bildet der zum 1. Januar 1999 aufgehobene § 34 GWB, der für wettbewerbsbeschränkende Abreden die Schriftform vorsah. Dadurch wurde Kartellbehörden und Gerichten die entsprechende Prüfung ermöglicht.[41]
Vorbild für die Regelung des § 34 GWB alter Fassung war dabei § 1 KartVO von 1923, der am 26. 7. 1930 ins GWB aufgenommen wurde.[42]
Durch die Formulierung ("sind schriftlich abzufassen") wurde der Unterschied zu § 126 BGB ("bedürfen der Schriftform") hervorgehoben:

---

[37] Larenz/Wolf AT § 27 Rn. 9.
[38] Frenz FS Weichler, S. 175 (181).
[39] Huhn/v.Schuckmann Einleitung Rn. 53; Frenz FS Weichler, S. 175 (180).
[40] Heldrich AcP 147 (1941), S. 89 (92).
[41] MünchKomm/Einsele § 125 Rn. 8.
[42] Immenga/Mestmäcker/Emmerich 2. Auflage, § 34 Rn. 1, 4; Bunte/Bornkamm Anhang zu § 34 Rn. 1; Wiedemann Kartellrecht § 50 Rn. 27 ff. .

§ 34 GWB diente nicht dem Schutz der Parteien, einzig in der Kontrollfunktion liege der Zweck der Vorschrift. Die Schriftform sollte sicherstellen, daß Kartellbehörden und Gerichte den Inhalt wettbewerbsbeschränkender Vereinbarungen stets ohne weiteres aus bestimmten Schriftstücken entnehmen können, ohne langwierige Nachforschungen über mögliche mündliche Absprachen anstellen zu müssen.[43] Hintergrund ist dabei, daß solche wettbewerbsbeschränkenden Abreden grundsätzlich nicht erwünscht sind und nur in Ausnahmefällen zulässig sein können. Allerdings war es nicht bezweckt, durch übertriebene Formanforderungen den Abschluß solcher Verträge über das übliche Maß zu erschweren oder zu verhindern.[44]

Im Rahmen der 6. Novelle des GWB wurde das Schriftformerfordernis des § 34 GWB gestrichen. Bereits im Zuge der 5. Novelle im Jahr 1989 wurde die Streichung diskutiert, da § 34 GWB kleinere Unternehmen benachteilige, welche nicht immer über die notwendigen Rechtskenntnisse verfügten, um die gesetzten Anforderungen zu erfüllen. Auch werde § 34 GWB mißbraucht, um sich nachträglich von lästig gewordenen Vertragsbindungen zu befreien.[45] Schließlich stehe § 34 GWB auch im Widerspruch zu sonstigen Regelungen des kaufmännischen Rechtsverkehrs, in denen der Verzicht auf Formerfordernisse vorherrsche.[46] Damals verhinderte jedoch die einhellige Ablehnung der Bundesländer die Streichung.[47] Die Streichung im Zuge der 6. Novelle des GWB stieß abermals auf unterschiedliche Reaktionen: Einerseits wurde sie begrüßt, da die Kartellbehörden ohnehin zur Kontrolle der betreffenden Verträge nie auf das Schriftformerfordernis angewiesen gewesen seien.[48] Andererseits wurde wie schon nach der gescheiterten Streichung 1989 befunden, daß die meisten Probleme im Zusammenhang mit § 34 GWB in einer für die Praxis befriedigenden Weise gelöst seien, so daß keinerlei Notwendigkeit für eine Abschaffung des § 34 GWB bestehe.[49]

Trotz der Streichung des § 34 GWB ist das Schriftformerfordernis nicht ganz verschwunden: Über § 15 II GWB besteht weiterhin der Formzwang für die gemäß § 15 I GWB zulässigen Preisbindungsverträge, daneben ist

---

[43] Immenga/Mestmäcker/Emmerich 3. Auflage, § 15 Rn. 33: Bunte/Bornkamm Anhang zu § 34 Rn. 3; Bechtold § 34 GWB Rn. 2; Wiedemann Kartellrecht § 50 Rn. 27 ff. .

[44] Immenga/Mestmäcker/Emmerich 3. Auflage, § 15 Rn. 33.

[45] Immenga/Mestmäcker/Emmerich 2. Auflage, § 34 Rn. 8a.

[46] Bechtold § 34 GWB Rn. 1.

[47] Immenga/Mestmäcker/Emmerich 2. Auflage, § 34 Rn. 8b; Bunte/Bornkamm Anhang zu § 34 Rn. 1.

[48] Bunte/Bornkamm Anhang zu § 34 Rn. 1.

[49] Immenga/Mestmäcker/Emmerich 2. Auflage, § 34 Rn. 8c.

§ 34 GWB alter Fassung über die Verweisung des § 131 VIII Satz 2 GWB für Verträge über die öffentliche Versorgung mit Wasser aufrechterhalten worden.[50]
Die Regelung des § 34 GWB alter Fassung verdeutlicht die Vielfalt der Formvorschriften und die Bedeutung des Formzwecks für Einzelfragen der Form, welche gleichsam spiegelbildlich zu warnenden und schützenden Formvorschriften zu beantworten sind.
So konnte die Berufung auf das Formerfordernis bei § 34 GWB alter Fassung bisher nie einen Verstoß gegen Treu und Glauben (§ 242 BGB) darstellen, da es bei der Notwendigkeit zur schriftlichen Abfassung des Vertrages nicht um Interessen der Vertragsparteien ging. Die Beachtung der Form lag im öffentlichen Interesse. Auch die Partei, die ihren Vertragspartner zum Verzicht auf die Schriftform veranlaßt hatte, konnte sich später ungestraft auf die Formunwirksamkeit berufen.[51]
Allerdings soll nach einer Ansicht nunmehr auch eine Korrektur bei Formnichtigkeit nach den Grundsätzen von Treu und Glauben (§ 242 BGB) möglich sein, da die Kontrollfunktion der Form als dagegen sprechendes Argument mit der Streichung des § 34 GWB weggefallen sei.[52]
Dies vermag jedoch nicht zu überzeugen, schließlich sind die Bereiche, in denen der Formzwang weiterhin besteht ihrem Inhalt nach (Preisbindung bzw. öffentliche Wasserversorgung) in gleichem Maße aus öffentlichem Interesse motivierte Formen.
§ 15 II Satz 1 GWB fordert die Schriftform für Vereinbarungen über Preisbindungen für Verlagserzeugnisse zwischen einem Verleger und seinem Abnehmer. Auf diese Weise soll wie früher in § 34 GWB dem Bundeskartellamt die ihm nach § 15 III GWB obliegende Mißbrauchsaufsicht über Preisbindungsvereinbarungen ermöglicht werden.[53] Dabei ist § 15 II Satz 1 GWB insoweit eine besondere Formvorschrift, da sie die Schriftform nur für einen bestimmten Vertragsteil, nämlich den Preis vorschreibt.[54] Um allerdings dem Kartellamt eine effektive Kontrolle zu ermöglichen und so dem Formzweck gerecht zu werden, müssen zumindest auch die Warenart, die

---

[50] Bunte/Bornkamm Anhang zu § 34 Rn. 1.
[51] Bunte/Bornkamm Anhang zu § 34 Rn. 4.
[52] Bunte/Bornkamm Anhang zu § 34 Rn. 11.
[53] Immenga/Mestmäcker/Emmerich 3. Auflage, § 15 Rn. 34; Lange § 1 Rn. 50.
[54] Immenga/Mestmäcker/Emmerich 3. Auflage, § 15 Rn. 50.

Vertragsdauer und die Parteien der Vereinbarung in der Urkunde enthalten sein.[55]
Damit dienen die Bestimmungen der § 15 II GWB und § 34 GWB alter Fassung (über die Verweisung des § 131 VIII Satz 2 GWB) auch weiterhin der Kontrollfunktion. Eine Korrektur bei Formnichtigkeit nach Treu und Glauben ist nach wie vor nicht möglich.

V. Abschlußklarheit und Inhaltsklarheit

Formvorschriften können für Klarheit darüber sorgen, ob überhaupt ein Rechtsgeschäft zustande gekommen ist und mit welchem Inhalt ein Rechtsgeschäft zustande gekommen ist.[56] Insbesondere der Zwang zur schriftlichen Fixierung des Rechtsgeschäfts sorgt für diese Klarheit. Im Gegensatz dazu kann es bei mündlich geschlossenen Rechtsgeschäften zu Unklarheiten bei der Abgrenzung von bloßen Verhandlungen zum verpflichtenden Abschluß kommen.

VI. Erkennbarkeit für Dritte

Eine weitere Funktion von Formvorschriften ist es, ein abgeschlossenes Rechtsgeschäft für Dritte erkennbar werden zu lassen.
Als Beispiel für diesen Formzweck wird bereits in der Rechtsprechung des Reichsgerichts, ebenso in der des BGH und in weiten Teilen der Literatur der heutige § 550 BGB (§ 566 BGB alter Fassung) genannt.[57]
Durch den Schriftformzwang bei diesem Rechtsgeschäft erfährt der Erwerber des Grundstücks bzw. der Wohnung, der über § 566 BGB in den Vertrag eintritt, die Details der Vereinbarung.[58]
Anders wird der Formzweck des § 550 BGB von *Heldrich* beurteilt. Der Grund der Formpflicht liege hier in der Wichtigkeit langfristiger Mietverträge für den Mieter. Bezweckt werde Abschlußklarheit, Inhaltsklarheit und Beweissicherung zugunsten des Mieters. Für den Mieter sei der Mietvertrag das, was für den Hauseigentümer der Eintrag ins Grundbuch ist. Wenn die Erkennbarkeit für Dritte Zweck des § 550

---

[55] Immenga/Mestmäcker/Emmerich 3. Auflage, § 15 Rn. 53.
[56] MünchKomm/Einsele § 125 Rn. 7.
[57] RGZ 104, 131 (132); 118, 105 (106); BGHZ 25, 1 (4); 47, 202 (205); 50, 39 (43); 55, 71 (77); 72, 394 (399); Bub/Treier/Heile II Rn. 726; Emmerich/Sonnenschein § 566 Rn. 1; Gramlich § 566 Rn. 3; Haase WuM 1995, S. 625 (627); Herpers Rn. 133; Kossmann/Köhler § 8 Rn. 9.
[58] Einzelheiten zu § 550 BGB unter E II. 1..

BGB wäre, dann hätte das Gesetz bestimmen müssen, daß der formwidrig geschlossene Mietvertrag zwischen den Vertragsparteien volle Gültigkeit habe und nur dem Dritterwerber gegenüber unwirksam sei.[59]

VII. Erschwerung des Vertragsschlusses

Formvorschriften können schließlich auch dazu dienen, Lenkungsfunktion zu übernehmen und den Abschluß nicht wünschenswerter Rechtsgeschäfte durch die Verpflichtung zur Einhaltung einer Form zu erschweren.[60]
Ein Beispiel hierfür ist § 15 III, IV GmbHG, der die notarielle Beurkundung für die Verpflichtung zur Abtretung von Anteilen an einer GmbH vorsieht. Absatz III betrifft den dinglichen Abtretungsvertrag, Absatz IV das schuldrechtliche Grundgeschäft. Beide Rechtsgeschäfte können in einer Urkunde behandelt werden.[61] Durch diese Normen soll erreicht werden, daß der spekulative Handel mit besagten Anteilen behindert wird, indem deren Umlauffähigkeit gemindert wird.[62] In den Gesetzesmaterialien heißt es, daß entscheidendes Gewicht auf die Form zu legen ist, welche für die Übertragung der Geschäftsanteile vorgesehen wird; denn die formalen Voraussetzungen der Übertragung müssen in erster Linie Gewähr dafür bieten, daß die Anteilsrechte der neuen Gesellschaft nicht zu einem Gegenstand des Handelsverkehrs werden. Die Form des Übertragungsaktes selbst müsse derart authentisch sein, daß Zweifel und Unklar-heiten über die Tatsache der Übertragung nicht entstehen können.[63] Um also den spekulativen Handel mit Anteilen an der Börse zu verhindern und den Beweis über die Veräußerung zu erleichtern, bedürfen heute noch sowohl der schuldrechtliche Vertrag als auch der dingliche Abtretungsvertrag der notariellen Beurkundung.
Daher wird § 15 III, IV GmbHG auch als Grundpfeiler des GmbH-Gesetzes bezeichnet. Die GmbH ist nur deshalb weitgehend von den aktienrechtlichen Kontrollen und Bindungen befreit, weil durch das

---

59 Heldrich AcP 147 (1941), S. 89 (92).
Die ausführliche Diskussion dieser Frage erfolgt ebenso im Rahmen der Vorstellung des § 550 BGB als Ausnahme zum Grundsatz der Nichtigkeit unter E II. 1. b) und c).

60 Heldrich AcP 147 (1941), S. 89 (93); MünchKomm/Einsele § 125 Rn. 8.

61 Lutter/Hommelhoff § 15 Rn. 13.

62 Scholz/Winter § 15 Rn. 1, 38; Lutter/Hommelhoff § 15 Rn. 12; Baumbach/Hueck § 15 Rn. 29, 20.

63 Begründung zum Gesetzentwurf betreffend die Gesellschaften mit beschränkter Haftung, Stenographische Berichte über die Verhandlungen des Reichstages, 8. Legislaturperiode, I. Session 1890/1892, Fünfter Anlageband Nr. 660 S. 3729 Bd. 125 der Gesamtreihe.

Erfordernis der notariellen Form für Abtretung und Abtretungsverpflichtung der freie Handel von GmbH-Anteilen ungefährlich für den Rechtsverkehr wird und zugleich eine innigere Verbindung zwischen Gesellschaft und Gesellschaftern hergestellt ist.[64]

Von der Erschwerung nicht wünschenswerter Rechtsgeschäfte durch die Form zu unterscheiden ist die generelle Erschwerung durch einen Formzwang.

Allgemein betrachtet stellt jeder gesetzliche Formzwang eine Erschwerung des Abschlusses von Verträgen dar, denn er fügt dem privatautonomen Willen der Parteien, der zur Geltung eines Rechtsgeschäfts im allgemeinen ausreicht, ein fremdbestimmtes Moment hinzu.[65]

64 Nussbaum Privatrecht, S. 93.
65 BGHZ 136, 357 (367).

Drittes Kapitel

Nachdem dargestellt wurde, welche Funktionen die Formvorschriften erfüllen können, steht in diesem Kapitel im Vordergrund, welchen Umfang der Formzwang einnehmen muß, um die bezweckten Funktionen erfüllen zu können. Neben einer kurzen Darstellung von außerhalb des Zivilrechts gelegenen Anwendungsbereichen der Formvorschriften des BGB folgt noch eine Betrachtung der Folgen der Formvorschriften für die Auslegung formgebundener Rechtsgeschäfte.

C Anwendung der gesetzlich vorgeschriebenen Form

Bei formbedürftigen Rechtsgeschäften, deren Inhalt nicht in wenigen Zeilen abgehandelt werden kann, stellt sich die Frage, welche Teile unter Beachtung der jeweils vorgeschriebenen Form abgefaßt werden müssen.
Um den angestrebten Formzweck zu erreichen, kann es erforderlich sein, die jeweils vorgeschriebene Form bei allen wesentlichen Teilen einer Erklärung anzuwenden. Eine Umgehung der Formvorschrift und damit auch eine Verfehlung der Formziele kann auf diese Weise unterbunden werden.
Die Verwirklichung der Formzwecke ist allerdings nur gesetzgeberisches Motiv, nicht aber Anwendungsvoraussetzung für die einzelne Formvorschrift. Die Formvorschriften sind daher auch dann zu beachten, wenn der jeweils verfolgte Zweck anderweitig bereits erreicht wurde.[66]

I. Umfang des Formzwangs

Neben dem eigentlichen Rechtsgeschäft mit seinen Bestandteilen hat der Formzwang auch Einfluß auf vorhergehende und nachfolgende Vereinbarungen. Hinsichtlich der so im Umfeld des Rechtsgeschäftes angesiedelten Erklärungen ist die Formfrage unterschiedlich zu beurteilen.
Als Grundsatz gilt zunächst, daß das ganze Rechtsgeschäft formbedürftig ist, wenn das Gesetz für die darin getroffenen Verpflichtungen eine Form vorschreibt.[67]

---

[66] BGHZ 16, 334 (335); 53, 189 (195); Palandt/Heinrichs § 125 Rn. 1; MünchKomm/Einsele § 125 Rn. 9; HK/Dörner § 125 Rn. 2.
[67] BGHZ 101, 393 (396).

1. Abschluß des Rechtsgeschäfts

Dies bedeutet, daß bei Abschluß des Rechtsgeschäfts alle zum Vertragsinhalt gehörenden Erklärungen formbedürftig sind.[68] Neben den Hauptleistungspflichten sind also auch Nebenabreden[69], Bedingungen[70] und auch Vereinbarungen über Zahlungsweisen wie Vorauszahlungs- und Verrechnungsvereinbarungen[71] betroffen.

2. Verbindung mehrerer Rechtsgeschäfte

Bei Verbindung mehrerer Rechtsgeschäfte zu einem Geschäft unterliegt dieses immer dann dem Formzwang, wenn eines der Rechtsgeschäfte dem Formzwang unterliegt.[72] Auf diese Art und Weise können auch an sich formfreie Rechtsgeschäfte einem Formzwang unterliegen.
Am häufigsten ist eine derartige Verbindung mehrerer Rechtsgeschäfte im Anwendungsbereich des § 311 b I BGB zu finden. Hier werden im Zusammenhang mit der notariellen Beurkundung des Grundstückskaufvertrages häufig auch andere Rechtsgeschäfte, wie zum Beispiel Maklerverträge, Baubetreuungsverträge, Fertighausverträge oder Verträge über das sogenannte Bauherrenmodell geschlossen.[73]
Nach der ständigen und dem Grundsatz nach unumstrittenen Rechtsprechung des BGH zu § 311 b I BGB erstreckt sich der Formzwang bei zusammengesetzten Rechtsgeschäften auf das ganze Rechtsgeschäft, wenn dies rechtlich eine Einheit bildet. Dies ist dann der Fall, wenn die Vereinbarungen nach dem Willen der Parteien nicht für sich allein gelten, sondern miteinander "stehen und fallen" sollen. Der entsprechende Wille einer Partei genügt dabei, wenn die andere Partei ihn erkannt und hingenommen hat.[74] Der zentrale Grund für die Einbeziehung formfreier Rechtsgeschäfte in die Form ist dabei die Abhängigkeit der Vereinbarungen voneinander.[75]
Diskutiert wird die Frage der Form bei der Verbindung mehrerer Rechtsgeschäfte hingegen im Bereich von Ehevertrag (§ 1410 BGB) und

---

[68] BGHZ 40, 255 (262); BGH NJW-RR 1990, S. 340, (341).
[69] BGH DNotZ 1966, S. 737; 1971, S. 37 (39).
[70] BGH NJW 1996, S. 2792 (2793).
[71] BGH NJW 2000, S. 2100; BGHZ 85, 315 (318).
[72] BGHZ 78, 346 (349); 84, 322.
[73] MünchKomm/Kanzleiter § 313 Rn. 55, 56.
[74] BGHZ 76, 43 (48 f.); 78, 346 (349); 101, 393 (396); 104, 18 (22).
[75] BGH LM § 313 Nr. 151 mit Anmerkung von Battes in diesem Sinne.

Erbvertrag (§ 2276 BGB), welche wie auch der Grundstückskaufvertrag der notariellen Beurkundung unterliegen. Hierzu sind bisher keine Urteile des BGH ergangen.
Nach überwiegender Auffassung sind im Interesse der Einheitlichkeit der Rechtsordnung die zu § 311 b I BGB entwickelten Grundsätze auch auf andere Formvorschriften zu übertragen. Formbedürftig seien alle Vereinbarungen, aus denen sich nach dem Willen der Parteien das Rechtsgeschäft zusammensetzt. Die zusammengesetzten Rechtsgeschäfte sollen miteinander "stehen und fallen". Trotz der Gefahr, bei einem Formverstoß die Gesamtnichtigkeit des Rechtsgeschäfts als Folge zu haben, stehe nur dieses Ergebnis mit den Funktionen des Formzwangs im Einklang. Die Gefahr des Formverstoßes werde noch dadurch verstärkt, daß im Familienrecht der Grundsatz von Treu und Glauben die Nichtigkeitsfolge des § 125 BGB nicht einschränken kann.[76]
Die zu § 311 b I BGB geltenden Grundsätze sollten nach anderer Ansicht angesichts der Unterschiede zwischen den Rechtsinstituten nicht auf Ehevertrag und Erbvertrag übertragen werden. Anders als beim Grundstückskaufvertrag gibt es bei Ehevertrag und Erbvertrag nicht die Möglichkeit zur Heilung. Zudem werde der Umfang des Grundstückskaufvertrags entsprechend der schuldrechtlichen Vertragsfreiheit allein von den Parteien bestimmt, während Ehevertrag und Erbvertrag schon rein begrifflich einen vom Gesetz bestimmten Umfang hätten. Die angeordnete Form beziehe sich demzufolge nur auf den gesetzlich bestimmten Umfang. Auch die Funktionen der Form, wie Beweissicherung und Schutzfunktion, würden eine Einbeziehung der verbundenen, aber an sich formfreien Rechtsgeschäfte in den Formzwang nicht verlangen. Wenn man trotzdem eine Formpflicht für verbundene Rechtsgeschäfte auch im Bereich von Ehevertrag und Erbvertrag verlange, dann müßten an die Verbindung so hohe Anforderungen gestellt werden, daß diese regelmäßig zu verneinen seien.[77]
Die gegen die Formpflicht für verbundene Rechtsgeschäfte im Bereich von Ehevertrag und Erbvertrag vorgebrachten Bedenken sind im wesentlichen Konsequenz der alternativlosen Rechtsfolge der Nichtigkeit bei Formverstoß gemäß § 125 Satz 1 BGB. Bestünde beim Grundstückskaufvertrag nicht die Möglichkeit der Heilung, so wäre wohl

---

[76] OLG Hamburg FamRZ 1985, S. 290; OLG Stuttgart FamRZ 1984, S. 806; Frenz DNotZ 1996, S. 766 f.; Kiethe MDR 1994, S. 639 (641); Langenfeld DNotZ 1983, S. 139 (161); Palandt/Brudermüller § 1410 Rn. 3; Staudinger/Thiele § 1410 Rn. 14; Hohmann ZEV 1996, S. 24.
[77] Kanzleiter NJW 1997, S. 217 (218) und DNotZ 1994, S. 275 (279 f.); zustimmend Erman/Palm § 125 Rn. 3.

schon hier die Diskussion entbrannt. Nicht hinreichend Beachtung findet dabei allerdings die Tatsache, daß alle drei Formvorschriften die notarielle Beurkundung, also die stärkste der Formen des BGB anordnen. Hier steht den Vertragsparteien der Notar als fachkundige Person zur Seite. In der Verhandlung[78] vor dem Notar, der gemäß § 17 I BeurkG den Willen der Beteiligten erforschen muß, sollte regelmäßig zum Vorschein kommen, daß die Beteiligten neben dem formpflichtigen Rechtsgeschäft noch ein weiteres abschließen wollen. Schließlich ist es nach der Formel des BGH für derart verbundene Rechtsgeschäfte kennzeichnend, daß im Willen der Vertragsparteien diese Rechtsgeschäfte miteinander "stehen und fallen" sollen. Wenn die Parteien den Notar aufsuchen, dann haben sie mit ihrer Kenntnis von der Formpflicht immerhin bereits eine häufige Ursache des Formverstoßes vermieden. Diese Formvorschriften sind vom Gesetzgeber bewußt gewählte Ausnahmen vom Grundsatz der Formfreiheit. Auch bei den im wahrsten Sinne ausgewählten Formvorschriften im Familienrecht und im Erbrecht kann in Ansehung der Nichtigkeitsfolge bei Formverstoß keine Abweichung von den in anderen Bereichen geltenden (und akzeptierten) Prinzipien gelten. Somit muß im Interesse der Einheitlichkeit der Rechtsordnung bei verbundenen Rechtsgeschäften auch im Bereich von Ehevertrag und Erbvertrag gelten: Formbedürftig ist das gesamte Rechtsgeschäft.

3. *Nachträgliche Änderung*

Nachträgliche Änderungen und Ergänzungen des Rechtsgeschäfts sind grundsätzlich ebenso formbedürftig.[79] Wenn nur die Erklärung einer Vertragspartei formbedürftig war, so gilt für die Minderung oder Abschwächung dieser Verpflichtung der Formzwang jedoch nicht[80] (Beispiele sind das Schenkungsversprechen nach § 518 I BGB und das Bürgschaftsversprechen nach § 766 Satz 1 BGB).
Im konkreten Einzelfall gibt es jedoch auch unterschiedliche Auffassungen. So unterliegt beim gerichtlichen Vergleich die Verlängerung der Widerrufsfrist nach Ansicht des LG Bonn dem

---

78 Ausführlich zum Verfahren der notariellen Beurkundung unter D III 2. .
Für die gemeinsame Beurkundung von Ehevertrag und Erbvertrag gilt zudem die kostenmäßige Begünstigung des § 46 III KostO.

79 BGH NJW 1974, S. 271.

80 Soergel/Hefermehl § 125 Rn. 16.

Formzwang[81]. Diese Verlängerung könne also nur bei gleichzeitiger Anwesenheit der Vertragsparteien vor Gericht und sodann durch die Beurkundung im gerichtlichen Protokoll gemäß §§ 162 I, 163, 160 III Nr. 1 ZPO erfolgen.[82]
Diese Frage wird in allen anderen Stellungnahmen von Rechtsprechung und Literatur entgegengesetzt beurteilt: Die in einem Prozeßvergleich mitprotokollierte Widerrufsfrist könne von den Parteien einverständlich verlängert werden, ohne daß dies der (erneuten) Protokollierung bedarf.[83]
Die abweichende Sichtweise durch das LG Bonn steht hier angesichts der seit über siebzig Jahren einhelligen Auffassung nicht primär für eine kontroverse Diskussion, sondern verdeutlicht vielmehr, daß der Umfang der Formbedürftigkeit im Umfeld des Rechtsgeschäfts in vielen Punkten nicht allgemeingültig beurteilt werden kann. So gilt auch für den Grundsatz, daß nachträgliche Änderungen des Rechtsgeschäfts ebenso formbedürftig sind: Keine Regel ohne Ausnahme. Die Entscheidung des LG Bonn dürfte angesichts ihrer sehr knappen Gründe eher durch Besonderheiten des Einzelfalls motiviert gewesen sein und ist damit auch vor dem Hintergrund der im Übrigen einhelligen Ansicht für den Punkt der Verlängerung der Widerrufsfrist beim gerichtlichen Vergleich nicht geeignet, um ernstliche Zweifel an der einhelligen Auffassung zu begründen.
Unterschiedlich beurteilt wird auch die Frage, ob die nachträgliche Änderung eines nach § 311 b BGB formbedürftigen Vertrages nach Erklärung der Auflassung, aber vor Eintragung der nach § 311 b BGB erforderlichen notariellen Beurkundung bedarf.
Der BGH hat im Anschluß die Rechtsprechung des RG[84] eine Formbedürftigkeit der nach der Auflassung, aber noch vor der Eigentumsumschreibung abgeschlossenen Abänderung verneint.[85] Dieser Auffassung ist auch ein Teil der Literatur: Mit der Auflassung erlische die Übereignungspflicht und Erwerbspflicht, so daß keine Formbedürftigkeit mehr bestehe.[86]
Nach anderer Ansicht läßt sich die zeitliche Grenze der Beurkundungsbedürftigkeit aus § 311 b I Satz 2 BGB zwingend

[81] LG Bonn NJW-RR 1998, S. 427.
[82] LG Bonn NJW-RR 1998, S. 427, auch unter Berufung auf VG Hamburg MDR 1982, S. 962.
[83] KG JW 1930, S. 2801; Stein/Jonas/Roth § 224 ZPO Rn. 3; Zöller/Stöber § 794 ZPO Rn. 10 c; Schneider MDR 1997, S. 904.
[84] RG SeuffA 94, S. 128 (129).
[85] BGH NJW 2001, S: 1928; BGH NJW 1985, S. 266; BGH NJW 1971, S. 1450.
[86] Palandt/Heinrichs § 311 b Rn. 42 ff.; RGRK § 313 Rn. 88.

entnehmen. Damit bedürfe auch eine nach Auflassung aber vor Eintragung getroffene Änderung der Form.[87]
Die zur Begründung der abweichenden Ansicht angeführte Heilungsbestimmung des § 311 b I Satz 2 BGB verlangt Auflassung und Eintragung. Die Heilung des formnichtigen Vertrages hätte damit strengere Voraussetzungen als die Ansicht des BGH für die Formpflicht vorsieht. Wenn nur die Auflassung Kern der Formpflicht wäre, so könnte nach der Ansicht des BGH doch auch die Heilung als Ausnahme zu § 125 BGB bei bereits erfolgter Auflassung eintreten. Hier kann vielmehr der von der abweichenden Ansicht in der Literatur vorgetragene Gleichklang von Formpflicht und Heilungsbestimmung überzeugen. Daher sind nachträgliche Änderungen im Bereich von § 311 b I BGB vor der Eintragung ebenso formpflichtig.

4. *Aufhebung*

Die Aufhebung eines formbedürftigen Rechtsgeschäfts ist im allgemeinen nicht formbedürftig.[88] Etwas anderes gilt im Erbrecht für den Erbvertrag nach § 2290 IV BGB und den Erbverzicht nach § 2351 BGB. Auch das wieder aktivierte Schriftformerfordernis für die Kündigung (§ 623 BGB) sieht etwas anderes vor.
Trotz dieser allgemeinen Aussage kann im Einzelfall aber eine detaillierte Betrachtung erforderlich sein, wie sich am Beispiel des Grundstückskaufs zeigt: Die Aufhebung eines Grundstückskaufvertrages ist formfrei möglich, wenn weder die Auflassung erklärt wurde noch eine Auflassungsvormerkung im Grundbuch eingetragen wurde.[89] Ist die Auflassung und die Grundbucheintragung zum Zeitpunkt der Aufhebung aber bereits erfolgt, so greift bezüglich der Rückübertragung § 311 b I Satz 1 BGB, die Aufhebung bedarf somit der notariellen Beurkundung.[90]

Für Stadien, die zwischen den beiden dargestellten Fällen liegen, ist im einzelnen zu klären, ob vor dem Hintergrund der Formzwecke des § 311 b I BGB die Aufhebung formfrei erfolgen kann.[91]

---

[87] Staudinger/Wufka § 313 Rn. 186 ff.; MünchKomm/Kanzleiter § 311 b Rn. 59; zustimmend Bamberger/Roth/Gehrlein § 311 b Rn. 27.
[88] BGHZ 83, 395; Palandt/Heinrichs § 125 Rn. 8.
[89] BGHZ 83, 395 (398).
[90] BGHZ 83, 395 (397).
[91] Vgl. ausführlich dazu Roemer Formbedürftigkeit, S. 60 ff. .

5. Vorvertrag

Im Prinzip müßte auch der Vorvertrag formbedürftig sein, wenn für den Abschluß des Hauptvertrages die Einhaltung einer bestimmten Form vorgeschrieben ist, um Umgehungen der Formvorschriften zu vermeiden. So allgemein trifft dies jedoch nicht zu: Die Formbedürftigkeit eines Vorvertrags hängt vielmehr davon ab, welchem Zweck die Form des Hauptvertrages dient:
Grundsätzlich formbedürftig ist der Vorvertrag zu einem dem Formzwang unterliegenden Rechtsgeschäft jedenfalls dann, wenn der Zweck der für den Hauptvertrag vorgeschriebenen Form zumindest auch der Schutz vor übereilter Bindung ist (Warnfunktion).[92] Dies ist der Fall bei einem Vorvertrag zur Grundstücksveräußerung[93] (§ 311 b I BGB), einem Vorvertrag zu einer Schenkung[94] (§ 518 BGB) und bei einem Vorvertrag für eine Bürgschaft[95] (§ 766 BGB).
Nicht formbedürftig sind dementsprechend solche Vorverträge, bei denen die Form des Hauptvertrages der Beweissicherung dient.[96] Dies ist nach überwiegender Ansicht der Fall bei der Miete (§ 550 BGB).[97] Hier ist die Einhaltung der Form beim Hauptvertrag ausreichend.

6. Vollmacht und Zustimmung

Der Gesetzestext zur Formbedürftigkeit von Vollmacht und Zustimmung ist eindeutig. Insbesondere zur Vollmacht ist die Diskussionslage allerdings nicht so klar, wie es zunächst den Anschein hat.

a) Vollmacht

Die Vollmacht ist nach der gesetzlichen Regelung des § 167 II BGB formfrei. Diese Regelung ist eine Folge des Abstraktionsprinzips.[98]

---

[92] BGHZ 61, 48.
[93] BGHZ 97, 147 (152).
[94] Palandt/Heinrichs vor § 145 Rn. 20.
[95] BGH LM § 766 Nr. 8.
[96] MünchKomm/Einsele § 125 Rn. 11.
[97] BGH LM § 566 Nr. 1; Bub/Treier/Heile II Rn. 735; Heile NJW 1991, S. 1 (6 f.);
a. A. : Michalski WM 1998, S. 1993 (1997); Weimar MDR 1961, S. 289 (290); Flume AT II, § 33 (S. 616); Sternel Rn. 200.
Zu § 550 BGB siehe unter E II 1..
[98] MünchKomm/Schramm § 167 Rn. 16.

aa) Gesetzliche Ausnahmen zur Formfreiheit

Gesetzliche Ausnahmen zu § 167 II BGB finden sich in § 1484 II BGB für die Vollmacht zur Ablehnung der fortgesetzten Gütergemeinschaft, in § 1945 III BGB für die Vollmacht zur Ausschlagung der Erbschaft und in § 12 II HGB für die Vollmacht zur Anmeldung einer Eintragung im Handelsregister. In § 80 I ZPO besteht eine Ausnahme für den Nachweis der Prozeßvollmacht, in § 30 GBO für den Nachweis der Vollmacht zur Stellung eines Eintragungsantrags. Diese beiden Regelungen sind allerdings keine Voraussetzungen für die wirksame Erteilung der Vollmacht.[99] Weitere materiellrechtlich wirkende Ausnahmen finden sich im Gesellschaftsrecht in §§ 2 II, 47 III GmbHG und in §§ 134 III, 135 AktG.

Neu ist die Ausnahme in § 492 IV BGB für die Vollmacht zum Abschluß eines Verbraucherkreditvertrages.

bb) Literatur: Korrektur des § 167 II BGB

Vielfach wird die Regelung des § 167 II BGB heute nicht mehr für vereinbar mit der Bedeutung vieler Formvorschriften des Zivilrechts gehalten.[100] Die auf der dogmatischen Grundlage der Trennung von Vollmacht und Vertretungsgeschäft beruhende Regelung des § 167 II BGB berücksichtige nicht, daß die Vollmacht erst durch die Ausübung des Vertretergeschäfts einen rechtstatsächlichen Sinn erlange. Die Warnfunktion der Formvorschrift bliebe unberücksichtigt. Daher soll in den Fällen, in denen der Formzweck nicht nur in der Beweisfunktion sondern auch in der Warnfunktion liegt, die Formpflicht auch für die Vollmacht gelten.

Genannt werden dabei insbesondere die §§ 311 b I, 518, 766, 780 und 781 BGB.[101] Weiter auch die §§ 311 b III und IV, 2033 I, 2037, 2348, 2351, 2352, 2371, 2385 BGB.[102]

---

99 Staudinger/Schilken § 167 Rn. 20; Soergel/Leptien § 167 Rn. 9; Palandt/Heinrichs § 167 Rn. 2.

100 Staudinger/Schilken § 167 Rn. 20; MünchKomm/Schramm § 167 Rn. 16; Soergel/Leptien § 167 Rn. 11; Erman/Palm § 167 Rn. 4; Köhler AT § 18 Rn. 27; Larenz/Wolf AT § 47 Rn. 23; Leipold AT Rn. 820; Medicus AT Rn. 929; Hübner AT Rn. 1258; Flume AT § 52 2 a; Müller-Freienfels Vertretung, S. 276 ff.; Derleder JZ 2001, S. 830 (831).

101 Staudinger/Schilken § 167 Rn. 20; MünchKomm/Schramm § 167 Rn. 16; Soergel/Leptien § 167 Rn. 11; Erman/Palm § 167 Rn. 4; Köhler AT § 18 Rn. 27; Larenz/Wolf AT § 47 Rn. 23; Leipold AT Rn. 820; Medicus AT Rn. 929; Hübner AT Rn. 1258; Flume AT § 52 2 a; Müller-Freienfels Vertretung, S. 276 ff. .

Soweit in der allgemeinen Feststellung, daß § 167 II BGB einer Korrektur bedarf, im Ergebnis noch Einigkeit in der Literatur besteht, so unterschiedlich sind die zu dieser Korrektur unterbreiteten Lösungswege. So sieht *Schramm* die Warnfunktion einer für das Vertretergeschäft geltenden Formvorschrift allein nicht als ausreichenden Grund, um die Vollmacht entgegen § 167 II BGB ebenfalls dieser Form zu unterwerfen. Eine generelle Erstreckung von Formvorschriften mit Warnfunktion auf die Erteilung der Vollmacht sei trotz des Bedürfnisses nach Rechtssicherheit abzulehnen. Hinzu kommen müsse noch eine rechtliche und tatsächliche Bindung des Vollmachtgebers durch die Erteilung der Vollmacht, wie sie durch den Abschluß eines formbedürftigen Rechtsgeschäfts selbst entstehe.[103]
Für die Formbedürftigkeit soll es nach einer anderen Auffassung auf das der Vollmacht zugrundeliegende Rechtsgeschäft ankommen. Die Vollmacht sei grundsätzlich formfrei, andererseits unterliege das der Vollmacht zugrundeliegende Rechtsgeschäft dem Formzwang, wenn die jeweilige Formvorschrift der Warnfunktion dient.[104]
Ein vollständiges Außerkraftsetzen des § 167 II BGB auf Grund des doktrinären Ansatzes des Gesetzgebers[105] für alle Fälle der Warnfunktion wird von *Leptien* wiederum als zu weitgehend kritisiert. Schließlich werde der Vertretene durch die Formbedürftigkeit des Vertretergeschäfts auch in der Person des auf seine Interessen Rücksicht nehmenden Vertreters durchaus noch ausreichend geschützt, der Vertretene könne zudem in der Regel die Vollmacht noch widerrufen oder den Vertreter sonst zurückhalten und steuern.[106]
Schilken hingegen bezweifelt, ob diese Steuerungsmöglichkeit des Vollmachtgebers der Aufgabe der vor Übereilung schützenden Formvorschrift gerecht wird. Deshalb fordert Schilken entgegen § 167 II BGB eine Formbedürftigkeit der Vollmacht überall dort, wo für das angestrebte Rechtsgeschäft Formvorschriften bestehen, die nicht wie § 550 BGB lediglich Beweiszwecken dienen, sondern gewichtigere Aufgaben wie die Warnfunktion erfüllen sollen. Dort begründe nämlich bereits die Vollmachtserteilung die Möglichkeit des Eintritts des

102 Soergel/Leptien § 167 Rn. 13.
103 MünchKomm/Schramm § 167 Rn. 18 ff. .
104 Einsele DNotZ 1996, S. 835 (845); Wufka DNotZ 1990, 339 (345).
105 Flume AT II § 52 2 a.
106 Soergel/Leptien § 167 Rn. 11.

Nachteils, vor dem die warnende Formvorschrift schützen soll.[107] Nach einigen Stimmen verlange bereits die Befreiung des Bevollmächtigten von dem Selbstkontrahierungsverbot des § 181 BGB eine formgebundene Vollmacht.[108] Überwiegend wird hier zusätzlich verlangt, daß noch weitere Umstände hinzukommen, die eine Bindung des Vollmachtgebers begründen.[109]

cc) Rechtsprechung der Senate des BGH

Die Rechtsprechung des BGH im Zusammenhang mit der Form der Vollmacht gemäß § 167 II BGB beinhaltet je nach erkennendem Senat unterschiedliche Linien:
Der XII. Senat des BGH hat in seiner Entscheidung vom 1. April 1998 ausgeführt, daß eine pauschale Aushebelung des § 167 II BGB gegen den ausdrücklichen Wortlaut des Gesetzes weder zu sachgerechten Ergebnissen führen könne noch aus anderen Gründen gerechtfertigt wäre.[110]
Die Entscheidung des IX. Senats zur Blankobürgschaft[111] wird als Schritt in die Richtung der von der Literatur vertretenen Ansicht gewertet.[112]
§ 766 BGB, der die Schriftform für die Bürgschaft vorschreibt, diene allein dem Schutz des Bürgen. Er soll ihn von nicht ausreichend überlegten Erklärungen abhalten und vor der mit der Bürgschaftserklärung verbundenen Haftung warnen. Der Warnfunktion werde daher nicht schon dadurch genügt, daß der Bürge überhaupt ein Schriftstück unterzeichnet, aus dem sich sein Verbürgungswille ergibt; außer dieser Willensäußerung muß auch die Bezeichnung des Gläubigers, des Hauptschuldners und der verbürgten Forderung enthalten sein. Dies könne nicht nach Unterzeichnung von einem mündlich bevollmächtigten Dritten ergänzt werden.[113]
Die Entscheidung des IV. Senats zu § 159 II Satz 1 VVG[114] geht in die gleiche Richtung.

---

107 Staudinger/Schilken § 167 Rn. 20.
108 RGZ 108, 125; Staudinger/Schilken § 167 Rn. 22; Flume AT II § 52 2 b; KreisG Erfurt MDR 1994, S. 174 (175).
109 BGH NJW 1979, S. 2306; Soergel/Leptien § 167 Rn. 12; Rösler NJW 1999, S. 1150 (1151); RGRK/Steffen § 167 Rn. 5; MünchKomm/Schramm § 167 Rn. 19; OLG Schleswig DNotZ 2000, S. 775.
110 BGH NJW 1998, S. 1857 (1858).
111 BGHZ 132, 119.
112 Staudinger/Schilken § 167 Rn. 20; MünchKomm/Schramm § 167 Rn. 17.
113 BGHZ 132, 119 (122 ff.); BGH NJW 1997, S. 1779.
114 BGH NJW 1999, S. 950.

Die im Jahr 2001 ergangenen Entscheidungen des XI. Senats zu § 4 VerbrKrG[115] tendieren wiederum in die andere Richtung, indem die Vollmacht zum Abschluß eines Verbraucherkreditvertrages von der Form des heutigen § 492 BGB freigestellt werden.
Dabei folgt der Senat nicht der Argumentation der unteren Instanzen, daß im Anwendungsbereich des früheren Verbraucherkreditgesetzes das Ziel eines funktionierenden Verbraucherschutzes gegenüber dem Repräsentationsprinzip als Grundlage des Stellvertretungsrechts vorrangig sei. Eine rechtsgeschäftliche Stellvertretung wäre auf diese Weise weitgehend unmöglich. Dies sei kein Widerspruch zur Rechtsprechung des IX. Senats zu § 766 BGB, da die Schutzbedürftigkeit von Bürge und Verbraucher unterschiedlich sei. Der Unterschied liege darin, daß der Verbraucher mit dem Abschluß eines Kreditvertrages anders als der Bürge kein fremdnütziges Risiko eingehe.[116]
Die Frage der Vollmacht zur Aufnahme von Verbraucherdarlehen war dadurch in die Diskussion geraten, daß zunehmend zur Finanzierung von teilweise steuerbegünstigten Immobilien und Kapitalanlagen Steuerberater, Finanzmakler oder Anlageberater vom Darlehensnehmer pauschal zur Erledigung aller notwendigen vertraglichen Abwicklungen, also auch der Darlehensaufnahme, bevollmächtigt wurden.[117]
Beschrieben wird dies als mehrseitiger Geschäftsbesorgungsvertrag, in dem "irgendwo ein Satz über die Befugnis zur Aufnahme aller notwendigen Kredite" enthalten war.[118]
Im Rahmen der Integration des VerbrKrG in das BGB wurde die Formvorschrift des § 4 VerbrKrG dahingehend ergänzt, daß nun auch für die Vollmacht, die ein Darlehensnehmer zum Abschluß eines Verbraucherdarlehensvertrages erteilt, die Form des § 492 BGB erfüllt werden muß (§ 492 IV Satz 1 BGB). Der Gesetzgeber hat hier dem Verbraucherschutz Vorrang eingeräumt gegenüber dem beim Verbraucherdarlehensvertrag nicht besonders ausgeprägten Bedürfnis nach einer Stellvertretung.[119] Zur Klarstellung muß allerdings erwähnt werden, daß die aufgeführten Urteile des IV. Senats auch nach der neuen Rechtslage so ergangen sein könnten, da für notariell beurkundete

---

[115] BGH NJW 2001, S. 1931; BGH NJW 2001, S. 2963.
[116] BGH NJW 2001, S. 1931 (1932); BGH NJW 2001, S. 2963 (2965); zustimmend Rottenburg WM 2001, S. 2194 (2198 f.).
[117] Scholz FLF 2001, S. 190 (192).
[118] Derleder JZ 2001, S. 830 (831).
[119] BT-Drucksache 14/7052, S. 327 f. . Zu §§ 492, 494 BGB unter E III 3. f).

Vollmachten, die beide Fälle zum Gegenstand hatten, und Prozeßvollmachten Ausnahmen vom Formerfordernis des § 492 BGB gelten (§ 492 IV Satz 2 BGB).[120]
Ob das Urteil des IX. Senats zu § 766 BGB wirklich eine Wende der Rechtsprechung zu einer Einschränkung des § 167 II BGB bedeutet, kann angesichts der dargestellten unterschiedlichen Ansichten der Senate nicht so eindeutig beantwortet werden.

dd) Stellungnahme

Eine generelle Formfreiheit der Vollmacht, wie sie die Vorschrift des § 167 II BGB bestimmt, mag so gar nicht in das Gesamtbild der Formvorschriften des BGB passen. Denn wo sonst etwa bei zusammengesetzten Rechtsgeschäften eher einmal ein an sich formfreies Rechtsgeschäft der Form unterworfen wird, um eine Umgehung der Formvorschrift zu verhindern, wird hier die Möglichkeit, daß mit der Freistellung der Vollmacht von der Form deren Zweck nicht erfüllt werden kann, ganz außer Acht gelassen. Sicherlich findet sich eine Erklärung dafür in den Grundprinzipien des Stellvertretungsrechts[121], namentlich im Repräsentationsprinzip. Aber kann der Vertreter den Vertretenen auch in den Bereichen der Formvorschriften repräsentieren? Oder genauer: Erfüllt die Formvorschrift auch gegenüber dem Vertreter den Zweck in gleichem Maße, wie sie es gegenüber dem Vertretenen tut, wenn dieser selbst handelt? Wenn mit der Form einfache Funktionen, wie Inhaltsklarheit und Abschlußklarheit verbunden sind, wenn die Form nur Beweiszwecken dienen soll, so ist dies ohne weiteres der Fall. Eine Abweichung von § 167 II BGB für diese Fälle wird auch nicht gefordert. Gefordert wird diese Abweichung aber bei Formvorschriften mit Warnfunktion, Formvorschriften mit Übereilungsschutz. Wenn der Vertretene seinen Vertreter mit der Aufgabe entsendet, einen Bürgschaftsvertrag abzuschließen, hat dies eben nicht den gleichen Effekt, wie dies vom BGH richtigerweise ausgeführt wurde. Und genau dieses Ergebnis kann für alle Formvorschriften mit Warnfunktion gefolgert werden.

---

[120] So auch Wittig/Wittig WM 2002, S. 145 (152); Rottenburg WM 2001, S. 2194 (2199).
Anders allerdings Mankowski WuB I E 2 § 4 VerbrKrG 8.01: "Die Fortsetzung dieser Rechtsprechung wäre eine offene Mißachtung des gesetzgeberischen Willens und eine Auflehnung gegen einen eindeutigen Gesetzeswortlaut."

[121] Palandt/Heinrichs vor § 164 Rn. 2.

Schließlich hat die Rechtsprechung insbesondere zu § 313 BGB alter Fassung bereits seit längerer Zeit[122] mittels teleologischer Reduktion des § 167 II BGB die Formbedürftigkeit in erheblichem Umfang auch auf die Vollmacht erstreckt.[123] Nun stellt der BGH auch in seiner Blankobürgschaftsentscheidung[124] die Warnfunktion immer mehr in den Vordergrund und bewegt sich somit in die Richtung der in der Literatur vertretenen abweichenden Ansicht, doch auch diese Entscheidung kann (noch) nicht als Befürwortung einer generellen Formpflicht für die Bevollmächtigung bei warnenden Formvorschriften gesehen werden.
Anders als bei Inkrafttreten des BGB ist heute die Warnfunktion eine zentrale Aufgabe von Formvorschriften. Um dem voll und ganz gerecht zu werden, erfordert dies eine vom Gesetzeswortlaut des § 167 II BGB abweichende Regelung. Eine Abhängigkeit von Einzelheiten der Vollmacht ist dafür hingegen nicht geeignet. Denn die Möglichkeit zum Widerruf der Vollmacht kann nicht mit der Wirkung der Warnfunktion gleichgestellt werden. Nur in wenigen Bereichen hat der Gesetzgeber als Ausnahme vom Grundsatz der Formfreiheit den Formzwang vorgeschrieben. Bei warnenden Formvorschriften sollte zum Schutz des Erklärenden die Leichtigkeit der Vollmachtserteilung eingeschränkt und ebenfalls mit dem Formzwang belegt werden.
Die Zulässigkeit des Abschlusses eines Vertrages durch einen Vertreter bringt in erster Linie für den Vertretenen, aber auch für den Rechtsverkehr Vorteile und Erleichterungen. Neben den Vorteilen sind damit natürlich auch Nachteile verbunden, die der Vertretene um der Erleichterung willen in Kauf nehmen muß. So muß sich der Vertretene die Kenntnis und das Kennenmüssen von Umständen seines Vertreters im Rahmen der Wissenszurechnung zurechnen lassen.[125] Die fehlende Warnfunktion angesichts einer Formfreiheit der Vollmacht gehört aber gerade nicht zu den Wirkungen, die von der Rechtsordnung gewollt sein können.
Interessant ist die Frage der Formbedürftigkeit der Vollmacht auch im Zusammenhang mit der Befreiung des Selbstkontrahierungsverbots nach § 181 BGB. Denn in diesem Fall können Vertragspartner und

[122] Diese Rechtsprechung besteht bereits seit fünfzig Jahren, erstmals BGH NJW 1952, S. 1210 (1211) für die unwiderrufliche Vollmacht.
[123] Die immer neuen Einschränkungen im Bereich von § 311 b BGB ohne eine generelle Abweichung von der grundsätzlichen Linie der Rechtsprechung haben zu einem umfangreichen Katalog von Ausnahmen geführt, vgl. etwa die Auflistung bei MünchKomm/Kanzleiter § 311 b Rn. 44 ff. .
[124] BGHZ 132, 119 (124 f.).
[125] Palandt/Heinrichs § 166 Rn. 1.

Bevollmächtigter ein und dieselbe Person sein. Wie soll hier ein Formzweck verwirklicht werden, wenn nicht durch die Vorverlagerung der Formpflicht auf die Befreiung nach § 181 BGB? Etwas anderes könnte nur dann gerechtfertigt werden, wenn im Zusammenhang mit der Norm des § 181 BGB die Form und damit die Formzwecke außer Acht gelassen werden könnten. Nach der vorherrschenden Ansicht binde die Befreiung von § 181 BGB den Vollmachtgeber nicht stärker an die Vollmacht als bei Anwendung des § 181 BGB, sondern erweitere nur den Umfang der Vollmacht.[126] Dabei wird aber übersehen, daß bei Personengleichheit von Bevollmächtigtem und Vertragspartner in der Bevollmächtigung gleichsam eine Vorwegnahme des Hauptgeschäfts liegt. Die Möglichkeit des Widerrufs der Vollmacht ist hier vielfach nur theoretisch. Die Vollmacht, die unter Befreiung vom Verbot des Selbstkontrahierens nach § 181 BGB erteilt wird, ist daher formbedürftig.
Somit ist festzustellen: Die Regelung des § 167 II BGB kann nicht uneingeschränkt gelten. Um der Funktion warnender Formvorschriften nachzukommen, muß in diesen Fällen bereits die Erteilung der Vollmacht in der jeweiligen Form erfolgen. Mit der Vorverlagerung der Formbedürftigkeit des Hauptgeschäfts auf die Vollmacht muß diese zumindest in der Form abgeschlossen werden, die das Hauptgeschäft erfordert. Dieses sollte im Gesetzestext bei den betroffenen Formvorschriften mit Warnfunktion als Ausnahme zur Regelung des § 167 II BGB festgehalten werden.

b) *Zustimmung*

Die Zustimmung ist nach der gesetzlichen Regelung des § 182 II BGB formfrei.

aa) *Herrschende Auffassung*

Nach der Rechtsprechung des BGH ist die Zustimmung auch dann formfrei, wenn eine Vollmacht formbedürftig wäre.[127]
Eine der Vollmacht entsprechende Regelung, wonach auch eine Abweichung von § 182 II BGB dann erfolgen sollte, wenn die rechtsgeschäftliche Form der Warnfunktion und dem Übereilungsschutz dient, würde

---

126 BGH NJW 1979, S. 2306.
127 Zuletzt BGHZ 125, 219 (222 f.); BGH NJW 1998, S. 1857 (1859).

den Anwendungsbereich des § 182 II BGB im Fall der Genehmigung auf Null reduzieren, da die Genehmigung stets sofort binde, den Vertrag wirksam mache und unwiderruflich wäre. Entscheidend ist dabei Wortlaut und Historie des § 182 II BGB. Der Gesetzgeber habe sich bewußt im Interesse der Rechtssicherheit und zur Vermeidung praktischer Schwierigkeiten für die Formfreiheit der Zustimmung entschieden. Diese nunmehr über 90 Jahre alte Bestimmung ist in jahrzehntelanger ständiger höchstrichterlicher Rechtsprechung ihrem Wortsinn nach verstanden und angewendet worden. Demgegenüber sei in den Fällen, in denen die Form für die Zustimmung ausnahmsweise erforderlich und zweckgemäß ist, eine ausdrückliche Regelung getroffen worden.[128] (Eine besondere Form der Zustimmung ist im Familienrecht in §§ 1516 II, 1517 I Satz 2, 1597 I, 1750 I Satz 2 BGB vorgeschrieben; mit § 2120 Satz 2 BGB existiert im Erbrecht eine Regelung, die eine Form für die Einwilligung auf Verlangen eines Teils vorsieht.) Vollmacht und Zustimmung könnten nicht verglichen werden. Anders als der Vollmachtgeber könne sich derjenige, der einen bereits beurkundeten Vertrag genehmige, über den Vertragsinhalt genau informieren.[129] Zudem sei mit der Einbeziehung der Genehmigung in den Formzwang, also beispielsweise der Beurkundung der Genehmigungserklärung, die Schutzwirkung der Form nicht die gleiche. Anders als bei der Vertragsbeurkundung bezieht sich die Belehrungspflicht des Notars[130] (§ 17 BeurkG) bei der Genehmigung nur auf diese und ihre rechtlichen Folgen, nicht aber zwingend auch auf den Inhalt des Vertrags.[131] Ein Gleichklang zwischen Vollmacht und Zustimmung bestehe nur insoweit, als die gesetzlichen Regelungen in § 167 II BGB und § 182 II BGB beide vom Formzwang freistellen.[132]

Diese Rechtsprechung findet zum Teil auch ihre Bestätigung in der Literatur.[133] Die Problemkreise Vollmacht und Zustimmung seien nur bedingt vergleichbar. Anders als bei der Vollmacht liege dem Vertretenen bei der nachträglichen Zustimmung der formgerecht abgeschlossene Vertrag in der Regel vor. Anhand der Vertragsurkunde und durch Rücksprache mit

---

128 BGHZ 125, 219 (222).
129 BGHZ 125, 219 (224).
130 Dazu unter D III. .
131 BGHZ 125, 219 (225 f.).
132 BGH NJW 1998, S. 1857 (1858).
133 Palandt/Heinrichs § 182 Rn. 2; MünchKomm/Kanzleiter § 313 Rn. 47; Staudinger/Gursky § 182 Rn. 27; Soergel/Leptien § 182 Rn. 5; MünchKomm/Schramm § 177 Rn. 39; Wufka DNotZ 1990, S. 339 (349); Hagen FS Schippel S. 173 (183).

dem Vertreter könne der Vertretene alle Risiken vor der Genehmigung übersehen. Ein zusätzlicher Schutz des Vertretenen scheint daher nicht notwendig.[134]
Der Wortlaut des § 182 II BGB ist so eindeutig, daß auch dem Wortsinn keine andere Bedeutung als dem Wortlaut unterlegt werden könne. Bei der Zustimmung handele es sich nicht um ein Tatbestandsmoment des betreffenden Vertretergeschäfts sondern um eine selbständige Willenserklärung, für die schon begrifflich nicht die Regeln und Formvorschriften des Vertretergeschäfts anwendbar seien.[135]
Eine Einschränkung der Formfreiheit nur für die Fälle der vorherigen Zustimmung wird abgelehnt, da eine unterschiedliche Behandlung von Einwilligung und Genehmigung nicht zu rechtfertigen sei.[136]

bb) Abweichende Literaturansicht

Einzelne Stimmen der Literatur beurteilen die Frage der Formbedürftigkeit der Genehmigung allerdings entgegengesetzt.[137]
Schilken ist der Ansicht, daß auch für § 182 II BGB auf Grund teleologischer Reduktion im Rahmen des § 177 BGB die bereits für § 167 II BGB entwickelten Einschränkungen zu beachten sind, da die Genehmigung im Gegensatz zur Vollmacht sogar zur unmittelbaren Bindung des Vertretenen führe. Es könne nicht darauf ankommen, ob im Einzelfall dem Vertretenen der Vertrag vorliegt und sich auf diese Weise Warnfunktion und Schutzfunktion über den Vertreter entfalten könne.[138]
Palm kritisiert die unterschiedliche Behandlung der Formfrage bei Vollmacht einerseits und Genehmigung andererseits wegen der sachlichen Nähe beider Rechtsinstitute und der vergleichbaren Interessenlage.[139]

cc) Stellungnahme

Die unterschiedlichen Antworten auf die Frage der Formbedürftigkeit der Zustimmung abweichend von § 182 II BGB beruhen im Kern auf den

---

[134] MünchKomm/Schramm § 177 Rn. 39.
[135] Wufka DNotZ 1990, S. 339 (339-349).
[136] Staudinger/Gursky § 182 Rn. 28.
[137] Staudinger/Schilken § 177 Rn. 10; Flume AT II § 54 6 b; Lerch ZRP 1998, S. 347 (348); Einsele DNotZ 1996, S. 835 (845/846) und DNotZ 1999, S. 43 (45); RGRK/Steffen § 182 Rn. 7; Medicus AT Rn. 1017; Erman/Palm § 182 Rn. 4; Tiedtke JZ 1990, S. 75 (76).
[138] Staudinger/Schilken § 177 Rn. 10.
[139] Erman/Palm § 182 Rn. 4.

unterschiedlichen Sichtweisen zur Vergleichbarkeit von § 167 II BGB und § 182 II BGB. Sind beide Situationen verwandt, so ließe sich eine unterschiedliche Behandlung schwerlich rechtfertigen. Doch haben diese beiden Bestimmungen wirklich so einen identischen Regelungsgehalt, wie der Wortlaut vermuten läßt? Beachtenswert scheint, wie von Stimmen der herrschenden Ansicht angeführt, das Argument, daß anders als bei der Vollmacht im Fall der nachträglichen Zustimmung für den Vertretenen die Möglichkeit besteht, sich vor der Genehmigung detailliert über den Vertragsinhalt zu informieren. Dies wird der Vertretene wohl auch häufig tun. Insofern besteht eine andere Lage der Dinge als bei der Vollmacht, wo der Vertretene seinen Vertreter aus seinem Einflußkreis entläßt. Bei der nachträglichen Zustimmung kann sich nämlich tatsächlich ein Teil der Wirkungen der Formvorschrift auch gegenüber dem Vertretenen entfalten. Die Möglichkeit zur Rücksprache mit dem Vertreter ist dabei nur in geringerem Maße geeignet. Allerdings kann der Vertretene einen Blick auf die Vertragsurkunde werfen, sich den ausgehandelten Inhalt gleichsam "schwarz auf weiß" vor Augen führen. Auf diese Weise kann durchaus Warnfunktion und Schutzfunktion verwirklicht werden. Der Unterschied liegt hier nur darin, daß der Vertretene nicht zu diesem Einblick durch eine Formvorschrift gezwungen wird. Für eine Zustimmung ist eine solche Kontrolle keine Voraussetzung. Dies bedeutet: Ob tatsächlich ein Unterschied zur Vollmacht und damit zur Regelung des § 167 II BGB besteht, hängt allein vom Verhalten des Vertretenen ab. Doch vom Verhalten eines Vertragspartners soll die Anwendung von Formvorschriften gerade nicht abhängig gemacht werden. Die Form gilt unabhängig davon, ob es sich um fachkundige Vertragspartner handelt oder um Laien, ob sich der beabsichtigte Zweck der Formvorschrift einstellt oder nicht. Das Argument der *Möglichkeit* zur Verwirklichung der bezweckten Warnfunktion kann daher kein entscheidendes sein, um eine unterschiedliche Behandlung beider Fälle zu rechtfertigen. Konsequenterweise ist daher § 182 II BGB genauso zu behandeln wie § 167 II BGB.

II. Anwendungsbereich außerhalb des Zivilrechts

Die Formvorschriften des allgemeinen Teils des BGB sind in ihrem Regelungsbereich nicht immer auf das Zivilrecht begrenzt. Auch außerhalb des Zivilrechts finden sich Anwendungsbereiche. Andererseits sind viele dieser Formvorschriften zwar mit ähnlichen Zwecken versehen, aber nicht dem System der §§ 125 ff. BGB untergeordnet.

1. Arbeitsrecht

Im Bereich des Arbeitsrechts bedürfen etwa Tarifverträge (§ 1 II TVG) und Betriebsvereinbarungen (§ 77 BetrVG) der Schriftform. Für den Arbeitsvertrag, der grundsätzlich formfrei gültig wäre, wird die Schriftform vielfach durch Tarifverträge vorgeschrieben. Dabei ist aber wie folgt zu unterscheiden: In der Regel bezweckt die Form die Beweissicherung. Daher soll die Wirksamkeit des Arbeitsvertrages nicht von der Einhaltung der Form abhängen, auch formlos abgeschlossene Arbeitsverträge wären demnach gültig und würden nur einen Anspruch auf schriftliche Festlegung nach sich ziehen.[140]
Im Bereich der Berufsausbildungsverträge ist zum Schutz der Auszubildenden der wesentliche Vertragsinhalt schriftlich niederzulegen (§ 4 Berufsbildungsgesetz), die Nichtbeachtung hat allerdings keine Auswirkungen auf die Wirksamkeit des Vertrages.
Schriftformerfordernisse finden sich ferner im Seemannsrecht (§§ 62 I, 78 II SeemannsG) und in § 9 III MSchG.[141] Eine arbeitsrechtlich bedeutsame Form ist auch das Schriftformerfordernis für Kündigungen, Auflösungsver-träge und Befristungen nach § 623 BGB.

2. Öffentliches Recht

Auf öffentlich-rechtliche Verträge finden die Formvorschriften über §§ 57, 62 LVwVfG Anwendung.
Im Landesrecht ist für privatrechtliche Verträge von juristischen Personen des öffentlichen Rechts vielfach Schriftform vorgeschrieben. Diese und weitere Formvorschriften dienen dem besonderen Sicherheitsbedürfnis zum Schutz der Körperschaft. Bei Verstoß liegt aber kein Anwendungsfall für § 125 BGB vor, da den Ländern die Gesetzgebungskompetenz zum Erlaß derartiger Vorschriften fehlt (Artikel 55 EGBGB).[142]

---

[140] Erman/Palm § 125 Rn. 12.
[141] ErfKomm/Müller-Glöge § 623 BGB Rn. 5 f. .
[142] Erman/Palm § 125 Rn. 13.

Ebenso sind die in den Gemeindeordnungen enthaltenen Vorschriften, welche für Verpflichtungserklärungen der Gemeinden Schriftform vorschreiben, eigenhändige Unterzeichnungen durch ein oder mehrere Organwalter fordern und Beifügung von Dienstsiegel oder Amtsbezeichnung verlangen, bei einem Verstoß kein Anwendungsfall für § 125 BGB. Diese Regelungen sind als Zuständigkeitsregelungen zu verstehen, die dafür sorgen, daß die Gemeindeorgane wirksam als Vertreter handeln können. Die Nichteinhaltung führt zur Anwendung der §§ 177 ff. BGB.[143]

III. Inhalt und Auslegung

Um den Inhalt einer Erklärung sicher zu ermitteln, bedarf es oftmals der Auslegung. Wie jedoch die Auslegung von formbedürftigen Erklärungen zu handhaben ist, wird unterschiedlich beurteilt. Während die Rechtsprechung dabei mit der Andeutungstheorie einen besonderen Grundsatz für die Auslegung formbedürftiger Erklärungen aufstellt, plädieren andere Stimmen in der Literatur für einheitliche Grundsätze bei der Auslegung von formfreien und formbedürftigen Erklärungen.

1. Die Andeutungstheorie der Rechtsprechung

Erweisen sich formbedürftige Vertragstexte als unklar oder lückenhaft, so sind diese prinzipiell unter Berücksichtigung der allgemeinen Grundsätze der §§ 133, 157 BGB der Auslegung zugänglich. Die Form ist für denjenigen Vertragsinhalt erfüllt, den die Auslegung ergibt. Ständige Rechtsprechung im Zusammenhang mit Auslegung von formbedürftigen Rechtsgeschäften ist die Andeutungstheorie.[144] Diese beinhaltet die Einschränkung, daß außerhalb der Urkunde liegende Umstände zur Auslegung nur dann herangezogen werden können, wenn sie in der förmlichen Erklärung zumindest andeutungsweise zum Ausdruck gekommen sind.[145]

Die Berücksichtigung von außerhalb der Urkunde liegenden Umständen wird dabei im Ergebnis als gewisse Auflockerung der Formstrenge gesehen und könne daher nicht unbeschränkt zulässig sein. Die

---

143 Palandt/Heinrichs § 125 Rn. 4 a, b; Jauernig § 125 Rn. 6.
144 RGZ 154, 44; BGHZ 63, 359 (362); 86, 41 (46).
145 Zuletzt BGH NJW 1999, S. 2591 (2592 f.).

Zulässigkeitsgrenze wird dann als überschritten erachtet, wenn der Vertragstext die Richtung des rechtsgeschäftlichen Willens nicht einmal dem Grunde nach erkennen läßt. Über den allgemeinen rechtsgeschäftlichen Willen hinaus müsse daher auch der Hauptinhalt der zu treffenden Verpflichtungen wenigstens in Umrissen im Text der formgerechten Urkunde selbst angegeben sein. Wenn dieser Rahmen gewahrt bleibe, sei eine Auslegung unter Berücksich-tigung eines nicht formgerechten, den rechtsgeschäftlichen Willen aber näher konkretisierenden Schriftstücks auch dann nicht ausgeschlossen, wenn es sich um für die Parteien wichtige Einzelheiten handele.[146]

2. *Abweichende Literaturansicht*

Eine Vielzahl an Stimmen in der Literatur[147] vertritt hingegen die Auffassung, daß außerhalb der Urkunde liegende Umstände auch dann zur Auslegung berücksichtigt werden sollen, wenn diese in der formbedürftigen Urkunde nicht andeutungsweise zum Ausdruck gekommen sind.

Durch die Andeutungstheorie würden Auslegung und Form trotz ihrer Funktionsverschiedenheit einer einheitlichen Regel unterworfen, so daß zum einen das Formerfordernis aufgelockert werde und zum anderen die Auslegung bestimmt werde. Die Auslegung müsse von der Form getrennt betrachtet werden, es gälten für formfreie und formgebundene Willenserklärungen gleiche Grundsätze. So könne die Auslegung immer auch zu einem Ergebnis führen, welches sich nicht mit der förmlichen Urkunde vereinbaren läßt. Zudem sei die Andeutungstheorie nicht mit dem Verbot der Buchstabeninterpretation und dem Grundsatz der falsa demonstratio zu vereinbaren.[148]

Die Andeutungstheorie provoziere Auslegungskunststücke, um eine Andeutung des Gewollten zu finden und darzulegen. Auch durch die Formzwecke werde eine Berücksichtigung von außerhalb der förmlichen Urkunde liegenden Umständen nicht ausgeschlossen. Die Regelungen zur Heilung beweisen, daß sogar das Gesetz selbst auf Formzwecke verzichte.[149]

---

146 BGHZ 63, 359 (363).

147 So z. B. MünchKomm/Einsele § 125 Rn. 35; Soergel/Hefermehl § 133 Rn. 28; Medicus AT Rn. 330; Köbl DNotZ 1983, S. 207 (212); Larenz/Wolf AT § 28 Rn. 80.

148 Soergel/Hefermehl § 125 Rn. 19.

149 Medicus AT Rn. 331.

3. *Stellungnahme*

In den unterschiedlichen Positionen wird der wesentliche Punkt der kontrovers diskutierten Auslegungsfrage sehr gut deutlich: Das Formerfordernis darf auf dem Weg der Auslegung nicht derart entschärft werden, daß es faktisch aufgehoben wird. Auf der anderen Seite soll aber auch dem - rechtskonformen - Willen der Vertragsparteien Rechnung getragen werden.
Genau betrachtet hat noch keiner einen Weg gefunden, um beiden Interessen zu entsprechen. Die Rechtsprechung vertritt zum einen die Andeutungstheorie, im Bereich des Spezialfalls[150] der Verfügung von Todes wegen wird diese Andeutungstheorie jedoch arg strapaziert, um in diesen bedeutsamen Fällen dem letzten Willen des Erblassers möglichst gerecht zu werden. In der Literatur wiederum finden sich für beide Bereiche kritische Stimmen: Sowohl die Andeutungstheorie wird für verfehlt gehalten, aber auch die Urteile im Zusammenhang mit Verfügungen von Todes wegen werden beanstandet, weil sie dem Formzwang nicht mehr gerecht werden.
Ein totaler Verzicht auf eine Andeutung in der Urkunde ermöglicht es wiederum, auch scheinbar eindeutige Urkunden in Zweifel zu ziehen.[151]
Bei der Gratwanderung zwischen Formerfüllung und Willensermittlung wird es somit wohl nicht möglich sein, einen Mittelweg zu finden, dem alle zustimmen können.
Ausgehend von der Frage, welche Teile eines Rechtsgeschäfts der Form bedürfen, könnte ein Streit über die Auslegung aber vielleicht in manchen Fällen vermieden werden. Schließlich besteht Einigkeit darüber, daß alle wesentlichen Teile eines Rechtsgeschäfts der jeweils vorgeschriebenen Form bedürfen.[152] Steht man nun vor der Auslegungsfrage und hat klärende Unterlagen dafür zur Verfügung, die nicht die vorgeschriebene Form erfüllen, so sind zwei Möglichkeiten denkbar: Zum einen kann es sich um wesentliche Teile des Rechtsgeschäfts handeln mit der Folge, daß das ganze Rechtsgeschäft nicht die vorgeschriebene Form erfüllt. Zum anderen kann es sich um solche Papiere handeln, die nicht der Form bedürfen. Wenn dies der Fall ist, dann können aber andererseits auch

---

150 Siehe dazu unter D IV. 2..

151 Medicus AT Rn. 331.

152 Siehe unter C I. 1..

keine Bedenken bestehen, diese Unterlagen zur Auslegung heranzuziehen.
In soweit ist der von der Literatur angestrebten getrennten Betrachtung von Form und Auslegung zuzustimmen. Voraussetzung dafür ist aber eine strenge Prüfung, ob die vorgeschriebene Form erfüllt ist, um eine Untergrabung des Formerfordernisses zu verhindern. Konsequenterweise führt damit bei allen wesentlichen Teilen des Rechtsgeschäfts an der Andeutungstheorie kein Weg vorbei. Lediglich solche Teile des Rechtsgeschäfts, die nicht als wesentlich in diesem Sinne gelten und damit auch nicht dem Formzwang unterliegen, können ohne Bedenken hinsichtlich einer Aushöhlung des Formerfordernisses hervorzurufen einer freieren Auslegung im Sinne der Literaturansicht zugänglich sein.
Auf diese Weise könnte zumindest die Formfrage zufriedenstellend geklärt werden. Ob dann ohne entsprechende Andeutungen auch außerhalb der Urkunde liegende Erklärungen herangezogen werden können, ohne Gefahr zu laufen, den Urkundeninhalt zu verfälschen, ist dann einzig eine Frage der Auslegungsregeln.

Viertes Kapitel

In den vorangegangenen Kapiteln wurde geklärt, welche Funktionen durch Formvorschriften erfüllt werden können und inwieweit das Rechtsgeschäft und die damit im Zusammenhang stehenden Erklärungen unter Beachtung der Form abgeschlossen werden müssen, um den Formzweck zu erfüllen. Auf dieser Grundlage folgt in diesem Kapitel ein umfassender Blick auf die drei "bewährten" Formen, welche das BGB kennt. Die neuen Formen werden in einem späteren Kapitel dargestellt.

D Arten der Form

Folgende Arten der Form sind gesetzlich geregelt: Die Schriftform (§ 126 BGB), die Öffentliche Beglaubigung (§ 129 BGB), die Notarielle Beurkundung (§ 128 BGB) sowie neuerdings die Elektronische Form (§ 126 a BGB) und die Textform (§ 126 b BGB).

I. § 126 BGB Schriftform

Die Schriftform ist eine der am weitesten verbreiteten Formvorschriften, zugleich auch eine der einfachsten Möglichkeiten der Form.
Zur Erfüllung der Schriftform muß die Urkunde vom Aussteller eigenhändig durch Namensunterschrift oder mittels notariell beglaubigten Handzeichens unterzeichnet werden (§ 126 I BGB).
Bei einem Vertrag muß die Unterzeichnung der Parteien auf derselben Urkunde erfolgen (§ 126 II Satz 1 BGB). Bei mehreren gleichlautenden Urkunden genügt es, wenn jede Partei die für die andere Partei bestimmte Urkunde unterzeichnet (§ 126 II Satz 2 BGB).
Die Schriftform des § 126 BGB stellt gegenüber der formfreien Erklärung vielfach die erste Stufe der Formvorschriften dar.[153] Ersetzt wird die Schriftform durch die notarielle Beurkundung (§ 126 IV BGB) und durch die elektronische Form (§ 126 III BGB).

---

[153] Mit der Textform (§ 126 b BGB) besteht nun eine weitere Einstiegsstufe zum formgebundenen Rechtsgeschäft.

1. Anwendungsfälle

Allein im BGB gibt es eine Vielzahl von Anwendungsfällen:
- Im Allgemeinen Teil im Vereinsrecht (§§ 32 II, 37 I), im Stiftungsrecht (§ 81 I) und im Minderjährigenrecht (§ 111 Satz 2),
- im Allgemeinen Schuldrecht (§§ 368, 409, 410, 416 II),
- im Besonderen Schuldrecht für das Verbraucherdarlehen (§ 492), im Mietrecht (§§ 556 a V, 564 a I Satz 1, 550), bei der Pacht (§ 585 a, 594 f), im Arbeitsrecht (§ 623), bei der Leibrente (§ 761), bei der Bürgschaft (§ 766), beim Schuldversprechen (§ 780 ff.) und bei der Schuldverschreibung (§ 793 ff.)
- und im Sachenrecht bei der Hypothek (§ 1154 BGB).

§ 126 BGB regelt die Fälle, in denen durch Gesetz die Schriftform vorgeschrieben ist. Gesetz ist dabei jede Rechtsnorm (Art. 2 EGBGB). Somit findet § 126 BGB auch außerhalb des BGB im Privatrecht Anwendung[154]. Dort finden sich ebenso zahlreiche Normen, welche die Schriftform vorschreiben: Im Aktiengesetz (§§ 32 I, 108 III, 122), im Berufsbildungsgesetz (§ 15 III), im Bundeskleingartengesetz (§§ 6, 7), im Bundesjagdgesetz (§ 11 IV), im Fernunterrichtsschutzgesetz (§ 3), in der Bundesgebührenordnung für Rechtsanwälte (§ 3 I), im Genossenschaftsgesetz (§§ 5, 11 II 1, 93i III), im Baugesetzbuch (§ 11 III), im Handelsgesetzbuch (§ 363), in der Honorarordnung für Architekten und Ingenieure (§ 4 II), im Tarifvertragsgesetz (§ 1 II), im Betriebsverfassungsgesetz (§ 77 II) und im Arbeitnehmerüberlassungsgesetz (§ 12 I). All diese Formvorschriften können statt mit der Schriftform auch durch die Einhaltung der elektronischen Form des § 126 a BGB erfüllt werden, soweit die elektronische Form im Gesetz nicht ausdrücklich ausgeschlossen ist.
Einige bisherige Anwendungsfälle der Schriftform sind seit 1. August 2001 zu Anwendungsfällen der Textform geworden.

2. Anforderungen

Die Schriftform verlangt, daß der Aussteller die Urkunde eigenhändig durch Namensunterschrift oder mittels notariell beglaubigten Handzeichens unterzeichnet (§ 126 I BGB). Der Text der Urkunde muß

[154] RGZ 74, 69 (70).

dabei anders als etwa beim eigenhändigen Testament (§ 2247 I BGB) nicht von ihm geschrieben werden.[155]
Hinsichtlich der Anforderungen ist zwischen Erfordernissen im Zusammenhang mit der Urkunde und solchen bezüglich der Unterschrift zu unterscheiden.

a) *Urkunde*

Der Begriff der Urkunde wird in § 126 BGB nicht definiert, sondern vorausgesetzt. Nach den Vorstellungen des Gesetzgebers sollte sich der Urkundenbegriff des § 126 BGB mit dem der Privaturkunde des heutigen § 416 ZPO decken.[156]
Wie der Wortlaut schon sagt, ist es ein wesentliches Kennzeichen der Schriftform, daß die Urkunde schriftlich abgefaßt sein muß. Hinsichtlich der näheren Einzelheiten bestehen kaum Begrenzungen: So ist die Abfassung in deutscher Sprache nicht erforderlich, es kann jede bekannte Sprache gewählt werden.[157] Auch bezüglich des Materials der Urkunde besteht lediglich die Anforderung, daß es Schriftzeichen dauerhaft festhalten kann. So hat das Reichsgericht im Jahre 1915 ein auf Schiefertafel verfaßtes Testament für wirksam erachtet.[158]
Die Angabe von Ort und Zeit der Abfassung ist nicht erforderlich.[159]
Die Urkunde kann vom Erklärenden selbst oder von einem Dritten hergestellt werden. Die Herstellung kann dabei handschriftlich, maschinell oder durch Vervielfältigung erfolgen[160], auch die Verwendung eines unwirksam gewordenen alten Vordrucks ist unbedenklich.[161]
Insgesamt bedeutet dies, daß der durch § 126 BGB geleistete Schutz vor Fälschungen relativ gering ist.

aa) *Inhalt*

In der Urkunde muß das gesamte formbedürftige Rechtsgeschäft enthalten sein.[162] Ein Vertragsschluß durch Briefwechsel genügt nicht der

---

155 Soergel/Hefermehl vor § 125 Rn. 2.
156 Motive I 184 zu § 92; RG SeuffArch 64 Nr. 123.
157 OLG Brandenburg NJW-RR 1999, S. 543 (545).
158 RG DJZ 15, 594.
159 Palandt/Heinrichs § 126 Rn. 2.
160 MünchKomm/Einsele § 126 Rn. 5.
161 RGZ 78, 31.
162 RGZ 136, 424.

gesetzlichen Schriftform.[163] Eine Ausnahme dazu besteht beim Verbraucherdarlehensvertrag nach § 492 I Satz 3 BGB. Dort ist die Unterzeichnung des Vertrags auf getrennten Urkunden zulässig.[164]
Unter Zugrundelegen des Zwecks der Formvorschrift ist dabei im einzelnen zu ermitteln, welchen Mindestinhalt die Urkunde haben muß.[165] So ist bei der Bürgschaftserklärung unter Zugrundelegen des Warnzwecks der Norm neben dem Verbürgungswillen und der Bezeichnung von Gläubiger und Hauptschuldner auch die verbürgte Forderung (in hinlänglich klaren Umrissen) anzugeben.[166] In mancher Norm (z.B. § 492 BGB) ist der Mindestinhalt der Urkunde auch ausdrücklich festgelegt; einige Normen verlangen die Schriftform nur für eine Willenserklärung (z.B. § 766 Satz 1 BGB). Werden beim Verbraucherdarlehensvertrag getrennte Urkunden angefertigt, so muß die vom Darlehensnehmer unterzeichnete Urkunde den vorgeschriebenen Inhalt aufweisen (§ 492 I Satz 5 BGB).[167]

bb) Einheitlichkeit

Die Einheitlichkeit der Urkunde bezeichnet das Erfordernis, daß das gesamte formbedürftige Rechtsgeschäft grundsätzlich in einer Urkunde enthalten sein muß.[168] Dabei kann die Urkunde zwar aus mehreren Blättern bestehen, diese müssen aber etwa durch fortlaufende Numerierung ihre Einheitlichkeit erkennen lassen. Eine körperliche Verbindung ist dabei nach inzwischen einhelliger Auffassung nicht zwingend erforderlich.[169]

aaa) Die frühere Rechtsprechung

Die bis 1997 gültige Rechtsprechung vertrat zu dieser Frage noch den strengen Standpunkt: Für die Erfüllung der Schriftform ist eine derartige feste Verbindung einzelner Seiten der Vertragsurkunde erforderlich, daß entweder die Auflösung der Verbindung nur mit teilweiser Substanzzerstörung möglich wäre oder die Verbindung zumindest als dauernd

---

163 BGH NJW 2001, S. 221 (223).
164 Palandt/Putzo § 492 Rn. 7.
165 BGHZ 76, 187.
166 Palandt/Sprau § 766 Rn. 3.
167 Palandt/Putzo § 492 Rn. 7.
168 RGZ 136, 422 (425).
169 Seit BGHZ 136, 357; MünchKomm/Einsele § 126 Rn. 7; Erman/Palm § 126 Rn. 6; Jauernig § 126 Rn. 10; Palandt/Heinrichs § 126 Rn. 4; Soergel/Hefermehl § 126 Rn. 4.

gewollt erkennbar sein muß und die Lösung der Verbindung nur unter Anwendung von Gewalt denkbar ist.[170]
Das Erfordernis der festen körperlichen Verbindung hat die neuere Rechtsprechung nunmehr nicht aufrechterhalten.

bbb) *Die Entscheidung BGH XII ZR 234/95*

Der XII. Senat des BGH führt dazu in seinem Urteil vom 24. September 1997[171] aus, daß auch ohne körperliche Verbindung der einzelnen Blätter zweifelsfrei festzustellen sei, wo der Text einer aus mehreren Blättern bestehenden Urkunde endet und durch Unterzeichnung abzuschließen ist. Außer der Paginierung der einzelnen Blätter oder der fortlaufenden Numerierung der einzelnen Bestimmungen reiche zumeist auch die logische Reihenfolge und der inhaltliche Zusammenhang des Textes aus, um die Reihenfolge der einzelnen Blätter und damit die Textfolge und das Ende des Textes zu kennzeichnen. Die der Schriftform des § 126 BGB allgemein zukommende Warnfunktion, Klarstellungsfunktion und Beweisfunktion ließe eine körperliche Verbindung zwar wünschenswert, aber nicht unbedingt erforderlich erscheinen. Das Erfordernis der körperlichen Verbindung könne auch den Status der Schriftform als diejenige Form, die von jedermann ohne fachjuristischen Rat eingehalten werden kann, in Frage stellen. Eine körperliche Verbindung etwa in Form der Klammerheftung werde zudem im Alltagsgebrauch für Kopie oder Faxübermittlung häufig gedankenlos wieder gelöst. Die Merkmale der Paginierung und fortlaufenden Numerierung der Textabschnitte seien damit zur Einheit der Urkunde verläßlicher als eine feste, aber unschwer wieder zu lösende körperliche Verbindung, der nicht anzusehen ist, von wem und wann sie vorgenommen wurde.

ccc) *Die Entscheidung BGH XII ZR 55/97*

In der Entscheidung vom 30. Juni 1999[172] hat der Senat dieses Urteil noch ergänzt: Auch im Verhältnis von Vertragsurkunde und in Bezug genommenen Anlagen ist eine feste körperliche Verbindung nicht in jedem Fall erforderlich. Nicht alles, was die Vertragsparteien als Anlage zum

---

[170] BGHZ 40, 255; 42, 333.
[171] BGHZ 136, 357 (361-370).
[172] BGHZ 142, 158 (160-166).

Vertrag bezeichnen oder betrachten, müsse auch mit diesem zu einer einheitlichen Urkunde zusammengefaßt werden. Lediglich dann, wenn die wesentlichen Vertragsbedingungen nicht in der Vertragsurkunde selbst aufgenommen werden, sondern teilweise in andere Schriftstücke ausgelagert werden, so daß der Gesamtinhalt der Vereinbarung erst im Zusammenwirken der Bestimmungen deutlich wird, müßten die Parteien zur Wahrung der Einheit der Urkunde die Zusammengehörigkeit der Schriftstücke in geeigneter Weise kenntlich machen.

ddd) Die Entscheidung BGH VII ZR 93/97

Im Gleichklang dazu äußert sich der VII. Senat in seinem Urteil vom 21. Januar 1999[173]: Eine feste Verbindung von Vertrag und Anlage sei zur Wahrung der Schriftform nicht erforderlich, wenn die Einheit der Urkunde aus anderen Gründen außer Zweifel stehe. Im behandelten Fall war jede Seite der mehrere Seiten umfassenden Vertragsurkunde abgezeichnet. Ebenso war jedes Blatt der Anlage, auf die der Vertragstext zur Bestimmung des Vertragsobjekts verwies, mit den vollen Unterschriften versehen. Der Senat befand, daß es nicht gerechtfertigt sei, stets an dem Erfordernis einer festen Verbindung festzuhalten, wenn auf andere Weise Unsicherheiten ausgeschlossen sind.

eee) Reaktionen in der Literatur

Diese Folge von Urteilen der Rechtsprechung ist in der Literatur zum einen auf breite Zustimmung gestoßen.[174] Die bisherige Regelung bot im Zusammenhang mit dem Schriftformerfordernis des heutigen § 550 BGB in der Praxis insbesondere bei der gewerblichen Miete die Möglichkeit, sich vorzeitig aus langfristigen Mietverträgen zu lösen, indem sich eine der Parteien auf die Nichteinhaltung der gesetzlichen Schriftform mangels körperlicher Verbindung der Urkundsblätter berief und das Mietverhältnis unter Einhaltung der nun maßgeblichen gesetzlichen Kündigungsfrist aufkündigte. Dieser Mißbrauch ist nun zumindest ausgeschlossen.[175] Allerdings finden einige Autoren auch Anlaß zur Kritik an den Entscheidungen.

173 BGH NJW 1999, S. 1104 (1105).

174 Heiderhoff NZM 1998, S. 896 (897); Schulze JZ 1998, S. 524 (525 f.); Lindner-Figura NJW 1998, S. 731; Emde EWiR 1999, S. 777 (778); Münch JZ 2000, S. 210 (211).

175 Schulze JZ 1998, S. 524 (525 f.); Lindner-Figura NJW 1998, S. 731; Sternel MDR 1998, S. 33.

So wird kritisiert, daß mit dem Verzicht auf eine feste körperliche Verbindung die Beweisfunktion der Schriftform gemindert werde. Dies rufe neue Streitigkeiten hervor.[176] Gegen die Rechtsprechung wird weiterhin vorgebracht, daß sie sich an den Interessen von Mieter und Vermieter ausrichte und dabei die Belange des Grundstückserwerbers nicht hinreichend beachte. Die Sicherheit des Rechtsverkehrs müsse Vorrang haben vor der einfachen Verfügbarkeit der Schriftform für die vertragsschließenden Parteien. Zu diesem Zweck bestehen viele Möglichkeiten, Schriftstücke einfach, schnell, preiswert und verhältnismäßig zuverlässig dauerhaft zu verbinden, ohne die Parteien zu überfordern.[177] Die Entscheidung in BGHZ 142, 158 wird in soweit kritisiert, als eine Vermischung des Formgebots mit der Frage der Auslegung erfolge.[178]

fff) Stellungnahme

Der durch die drei dargestellten Urteile des BGH vollzogene Wechsel in der Rechtsprechung ist uneingeschränkt zu begrüßen. Der Verzicht auf die strengere Anforderung einer festen Verbindung der Urkunde fügt sich gut in das Gesamtbild der Schriftform ein. So sind die für die Schriftform kennzeichnenden Maßstäbe nunmehr fast gänzlich im Bereich der Unterschrift zu finden, die Fragen der Urkunde werden den Parteien überlassen. Dort entfaltet die Schriftform auch ihre primären Wirkungen der Warnfunktion und des Übereilungsschutzes. Das Erfordernis der körperlichen Verbindung hingegen stand nicht im Zusammenhang mit diesen Formzwecken. Zwar diente die feste Verbindung der Beweisfunktion, diese kann aber nur als untergeordnete Aufgabe der Schriftform gesehen werden: Schließlich ist der durch die Schriftform erreichte allgemeine Schutz vor Fälschungen und Manipulationen eher gering. Insoweit sind andere Mittel wie die fortlaufende Numerierung der Seiten ein ebenso geeignetes Mittel zur Wahrung der Einheitlichkeit der Urkunde. Zudem führt der Verzicht auf die Forderung einer festen Verbindung auch zu der vom BGH angesprochene Annäherung an die Vorstellungen der Allgemeinheit über die Schriftform und ist auch eine angemessene Reaktion auf den heutigen Umgang mit Urkunden und Einsatz von neuen Medien im Alltag, ohne die Form in ihrer Wirkung zu schwächen.

---

176 Repgen DWW 1999, S. 47 (51, 53).
177 Sternel MDR 1998, S. 33 (34).
178 Münch JZ 2000, S. 210 (213).

b) *Unterschrift*

Die Bedeutung der Unterschrift ergibt sich aus dem Sprachgebrauch und dem Zweck der Formvorschrift. Unterschrift ist demnach ein aus Buchstaben einer üblichen Schrift bestehendes Gebilde, das nicht lesbar zu sein braucht. Mit der Unterschrift muß ein einmaliger, die Identität des Unterschreibenden ausreichend kennzeichnender, individueller Schriftzug vorliegen, der entsprechende charakteristische Merkmale aufweist, sich als Wiedergabe eines Namens darstellt und die Absicht einer vollen Unterschriftsleistung erkennen läßt.[179]
Anders als bei der Urkunde, bei der tendenziell immer weniger Einschränkungen vorhanden sind, bestehen im Zusammenhang mit der Unterzeichnung durch den Aussteller eine Reihe von Vorgaben, wie die Definition der Unterschrift durch den BGH bereits andeutet. Explizit sind dies der räumliche Abschluß, Zulässigkeitsbeschränkungen von Blankounterschriften, die Eigenhändigkeit der Unterschrift und die Namensunterschrift.

aa) *Räumlicher Abschluß*

Die Unterschrift hat Abschlußfunktion: Sie muß den Urkundentext räumlich abschließen[180], also den unverbindlichen Entwurf von der Vollendung der Erklärung und dessen inhaltlicher Bestätigung abgrenzen.[181]
Nur der Teil der Urkunde, der oberhalb der Unterschrift steht, wird dabei von der Unterschrift gedeckt.[182] Nachträgliche Zusätze unterhalb der Unterschrift müssen erneut durch Unterschrift bestätigt werden[183]; nachträgliche Änderungen oberhalb der Unterschrift können von der bestehenden Unterschrift gedeckt werden, wenn dies vom gemeinsamen Parteiwillen bestimmt wird.[184]
Nicht ausreichend ist nach dem BGH eine über dem Urkundentext stehende sogenannte Oberschrift[185], wie sie auf vorgefertigten Überweisungsformularen lange Zeit vorgesehen war. Neben der räumlichen Abschlußfunktion der Unterschrift bildet diese zudem auch den zeitlichen

179 BGH NJW 1994, S. 55.
180 BGHZ 113, 48 (53 f.).
181 Köhler AcP 182 (1982), S. 126 (147f.).
182 BGH NJW 1995, S. 43 (45).
183 BGH NJW-RR 1990, S. 518.
184 BGH NJW 1994, S. 2300.
185 BGHZ 113, 48.

Abschluß des Urkundentextes, da sie im Regelfall unter den fertigen Text gesetzt wird. Gerade dies ist die Basis für die gesetzlich vermutete Übereinstimmung des Urkundentextes mit dem Willen des Ausstellers. Für einen über dem Text stehenden Namenszug besteht diese Basis nicht in gleicher Weise.[186]
Anders sieht dies *Köhler*. Auch eine Oberschrift könne das Unterschriftserfordernis des § 126 I BGB erfüllen, wenn durch die Gestaltung der Urkunde oder entsprechende Hinweise der inhaltliche Bezug zum Urkundentext sichergestellt werde. Bei den Überweisungsformularen sei dies durch den Zusatz "Unterschrift für nachfolgenden Auftrag" an der Unterschriftszeile geschehen. Auch eine Oberschrift könne Grundlage einer Rechtsscheinhaftung sein. Weder der räumliche Abschluß und schon gar nicht der zeitliche Abschluß sei zwingend für das Unterschriftserfordernis des § 126 I BGB.[187]
Diese Auffassung Köhlers ist mit dem Wortlaut (*Unter*schrift), welcher hier wirklich deutlich und unzweifelhaft ist und keine andere Sichtweise zuläßt, nicht in Einklang zu bringen. Bei Köhler haben die Bedürfnisse der an zügigem und effizientem Geschäftsverkehr orientierten Kreditinstitute gegenüber den Schutzzwecken der Unterschrift als wesentlichem Teil der Schriftform ungleich stark Berücksichtigung gefunden. Wer den räumlichen Abschluß als entbehrlich ansieht, entzieht der Unterschrift und damit insbesondere der Schriftform die Basis, wesentlichen Aufgaben wie der Warnfunktion, der Beweissicherung und so elementarem wie der Abschluß- und Inhaltsklarheit Genüge zu tun. Entgegen Köhler ist daher eine Oberschrift nicht geeignet, die Erfordernisse einer Unterschrift zu erfüllen.

bb) Blankounterschrift

Natürlich bedeutet das zur Abschlußfunktion der Unterschrift gesagte nicht, daß Blankounterschriften, bei denen die Unterschrift gerade nicht den zeitlichen Abschluß der Urkunde bildet, unzulässig sind. Ganz im Gegenteil ist es in ständiger Rechtsprechung für zulässig gehalten worden, daß die Unterschrift vor Fertigstellung des Textes geleistet werden kann[188]; auch in der Literatur fand sich nur ein vereinzelter

---

[186] BGHZ 113, 48 (51); zustimmend Medicus AT Rn. 617.
[187] Köhler JZ 1991, S. 408 (409) und in FS Schippel S. 209 (220).
[188] RGZ 78, 26; BGHZ 22, 128.

Widerspruch von Riezler zu Anfang des 20. Jahrhunderts[189], der auch später die Blankounterschrift als Gewohnheitsrecht anerkennt.[190]
Bereits in den Motiven zum BGB heißt es, daß es für die Frage der Formrichtigkeit ohne Belang ist, ob die Unterschrift zeitlich der Schrift des Textes nachfolgt oder vorausgeht.[191]
Erst in jüngerer Vergangenheit wurde dieser Grundsatz durch den IX. Senat des BGH dahingehend eingeschränkt, daß sich aus dem Schutzzweck der Formvorschrift ergeben kann, daß die Ausfüllung des mit einer Blankounterschrift versehenen Formulars nicht von jedem Dritten vorgenommen werden kann.[192]
Dies ist in der neueren Rechtsprechung für die Bürgschaft anerkannt, gleiches wird im Fall des heutigen § 492 BGB angenommen. § 766 BGB, der die Schriftform für die Bürgschaft vorschreibt, dient allein dem Schutz des Bürgen. Er soll ihn von nicht ausreichend überlegten Erklärungen abhalten und vor der mit der Bürgschaftserklärung verbundenen Haftung warnen. Der Warnfunktion wird daher nicht schon dadurch genügt, daß der Bürge überhaupt ein Schriftstück unterzeichnet, aus dem sich sein Verbürgungswille ergibt; außer dieser Willensäußerung muß auch die Bezeichnung des Gläubigers, des Hauptschuldners und der verbürgten Forderung enthalten sein. Dies kann nicht nach Unterzeichnung von einem mündlich bevollmächtigten Dritten ergänzt werden.[193]
Dieser Ansatz, daß die mündliche Erteilung der Ermächtigung zur Ausfüllung der mit Blankounterschrift versehenen Bürgschaftsurkunde mit dem Zweck der Schriftform des § 766 BGB nicht vereinbar sei, ist vor der angesprochenen Entscheidung des BGH auch von einzelnen Stimmen der Literatur aufgegriffen worden.[194] Die Zulassung einer mündlichen Ermächtigung zur Ausfüllung der Urkunde würde kraß gegen die Zwecke des § 766 BGB verstoßen, nämlich der ausreichenden Warnung des Bürgen vor den möglichen Gefahren und der ausreichenden Überlegungssicherung.[195]
Im Anschluß an die Entscheidung des BGH hat selbige dem Grunde nach eine breite, allerdings nicht immer uneingeschränkte, Zustimmung in der

---

[189] Riezler AcP 95 (1904), S. 357 ff. .
[190] Staudinger/Riezler (10. Auflage) § 126 Rn. 4.
[191] Motive I, S. 185.
[192] BGHZ 132, 119.
[193] BGHZ 132, 119 (122 ff.); BGH NJW 1997, S. 1779.
[194] Bydlinski WM 1992, S. 1301 (1303 f.); Häsemeyer Form S. 191.
[195] Bydlinski WM 1992, S. 1301 (1303).

Literatur gefunden.[196] Kritisch betrachtet wird dabei die Art und Weise der Entscheidung, welche sehr unterschiedliche Bereiche miteinander vermischt (die Schriftform gemäß § 126 BGB mit dem Anwendungsfall des § 766 BGB[197] bzw. mit der Formbedürftigkeit der Vollmacht[198]).
Neben der fundamental positiven Kommentierung zur Entscheidung des BGH findet sich auch genereller Widerspruch.
Kritisch wird zum einen die Einschränkung der Blankounterschrift für den Fall des verdeckten Blanketts gesehen.[199]
Jauernig sieht die Entscheidung des BGH zur Blankounterzeichnung der Bürgschaftsurkunde insgesamt als bedenklich an. Er verweist darauf, daß die zuvor geltende Interpretation des § 766 BGB Gewohnheitsrecht geworden sei und daß daran im Interesse der Rechtssicherheit und des Vertrauensschutzes festzuhalten sei.[200]
Heftig kritisiert wird die Zulassung der Blankounterschrift auch von *Benedict.* Bereits aus der Verwendung der Wörter "Namensunterschrift" und "unterzeichnen" im Text des § 126 I BGB folgert er eine zwingende zeitliche Reihenfolge zwischen Texterstellung und Unterschrift. Die in den Motiven zum BGB ausgeführte Zulässigkeit der Blankounterschrift sieht Benedict als Privatmeinung eines einzelnen Ministerialbeamten an. Aus dem Vorhandensein von Sonderregelungen zum Wechsel im Wertpapierrecht schließt er, daß die Blankounterzeichnung der Schriftform im Allgemeinen Teil des BGB nicht genügt. Schließlich hält er auch die Blankounterschrift zur Erhaltung der Zwecke der Schriftform, insbesondere der Warnfunktion, für nicht geeignet. Infolge dessen sei die Blankounterschrift nicht zur Erfüllung der Schriftform geeignet, eine solche Erklärung sei gemäß § 125 BGB als nichtig anzusehen.[201]

Ähnliches wie zum § 766 BGB hat der IV. Senat des BGH zwei Jahre später für § 159 II Satz 1 VVG festgestellt.[202] Diese Norm schreibt für die Gültigkeit des Vertrags über eine Lebensversicherung , die für den Fall des Todes eines anderen als des Versicherungsnehmers genommen wird, die schriftliche Einwilligung des anderen vor, wenn die vereinbarte

196 Keim NJW 1996, S. 2774; Bülow ZIP 1996, S. 1694; Hadding EWiR 1996, S. 785; Tiedtke WiB 1996, S. 811; Medicus Schuldrecht II Rn. 517.
197 Hadding EWiR 1996, S. 785 (786).
198 Keim NJW 1996, S. 2774 (2775).
199 Pawlowski JZ 1997, S. 309 (311 f.); Erman/Palm § 126 Rn. 8.
200 Jauernig § 126 Rn. 6.
201 Benedict Jura 1999, S. 78 (80-83).
202 BGH NJW 1999, S. 950 (952).

Leistung den Betrag der gewöhnlichen Beerdigungskosten übersteigt. Die Einwilligung dient hier dazu, um die Spekulation mit dem Leben anderer zu unterbinden.[203] Eine wichtige Rolle spielt bei dieser Überlegung auch die Gefahr, daß der Versicherungsnehmer oder ein sonstiger Beteiligter in der Lage ist, den Versicherungsfall herbeizuführen.[204] Die zu versichernde Person soll sich daher der Gefährdung bewußt werden und das Risiko abwägen können, das sie mit der Einwilligung auf sich nimmt. Die Anforderungen an die inhaltliche Ausgestaltung der schriftlichen Einwilligung sind daran auszurichten. Um diesem Zweck gerecht zu werden, ist § 159 II Satz 1 VVG entsprechend anwendbar, wenn die versicherte Person zwar zugleich Versicherungsnehmer ist, aber am Vertragsschluß nicht unmittelbar beteiligt ist. Dem ist so, wenn der Versicherungsnehmer den Versicherungsantrag blanko unterschreibt und die Ausfüllung des Antrags anderen überläßt. Der Versicherungsnehmer ist hier der Gefahr ausgesetzt, infolge eigenmächtigen Verhaltens eines Dritten auf den Vertragsabschluß keinen Einfluß mehr nehmen zu können. Daher muß die Einwilligung die Umstände umfassen, von denen das Risiko der versicherten Person im wesentlichen abhängt. Dies sind die Höhe der Versicherungssumme, die Person von Versicherungsnehmer und Bezugsberechtigtem und die Dauer der Versicherung.[205]
In der Literatur findet sich Zustimmung zum Urteil des IV. Senats zu § 159 VVG.[206]

Die neueren Entscheidungen der Rechtsprechung bedeuten wiederum nicht, daß die Blankounterzeichnung nun in immer weniger Fällen zulässig sein wird. Schließlich ist die Gefährlichkeit der Blankounterzeichnung bekannt. Passend ist insofern die Feststellung, daß die Aufforderung zur Blankounterzeichnung sogar bisweilen eher Mißtrauen erregen kann als die Aufforderung zur Unterzeichnung eines ungelesenen Textes.[207] Wenn hiergegen, wie von *Riezler*[208], eingewendet wird, daß Blankounterschriften häufig unüberlegt geleistet werden, so kann dem entgegengehalten werden, daß sich diese Unüberlegtheit heutzutage nicht auf Blankounterschriften begrenzt. Denn wer macht sich

203 BGH NJW 1997, S. 2381 (2382); BGH NJW-RR 1989, S. 1183 (1184).
204 Motive zum VVG, Neudruck 1963, S. 217.
205 BGH NJW 1999, S. 950 (951 f.).
206 Hülsmann NVersZ 1999, S. 550; Wandt VersR 1999, S. 350 ff.; Bühren MDR 1999, S. 356 f.; Dörner JR 2000, S. 16 f. .
207 Siegel Blanketterklärung, S. 38; Feldmann Blankourkunden, S. 12 f. .
208 Riezler AcP 95 (1905), S. 357 (364 f.).

heute noch die Mühe, vor der Unterzeichnung nicht nur den Text, sondern auch die zugehörigen Allgemeinen Geschäftsbedingungen zu lesen?
Schließlich geht es bei dem Unterschriftserfordernis der Schriftform zunächst einmal nur darum, die Rechtsverbindlichkeit des Handelns zu verdeutlichen. Das Warnsignal dabei ist nicht in erster Linie der Text oder die darin befindliche Lücke, sondern die Tatsache, daß ein Papier unterschrieben und aus der Hand gegeben werden soll.[209]
Damit bleibt es auch unter Berücksichtigung der neueren Rechtsprechung bei der grundsätzlichen Zulässigkeit der Blankounterschrift. Etwas anderes gilt nur dann, wenn die Form auch dazu dient, dem Unterzeichnenden den konkreten Geschäftsinhalt schriftlich vor Augen zu führen und ihn damit vor der Eingehung dieser bestimmten Verbindlichkeit zu warnen. Demnach kann überall dort die Blankounterzeichnung der Schriftform nicht genügen, wo die Form der Warnfunktion dient und die Urkunde bestimmte inhaltliche Anforderungen erfüllen muß. Dies wird für das Leibrentenversprechen nach § 762 BGB und für Schuldversprechen und Schuldanerkenntnis nach §§ 780, 781 BGB gefordert.[210]

cc) *Namensunterschrift*

Zur Erkennbarkeit des Ausstellers dient die Namensunterschrift.
Der Name wird dabei nicht genauer definiert, also in erster Linie nicht von vornherein eingegrenzt. Im allgemeinen wird unter dem Namen Vorname (mindestens einer) und Familienname verstanden.
Die Unterzeichnung mit dem Familiennamen ohne Hinzufügung des Vornamens genügt dabei.[211] Wenn die Identität des Ausstellers ohne Zweifel feststeht, kann auch die Unterzeichnung mit einem Teil eines Doppelnamens oder einem Pseudonym genügen.[212]
Gleiches gilt nach einem Urteil des BayObLG sogar für die Unterzeichnung mit einem fremden Namen.[213] Im betreffenden Fall hatte ein Notar statt mit seinem Familiennamen mit dem Familiennamen der

[209] Fischer JuS 1998, S. 205 (206).
[210] Fischer JuS 1998, S. 205 (208).
(Zur Frage, ob §§ 780, 781 BGB Warnfunktion haben, siehe oben unter B I. .)
[211] Palandt/Heinrichs § 126 Rn. 9. Nach Lehmann Unterschrift, S. 67, allerdings nicht bei "Allerweltsnamen".
[212] BGH NJW 1996, S. 997.
[213] BayObLG NJW 1956, S. 24.

Beteiligten der Beurkundung eines Ehe- und Erbvertrages unterzeichnet, der richtige Familienname und damit die Identität ging jedoch aus dem Eingang der Urkunde und dem Siegel hervor. Nach einer Anmerkung von Firsching zu diesem Urteil[214] dürfte diese einmalig gebliebene Entscheidung wohl eher von einem Gedanken des RG[215] getragen sein, daß die Formerfordernisse nicht zu Fallstricken werden dürften, welche die Absichten des Gesetzgebers vereiteln und den letzten Willen des Erblassers um seine Wirksamkeit bringen würden.

Nicht ausreichend ist für die Namensunterschrift die Unterzeichnung mittels einer Verwandtschaftsbezeichnung, wie "Euer Vater" bzw. "Eure Mutter", ebenso wie die Unterzeichnung mit einem Titel oder einer Rechtsstellung, wie "Vorstand" oder "Direktor".[216] Einzige Ausnahme in diesem Zusammenhang ist der Fall des Testaments. Sofern die Individualisierung des Unterzeichners ohne Zweifel möglich ist, genügt neben der Unterzeichnung mit dem Vornamen oder einem Kosenamen auch die Unterzeichnung mit einer Verwandtschaftsbezeichnung. Die Anforderungen, die an die Namensunterschrift zu stellen sind, sind dabei aus Sinn und Zweck der Formvorschrift herzuleiten. Die eigenhändige Unterschrift dient damit nicht zwingend nur zur Sicherstellung der Identität zwischen Erklärendem und Unterschreibendem. Beim Testament steht die Identität des Testierenden bereits auf Grund der einzuhaltenden Förmlichkeiten des Beurkundungsgesetzes fest (§ 10 BeurkG: Feststellung der Beteiligten), soweit es vor dem Notar errichtet wird. Hier steht daher der Zweck, den wirklichen Willen des Erblassers zur Geltung kommen zu lassen und seine Echtheit und Ernsthaftigkeit sicherzustellen im Vordergrund. Beim privatschriftlichen Testament wird dies durch das Erfordernis der Eigenhändigkeit des Geschriebenen verdeutlicht. Daraus folgt, daß die Unterschrift des Erblassers mit einem solchen Namen erfolgen muß, den er tatsächlich führt und der ihn zweifelsfrei kennzeichnet. Neben dem vom Erblasser von Gesetzes wegen zu führenden Vornamen und Familiennamen können also auch Künstlernamen oder Spitznamen, Verstümmelungen, Vereinfachungen oder Abkürzungen des rechtmäßigen Namens in Betracht kommen.[217]

Eine in der täglichen Praxis wohl am häufigsten relevante Frage zur Namensunterschrift ist deren Lesbarkeit: Die Unterschrift muß zwar nicht

---

214 Anmerkung zu BayObLG 1 Z 82-84/55 in NJW 1956, S. 24 f. .

215 RGZ 97, 297.

216 MünchKomm/Einsele § 126 Rn. 16.

217 BGHZ 27, 274 (276); KG NJW-RR 1996, S. 1414.

vollständig lesbar sein, wenigstens einige Buchstaben müssen jedoch andeutungsweise erkennbar sein. Entscheidend ist hier nicht die Lesbarkeit Buchstabe für Buchstabe, sondern die Einmaligkeit des Schriftzugs, die entsprechende Charakteristika aufweist und die Absicht der vollen Unterschriftsleistung erkennen läßt.[218] Letzteres dient zur Abgrenzung gegenüber der Verwendung eines Namenskürzels, welche nicht der Namensunterschrift genügt.[219] Die Einmaligkeit beinhaltet dabei auch, daß die Unterschrift nicht ohne weiteres nachahmbar sein darf, eine Nachahmung also zumindest erschwert wird.[220]

Ein großer Teil der Rechtsprechung ist im Zusammenhang mit der Frage der Wahrung der Schriftform bei Prozeßhandlungen ergangen. Dies liegt darin begründet, daß die Unterschrift nach § 295 II ZPO nur mit Wirkung ex nunc nachgeholt werden kann, so daß ein wegen der nicht akzeptierten Unterschrift des Anwalts verworfenes Rechtsmittel die Haftung des Anwalts begründen kann.[221] Wenn man einige Beispiele aus dieser Rechtsprechung betrachtet, wird deutlich, wie schwer es sein kann, allgemein gültige Grundsätze für die Anforderungen an die Namensunterschrift zu formulieren: Eindeutig ist noch, daß "eine gekrümmte Linie" noch nicht als Unterschrift genügt.[222] Ebenso ungenügend ist eine "nahezu senkrecht verlaufende Linie mit feinem Aufstrich und kurzem wellenförmigen Auslauf".[223] Andererseits wurde eine Unterschrift für ausreichend befunden, bei der drei steil und gerade verlaufende Aufstriche den Anfangsbuchstaben K und ein dem folgender kurzer, flach ansteigender und leicht gekrümmter weiterer Aufstrich den Namensrest bildeten.[224]

Hefermehl meint treffend, daß eine unleserliche Unterschrift ein stärkeres Indiz für die Echtheit der Erklärung sein kann als eine leserliche.[225]

Heftig kritisiert wird die Rechtsprechung zur Namensunterschrift von *Schneider*. Die Forderung eines individuellen Schriftzugs finde keinen Rückhalt im Gesetz. Die Schrift sei Ausdruck der Persönlichkeit, niemand dürfe einem Anwalt vorschreiben, wie schön seine Unterschrift

---

218 BGH NJW 1997, S. 3380 (3381); BGH NJW 1994, S. 55; BGH NJW 1987, S. 1333 (1334); Medicus AT Rn. 619.

219 BGH NJW 1997, S. 3380 (3381); BGH NJW 1994, S. 55; BGH NJW 1987, S. 1333 (1334); BGH NJW 1985, S. 1227.

220 BGH NJW 1985, S. 1227.

221 Schneider NJW 1998, S. 1844.

222 BGH NJW 1974, S. 1090.

223 BGH NJW 1982, S. 1467.

224 BGH NJW 1997, S. 3380 (3381).

225 Soergel/Hefermehl § 126 Rn. 16.

sein müsse. Forderungen nach Lesbarkeit und Individualität führten dazu, daß die Unterschrift wie ein gewöhnlicher Text geschrieben werden müßte, dies sei dann keine Unterschrift sondern nur der geschriebene Name, gleichsam eine Fälschung der eigenen Unterschrift. Diese Feststellungen führen *Schneider* schließlich zu der Frage, ob die von der Rechtsprechung festgelegten Anforderungen an die Unterschrift nicht in das verfassungsrechtlich geschützte allgemeine Persönlichkeitsrecht eingreifen.[226] Sogar das Bundesverfassungsgericht hat sich in einem Kammerbeschluß mit unleserlichen Unterschriften auseinandersetzen müssen. Dabei wurde festgestellt, daß vor der Rüge der Verletzung von Grundrechtspositionen der Betroffene zunächst ihm zumutbare Schritte, wie die Leistung einer leserlichen Unterschrift, unternehmen müsse, um seine Rechte selbst zu wahren.[227]

Anders als das Sprichwort sagt, sind Namen im Bereich der Schriftform keineswegs nur Schall und Rauch. Dem Betrachter bieten die verschiedenen Auseinandersetzungen um die richtige Namensunterschrift allerdings bisweilen Anlaß zur Heiterkeit. Dies beginnt bei der Überlegung, ob bei einem längeren Doppelnamen das volle Ausschreiben nicht zu viel Mühe bereitet, auch weil der auf dem Papier für die Unterschrift vorgesehene Raum nicht ausreicht.[228]

Auch eine Prüfung der vorgebrachten Punkte läßt die Kritik an der Namensunterschrift nicht berechtigt erscheinen: Einen Eingriff in das Persönlichkeitsrecht zu rügen, ist kaum gerechtfertigt. Fraglich ist dabei schon, wie eine schmucklose gerade Linie oder eine wellenförmige Kurve Ausdruck einer Persönlichkeit sein sollen. Von einem Ausdruck von Individualität als wesentlichem Kern des allgemeinen Persönlichkeitsrechts kann man dabei jedenfalls nicht sprechen. Schließlich kann nicht die Rede davon sein, daß das Aussehen der Unterschrift durch die Rechtsprechung vorgeschrieben wird. Eigentlich geht es bei der Unterschrift um die Erkennbarkeit des Ausstellers. Dazu ist die Individualität der Unterzeichnung ein gleichsam einfaches wie mustergültiges Mittel. Auf diese Weise ist ohne weiteres die Unterscheidung von "Schulz" und "Schulz" oder von "Müller" und "Müller", also die Differenzierung von gleichen Namen möglich. Wenn sich aber die Unterschrift als einfache Linie oder wellenförmige Struktur darstellt, ist

[226] Schneider NJW 1998, S. 1844 - 1846.
[227] BVerfG NJW 1998, S. 1853.
[228] So Köhler in FS Schippel, S. 209 (210), der in diesen Fällen die Unterzeichnung mit einem der beiden Namen ausreichen lassen will.

selbst die Unterscheidung von "Schulz" und "Müller" anhand der Unterzeichnung nicht mehr möglich. Andererseits ist eine zweifelsfreie Zuordnung der Unterschrift unabhängig davon möglich, ob in der Unterschrift jeder einzelne Buchstabe des Namens erkennbar und damit lesbar ist, oder ob etwa einzelne Buchstaben in einem fließenden Übergang zwischen zwei Buchstaben untergehen. Die Lesbarkeit der Unterschrift Buchstabe für Buchstabe ist damit zur zweifelsfreien Zuordnung der Unterschrift nicht erforderlich. Etwas anderes würde auch fruchtbaren Boden für Streitereien bieten, wenn eine mißgünstige Vertragspartei mit der Lupe das Vorhandensein einzelner Vokale oder Konsonanten des Namens in der Unterschrift bemängelt, um auf diese Weise vom Rechtsgeschäft loszukommen.

Somit bleibt als Fazit: Zur Erfüllung der Namensunterschrift als Voraussetzung der Schriftform nach § 126 BGB ist eine Unterschrift erforderlich, die zwar nicht Buchstabe für Buchstabe lesbar sein muß, aber durch hinreichende Individualität ohne weiteres als Unterzeichnung des Namensträgers zu erkennen ist.

Alternativ zur Namensunterschrift kann auch die Unterschrift mit einem Handzeichen gewählt werden, dieses muß jedoch notariell beglaubigt werden (§ 126 I BGB). Wie ein Handzeichen werden auch unbekannte oder unverständliche Schriftzeichen behandelt, sie müssen also ebenso zur Wirksamkeit notariell beglaubigt werden.[229]

Gebräuchlich als Handzeichen sind Kreuze, Striche oder Initialen. Für die Verwendung des Handzeichens müssen keine Gründe angegeben werden. Gedacht ist das Handzeichen zwar in erster Linie für Analphabeten und Personen mit körperlicher Behinderung; die ordnungsgemäße Unterzeichnung mit Handzeichen ist aber auch dann wirksam, wenn der Unterzeichner lesen und schreiben kann.[230]

dd) *Eigenhändigkeit*

Die Urkunde muß vom Aussteller eigenhändig unterzeichnet werden. Eine Hilfe beim Schreiben ist dann zulässig, wenn der Aussteller selbst aktiv mitwirkt, also nur unterstützt wird und der Schriftzug dabei noch

---

229 Soergel/Hefermehl § 126 Rn. 16.

230 Palandt/Heinrichs § 126 Rn. 10; MünchKomm/Einsele § 126 Rn. 18; Erman/Palm § 126 Rn. 10; Soergel/Hefermehl § 126 Rn. 14.

von seinem Willen bestimmt wird. Das Schriftbild kann dabei auch mehr dem des Schreibhelfers entsprechen.[231]
Durch das Erfordernis der Eigenhändigkeit wird die mechanische Vervielfältigung, also die Unterschrift durch Maschinenschrift, Stempel oder Faksimile, und die datenmäßige Vervielfältigung durch Computereinblendung ausgeschlossen.[232] Den Bedürfnissen des Massenverkehrs hat der Gesetzgeber in einigen Fällen Rechnung getragen: Auf die Eigenhändigkeit der Unterschrift verzichtet wird zum Beispiel in § 793 II BGB für die Schuldverschreibung auf den Inhaber, in § 13 Satz 1 AktG für Aktien und Zwischenscheine, in § 8 MHRG für die Erhöhung der Wohnungsmiete[233] und in §§ 3 I, 39 I Satz 1, 43 Nr. 4 VVG für das Versicherungsvertragsrecht. Gleiches gilt für die Unterschrift des Absenders auf Frachtbriefen nach § 426 I Nr. 9 HGB. Dort ist die Verwendung einer mechanisch vervielfältigten Unterschrift zulässig.
Für nicht ausreichend hält *Köhler* diese Ausnahmen.[234] Der Zwang zur eigenhändigen Unterschrift verzögere und verteuere den Geschäftsverkehr. Köhler sieht die eigenhändige und die faksimilierte Unterschrift als gleichwertig an: Der Abschluß der Erklärung und die Identität des Ausstellers würden durch die faksimilierte Unterschrift ebenso kenntlich gemacht. Auch bezüglich der Warnfunktion bestehe kein Unterschied, schließlich sei der Übereilungsschutz im schriftlichen Massenverkehr ohnehin nicht gewährleistet. Bedenken im Zusammenhang mit dem Fälschungsrisiko der faksimilierten Unterschrift sieht Köhler dadurch als ausgeräumt an, indem er voraussetzt, daß diese Unterschriften in der Regel auf Vordrucken verwendet werden, so daß neben der faksimilierten Unterschrift auch noch das Formular gefälscht werden müßte; damit wären Fälschungen von faksimilierten Unterschriften noch aufwendiger. Das Eigenhändigkeitserfordernis habe insofern keinen besonderen Rechtswert.
In Kombination mit dem Rationalisierungsbedürfnis der Wirtschaft erhebt Köhler infolgedessen die Forderung, im schriftlichen Massenverkehr die faksimilierte Unterschrift zur Wahrung der gesetzlichen Schriftform genügen zu lassen.[235]

---

231 BGH 47, 68 (71); BGH NJW 1981, S. 1900 (1901); BayObLG DNotZ 1986, S. 299.
232 BGH NJW 1957, S. 1275; BGH NJW 1970, S. 1078 (1080); Larenz/Wolf AT § 27 Rn. 23 f.; Medicus AT Rn. 618.
233 Bis zur Mietrechtsreform am 1. 9. 2001.
234 Köhler AcP 182 (1982), S. 126 (147-150).
235 Köhler AcP 182 (1982), S. 126 (147-150).

Mit der Einführung der Textform (§ 126 b BGB) wird dem seit 1. 8. 2001 in gewisser Weise entsprochen: Bei zahlreichen bisherigen Anwendungsfällen der Schriftform ist seither auch die Textform ausreichend.[236]
In den genannten Bestimmungen hat der Gesetzgeber den Bedürfnissen des Massenverkehrs Rechnung getragen. Die geforderte allgemeine Aufhebung der Eigenhändigkeit für den Massenverkehr wirft zunächst einmal das Problem auf, den Massenverkehr zu bestimmen. Eine entsprechende gesetzliche Regelung würde die Schriftform eher komplizierter als einfacher machen. Die Forderung von Köhler läßt sich schon deshalb schwer realisieren. Eine vollkommene Abkehr von der Eigenhändigkeit wiederum würde der Unterschrift einen wesentlichen Bestandteil nehmen.[223]

c) Nutzung von Telefax / elektronischen Medien

Die Problematik der Nutzung elektronischer Medien im Rechtsverkehr trat erstmals verstärkt im Zusammenhang mit der Übermittlung von Willenserklärungen per Telefax auf. Einzuordnen ist dieses Problem im Bereich der Eigenhändigkeit der Unterschriftsleistung bei der Schriftform, es soll hier aber trotzdem unter eigenem Gliederungspunkt dargestellt werden; schließlich ist dies die Quelle für das Spannungsfeld zwischen den gesetzlichen Formanforderungen und der in letzter Zeit zunehmenden praktischen Bedeutung elektronischer Medien im Rechtsverkehr.

aa) Telefax

Kernproblem bei der Übermittlung einer zuvor ordnungsgemäß unterschriebenen Erklärung per Telefax ist die Tatsache, daß dem Empfänger nur eine Kopie übermittelt wird, während das Original beim Erklärenden verbleibt. Bei der schon länger genutzten Übermittlung per Fernschreiben oder Telegramm wurde nur der Text einer Erklärung weitergegeben, dies genügt zweifelsfrei nicht den Anforderungen der Schriftform.[237] Die Übermittlung per Telefax unterscheidet sich dadurch

---

236 Vgl. im übrigen die Ausführungen zur Textform unter F II. .

237 BGHZ 24, 298; Erman/Palm § 126 Rn. 11a.

von Fernschreiben und Telegramm, daß auch die Unterschrift übermittelt wird, wie gesagt aber nur als Kopie.

Die genaue Funktionsweise des Telefaxverkehrs ist folgende: Das Originaldokument wird vom Sendegerät abgetastet, fotoelektronisch in eine digitale Darstellung umgewandelt und über das Fernmeldenetz an das Empfangsgerät übertragen. Dort wird ein originalgetreues Duplikat auf Papier konstruiert, ein sogenanntes Faksimile.[238]

Der IX. Senat des BGH hat entschieden, daß eine Erklärung durch Telefax nicht der Schriftform genügt, im konkreten Fall: Die Bürgschaftserklärung genügt nicht der Form des § 766 BGB.[239]

Nach § 126 I BGB ist die Schriftform nur gewahrt, wenn die Urkunde vom Aussteller eigenhändig unterzeichnet wird. Eine Telekopie enthält keine eigenhändige Unterzeichnung. Die Unterschrift ist nur vom Original übernommen, welches beim Absender bleibt. Auch entspreche es nicht dem Sinn etwa des § 766 BGB, in der Übermittlung der Telekopie einer Erklärung deren schriftliche Erteilung zu sehen.[240]

Mit dieser Formulierung hat der BGH hier die Formfrage nicht klar von der speziellen bürgschaftsrechtlichen Frage der Erteilung getrennt.

Eine ähnliche Vermischung zweier Aspekte findet sich in einer Entscheidung des VIII. Senates des BGH mit dem Tenor, daß eine empfangsbedürftige Willenserklärung, welche nach dem Gesetz der Schriftform bedarf, nicht wirksam werde, wenn sie dem Empfänger lediglich per Telefax zugehe.[241] Dabei ging es um den Abschluß einer Vereinbarung zum Schuldbeitritt, das Schriftformerfordernis resultierte aus dem früheren § 4 I Satz 1 VerbrKrG. Die Erklärung wurde nur per Telefax übermittelt, die unterzeichnete Originalurkunde wurde nicht versendet. In den Gründen führt der Senat dazu aus, daß es daher am Zugang eines formwirksamen, nämlich schriftlichen Angebots auf Abschluß des Schuldbeitrittsvertrages fehle. Durch die Unterzeichnung der Originalurkunde sei zwar ein entsprechendes Angebot abgegeben worden, dies sei aber nicht in der erforderlichen Schriftform zugegangen und damit nicht wirksam geworden. Dazu wird noch auf § 130 I BGB verwiesen.[242]

---

238 Kaltenbach, Das große Computerlexikon, S. 311.

239 BGHZ 121, 224.
Zustimmend Cordes NJW 1993, S. 2427 (2429); Schwab FS Arbeitsgerichtsbarkeit S. 729 (735).

240 BGHZ 121, 224 (229).

241 BGH ZIP 1997, S. 1694.

242 BGH ZIP 1997, S. 1694 (1695).

Auch hier werden zwei unterschiedliche Punkte miteinander vermischt: Denn der Zugang eines Telefaxes liegt gemeinhin mit einem wirksamen Ausdruck beim Empfänger vor.[243] Der Schriftform hingegen wird durch die Telefax-Übermittlung nicht genüge getan, der Empfänger kann unter anderem die Echtheit der Unterschrift nicht kontrollieren. Für ihn hat diese Art der Übermittlung also nicht die gleichen Folgen wie der Versand der Originalurkunde. Darauf wird im folgenden noch zurückzukommen sein.

Wenn die Übermittlung per Telefax schon nicht der Schriftform genügt, so wurde vereinzelt gefordert, daß ein Telefax wenigstens zur Wahrung einer Frist reichen sollte, wenn dem eine formgültige Erklärung nachfolgt.[244] Insbesondere bei den Formvorschriften im Mietrecht und Pachtrecht wäre die Möglichkeit zur Prüfung begründungspflichtiger Erklärungen durch den Empfänger unter Einräumung angemessener Vorbereitungszeit ein wesentlicher Schutzzweck, der durch die Zulassung der fristwahrenden Übermittlung der Erklärung per Telefax nicht unterlaufen werde. Dabei müsse lediglich im Telefax angekündigt werden, daß der spätere Zugang der Originalurkunde folge. Die zweifache Übermittlung per Telefax und auf dem Postweg solle als aufgespaltene Erklärung gedeutet werden.[245]

Diese Ansicht konnte sich jedoch nicht durchsetzen.[246]

Lediglich im Bereich des Prozeßrechts findet der Einsatz fernmeldetechnischer Übertragungsmittel die Billigung der Rechtsprechung. Dort kann auf diese Weise dem Rechtssuchenden zur Wahrung seines Rechts die volle Ausnutzung der Rechtsmittelfristen auch unter Zuhilfenahme der modernen Nachrichtentechnik ermöglicht werden.[247]

Der BGH hat entschieden, daß Berufung und Revision durch Telefax eingelegt und begründet werden können, wenn die Kopiervorlage von einem postulationsfähigen Anwalt unterzeichnet wurde.[248]

Allgemein wird die Einreichung bestimmender Schriftsätze mittels Telefax als zulässig erachtet.[249] Anders als der Begriff des vorbereitenden

---

243 Vgl. nur Palandt/Heinrichs § 130 Rn. 7.

244 Schürmann NJW 1992, S. 3005 (3007); Schmittmann DB 1993, S. 2575.

245 Schürmann NJW 1992, S. 3005 (3006 f.).
Im Ergebnis zustimmend Ebnet JZ 1996, S. 507 (513).

246 Vgl. nur Palandt/Heinrichs § 126 Rn. 11.

247 BGH WM 1989, S. 1820.

248 BGH WM 1989, S. 1820.

249 Schilken Zivilprozeßrecht Rn. 214; Ebnet JZ 1996, S. 507 (508); Daumke ZIP 1995, S. 722; Römermann/Moolen BB 2000, S. 1640 (1642); Liwinska MDR 2000, S. 500 (501).

Schriftsatzes in § 130 ZPO ist der bestimmende Schriftsatz nicht in der ZPO definiert, dieser Begriff stammt aus den Motiven. Ein bestimmender Schriftsatz soll danach eine für das Verfahren wesentliche Prozeßhandlung unmittelbar vollziehen, insbesondere das Verfahren einleiten oder beenden.[250]

Als Grundvoraussetzungen für die Telefax-Übermittlung bestimmender Schriftsätze gilt, daß Absender und Adressat hinreichend zuverlässig erkennbar sein müssen, daß der Inhalt der abzugebenden Erklärung vollständig sein muß und daß das Schriftstück im Original handschriftlich unterschrieben sein muß.[251]

Durch die Rechtsänderung durch das Gesetz zur Anpassung der Formvorschriften an den modernen Rechtsverkehr ist nach § 130 a ZPO die Einreichung vorbereitender Schriftsätze nun auch in elektronischer Form zulässig. Zudem besteht nun mit der Textform eine Form, die sowohl durch Telefax als auch durch Computerfax erfüllt werden kann.[252]

Im Prozeßrecht ist damit die Übermittlung per Telefax formwahrend möglich.

Im materiellen Recht kann dem Gesichtspunkt erleichterter und schnellerer Kommunikation dagegen nicht die gleiche ausschlaggebende Bedeutung zugemessen werden. Insofern ist den Ausführungen des BGH und der Literatur ausdrücklich zuzustimmen:

Dem Übereilungsschutz hingegen als bedeutendem Zweck der Schriftform komme im Verlauf der Zeit seit Entstehung des BGB eine immer größere Bedeutung zu. Somit hält der BGH das Schriftformerfordernis mit dem Einsatz des Telefax zur Übermittlung der Urkunde für nicht vereinbar.[253]

Sachlich sprechen außerdem gegen die Erfüllung von Formvorschriften auf diesem elektronischen Weg vor allem die Manipulationsmöglichkeit und die daraus folgende Unsicherheit, ob die übermittelte Kopie, insbesondere die Kopie der Unterschrift, echt ist.[254]

Die unterschiedlichen Sichtweisen in der Rechtsprechung der Oberlandesgerichte können exemplarisch anhand des Falls der Übersendung einer Gegendarstellung zum Abdruck in einer Zeitung oder Zeitschrift verdeutlicht werden.

---

[250] Hahn Materialien Band I, 126, 254, 297; vgl. auch RGZ 151, 82 (83); BGHZ 75, 340 (343).
[251] Liwinska MDR 2000, S. 500 (501).
[252] Dazu unter F II 1. .
[253] BGHZ 121, 224 (230).
[254] Erman/Palm § 126 Rn. 11a.

Die Landespressegesetze halten unterschiedliche Regelungen dazu bereit, in Hamburg ist nach § 11 II LPresseG für die Übersendung die Schriftform einzuhalten, um die Identität des Absenders und den Inhalt der Gegendarstellung festzuhalten.
Nach einem Urteil des OLG Hamburg[255] kann dieser Zweck nur mit einer Originalunterschrift erfüllt werden. Der Gegendarstellung komme die gleiche Bedeutung zu wie der Vollmachtsurkunde nach § 174 BGB. Zwar werde bei der Übermittlung per Telefax die Unterschrift mitübertragen, aber nur in der gleichen Weise wie bei der Kopie. Eine Überprüfung der Unterschrift durch das Presseunternehmen werde so nicht auf die gleiche Weise wie bei konventioneller Übermittlung gewährleistet. Eine geringfügige zeitliche Verzögerung sei im Hinblick auf den Sinn der Schriftform hinzunehmen. Eine Übermittlung per Telefax wurde damit für ungenügend befunden.
Anders entschied das OLG Saarbrücken[256] und sah das Schriftformerfordernis des § 11 II LPresseG bei einer Telefax-Übermittlung eingehalten. Der Empfänger erhalte eine originalgetreue Wiedergabe sowohl der Vorlage als auch der Unterschrift. Inhalt, Identität des Verfassers und dessen Übernahme der Verantwortung für den Inhalt werden in gleicher Weise wie beim Original aufgezeigt. Manipulationsgefahr bestehe ebenso bei der Zuleitung einer Gegendarstellung per Post. Auch eine auf diese Weise übermittelte Gegendarstellung könne auf Grund der Eiligkeit des Gegendarstellungsverfahrens nur oberflächlich auf seine Echtheit geprüft werden. Schließlich meinte das Gericht, daß die Rechtsprechung insoweit auf den Stand der Technik Rücksicht nehmen müsse.
Der wesentliche Unterschied zwischen den beiden hier beispielhaft aufgeführten Urteilen liegt also in einer abweichenden Prioritätensetzung: Auf der einen Seite stehen dabei technische Gewohnheiten im modernen Geschäftsleben und die Eilbedürftigkeit des Gegendarstellungsverfahrens, auf der anderen Seite steht der Aspekt der Eigenhändigkeit der Unterschrift, welcher sich hier insbesondere in der Überprüfbarkeit der Gegendarstellung und der geringeren Manipulationsmöglichkeit bei postalischer Versendung manifestiert. Das Schriftformerfordernis bei der Gegendarstellung verdeutlicht anschaulich, daß die Form in gleicher Weise für Unterzeichner bzw. Absender und Empfänger der Urkunde

[255] OLG Hamburg NJW 1990, S. 1613.
[256] OLG Saarbrücken NJW-RR 1992, S. 730; dieser Ansicht ist auch Schmittmann, Telefax, S. 43.

Bedeutung haben kann. Der Unterzeichner setzt bei der Übermittlung durch Telefax ebenso wie bei Versendung auf dem Postweg seine Unterschrift unter seine Erklärung, die Form erfüllt für ihn also ihre Funktion unabhängig von der Übertragungsart. Anders ist dies beim Empfänger, der nicht dasselbe Stück Papier in den Händen hält, das der Erklärende zuvor unterzeichnet hat.

Dies kann zugunsten der günstigeren und zeitnahen Telefax-Übermittlung nicht in Kauf genommen werden. Die Telefax-Übermittlung kann in vielen Fällen die dargestellten Vorteile im modernen Geschäftsleben erfüllen, aber dort, wo durch Gesetz die Schriftform vorgeschrieben ist, vermag das Telefax den Brief nicht zu ersetzen. Im materiellen Recht ist der Telefax-Übermittlung die Gleichwertigkeit zur Erfüllung der Schriftform damit eindeutig abzusprechen.

Weite Teile der Literatur teilen ebenso die Auffassung der höchstrichterlichen Rechtsprechung, daß die Telefax-Übermittlung im materiellen Recht der Schriftform des § 126 BGB nicht genügt.[257]

Nur wenige sehen es als unnütze und der Sache nicht dienende Förmelei, die Telefax-Übermittlung abzulehnen und weiterhin auf die Übermittlung der Urkunde im Original zu bestehen.[258]

bb) Computerfax

Das sogenannte Computerfax unterscheidet sich von dem traditionellen Telefax dadurch, daß ohne Erstellung einer Kopiervorlage der als Datei gespeicherte Text ohne vorherigen Ausdruck als Telefax versendet wird. Die Datei wird dabei von dem mit einer Codenummer versehenen Teilnehmeranschluß über ein Modem unmittelbar dem Telefaxempfangsgerät des Empfängers übermittelt. Solche Dateien können mit einer im Graphikprogramm erstellten Unterschrift versehen werden.[259]

Der BGH hat sich erst einmal mit der Übermittlung per Computerfax befaßt.[260] Dort ging es um das Schriftformerfordernis für die Einreichung bestimmender Schriftsätze. Nach Ansicht des XI. Senats ist dabei die Einreichung mittels Computerfax unzulässig, da dieses Computerfax

---

257 Schwab Arbeitsgerichtsbarkeit, S. 729 (735); Ebnet JZ 1996, S. 507 (512); Cordes NJW 1993, S. 2427 (2429); Eckert/Scalia DStR 1996, S. 1608; Palandt/Heinrichs § 126 Rn. 11; Erman/Palm § 126 Rn. 11a; MünchKomm/Einsele § 126 Rn. 14; Soergel/Hefermehl § 126 Rn. 12; Jauernig § 126 Rn. 11.

258 So Henneke NJW 1998, S. 2194.

259 Schwab FS Arbeitsgerichtsbarkeit, S. 729 (742).

260 BGH NJW 1998, S. 3649.

nicht vom postulationsfähigen Rechtsanwalt eigenhändig unterschrieben werden kann.
Wegen anderslautender Entscheidungen durch den 14. Senat des BSG[261] und des 5. Senats des BVerwG[262] hat der BGH diese Rechtsfrage dem Gemeinsamen Senat der obersten Gerichtshöfe des Bundes zur Entscheidung vorgelegt.
Dieser hat in seiner Entscheidung vom 5. April 2000[263] festgestellt, daß bestimmende Schriftsätze formwirksam durch die elektronische Übertragung einer Textdatei mit eingescannter Unterschrift übermittelt werden können. Aus dem Schriftstück müsse der Inhalt der abzugebenden Erklärung und deren Urheber hinreichend zuverlässig entnommen werden können. Auch die wissentliche und willentliche Zuleitung des Schriftstücks in Abgrenzung zum Entwurf müsse erkennbar werden. Die Zulassung der Schriftsatzübermittlung per Computerfax füge sich insoweit in die früherer ergangene Rechtsprechung zu Telegramm und Fernschreiben ein und trage dem technischen Fortschritt auf dem Gebiet der Telekommunikation Rechnung. Auch bei einem Computerfax könne mangels eines körperlichen Originalschriftstücks beim Absenden keine eigenhändige Unterzeichnung erfolgen. Notwendig wäre aber die eindeutige Erkennbarkeit des Erklärenden durch Einscannen seiner Unterschrift oder den Hinweis, daß der Urheber wegen der gewählten Übertragungsform nicht unterzeichnen könne.
Damit liegt der Gemeinsame Senat auf einer Linie mit der in der Literatur vertretenen Ansicht.[264]
Doch auch beim Computerfax ist zwischen der Einhaltung von prozessualen Formvorschriften und der Erfüllung der gesetzlichen Form im materiellen Recht zu differenzieren. Die gesetzlichen Formvorschriften des BGB können durch die Übermittlung der Erklärung per Computerfax nicht erfüllt werden.[265]
Während beim Telefax die Wirkung der Form zumindest noch für den Unterzeichner die gleiche wie bei der konventionellen Urkunde ist, stellt sich die Situation beim Computerfax noch eindeutiger dar: Hier hält der

261 BSG NJW 1997, S. 1254.
262 BVerwG NJW 1995, S. 2121.
263 BGHZ 144, 160 (164 f.).
264 Römermann/Moolen BB 2000, S. 1640 (1641); Schmid CR 1999, S. 609 (611); Eckert/Scalia DStR 1996, S. 1608 (1614).
265 Vgl. insoweit die Nachweise zum Telefax.

Erklärende den Urkundstext nicht mehr in den Händen und unterzeichnet diesen, mit der eigentlichen Schriftform besteht kaum noch Ähnlichkeit.
Für das Computerfax kann daher im Ergebnis erst recht nichts anderes gelten als für das Telefax. Auch der Gebrauch des Computerfax ermöglicht keine eigenhändige Unterzeichnung und genügt somit nicht der Schriftform.
Bei der Einführung der elektronischen Form (§ 126 a BGB) ist der von der Rechtsprechung aufgeführte Grundsatz, daß die schnelle und erleichterte Kommunikation nicht immer der ausschlaggebende Punkt sein kann, insofern beachtet worden, als bei mehreren Anwendungsfällen der Schriftform die nach § 126 III BGB gleichwertige elektronische Form ausdrücklich ausgeschlossen wird, wie beispielsweise auch in § 766 Satz 2 BGB.
Diese Bestimmung könnte sozusagen im Umkehrschluß als Argument dafür dienen, daß in allen Fällen, in denen die elektronische Form gleichwertig ist, nunmehr auch die Übermittlung per Telefax oder Computerfax zulässig sein müßte. Allerdings findet sich auch eine Bestimmung, welche die Telefax-Übermittlung erwähnt: Ausdrücklich zugelassen wird die Telefax-Übermittlung in § 1031 I ZPO für die Schiedsvereinbarung ("Fernkopie").[266] Insofern kann § 126 III BGB nicht in der erwähnten Weise gedeutet werden, zumal auch die Telefax-Übermittlung nicht mit den zur Erfüllung der elektronischen Form erforderlichen Maßnahmen vergleichbar ist. Dies wird in den Ausführungen im sechsten Kapitel noch verdeutlicht.

Als pauschale Beurteilung kann hier zunächst festgestellt werden, daß die Nutzung des Telefax im Bereich der gesetzlichen Formvorschriften die anfangs hoch gesteckten Erwartungen nicht erfüllen konnte.
Die Nachteile und Risiken der Telefaxtechnik, die zum einen keine Schriftformqualität besitze und zum anderen technisch problemlos manipulierbar sei, erschließen sich nach *Malzer* wie bei anderen neuen Techniken (z. B. Bankkartensystem) erst aus der Perspektive des Rechtsstreits.[267]
Im Endeffekt dürfte die in den neunziger Jahren des vergangenen Jahrhunderts noch recht lebhaft geführte Diskussion um die Telefax-Übermittlung mit Einführung der elektronischen Form (§ 126 a BGB)

---
266 Vgl. dazu auch unter E III 3. e).
267 Malzer DNotZ 1998, S. 96 (98).

inklusive elektronischer Signatur in weiten Bereichen mehr und mehr an Bedeutung verlieren, in der Weise wie auch die Übermittlung einer Erklärung per Telefax durch andere Kommunikationsmittel wie die Versendung von Emails verdrängt wird.
Übrig bleibt allerdings die Frage, ob die elektronische Form in der Lage ist, die Erwartungen an eine Alternative zu den bestehenden Formen hinsichtlich Funktion und Fälschungssicherheit zu erfüllen, die mit der Telefax-Übermittlung nicht befriedigt werden konnten.[268]

II. § 129 BGB Öffentliche Beglaubigung

Die Öffentliche Beglaubigung ist in § 129 BGB geregelt. Die Form der öffentlichen Beglaubigung ist erfüllt, wenn eine schriftliche Erklärung unterzeichnet und die Unterschrift des Erklärenden von einem Notar beglaubigt wird (§ 129 I Satz 1 BGB). Alternativ kann auch die Unterzeichnung der Erklärung mittels Handzeichens erfolgen, dieses muß ebenso durch den Notar beglaubigt werden (§ 129 I Satz 2 BGB).
Zweck der öffentlichen Beglaubigung ist es somit, den Nachweis zu sichern, daß eine Person von bestimmter Identität eine bestimmte Unterschrift tatsächlich geleistet hat.[269]
Als Verfahren der freiwilligen Gerichtsbarkeit ist die öffentliche Beglaubigung im Beurkundungsgesetz geregelt. Die Vorschriften zur Beurkundung von Erklärungen blinder, tauber, stummer und fremdsprachiger Menschen der §§ 22 ff. BeurkG gelten für die Beglaubigung nicht. Es ist dem pflichtgemäßen Ermessen des Notars überlassen, Maßnahmen zu treffen, die Zweifel und Täuschungen ausschließen. Mit Tauben und Stummen kann sich der Notar schriftlich verständigen.[270] Ein Blinder hingegen kann nach überwiegender Auffassung seine Unterschrift nicht anerkennen.[271] Nach anderer Ansicht steht die Blindheit der Anerkennung nicht entgegen, der Notar habe darauf zu achten, daß dem Blinden keine Verwechslung unterlaufe.[272]

---

[268] Dazu unter F I. .
[269] Keidel/Kuntze/Winkler § 40 Rn. 14.
[270] Huhn/v.Schuckmann § 40 Rn. 44; Jansen § 40 BeurkG Rn. 25.
[271] Huhn/v.Schuckmann § 40 Rn. 44; Keidel/Kuntze/Winkler § 40 Rn. 38; Winkler DNotZ 1971, S. 140 (145).
[272] Mecke/Lerch § 40 Rn. 6.

Für die Anerkennung kann auf die visuelle Bestätigungsmöglichkeit nicht verzichtet werden, so daß insoweit der überwiegenden Auffassung zuzustimmen ist.
Über die öffentliche Beglaubigung des Handzeichens können Personen, die nicht in der Lage sind, ihren Namen zu schreiben, auch die Schriftform erfüllen (§ 126 I BGB).
Ersetzt wird die öffentliche Beglaubigung durch die notarielle Beurkundung nach § 128 BGB (§ 129 II BGB). Praktisch bedeutet dies, daß die Anmeldung einer Satzungsänderung zum Handelsregister (§ 12 HGB) in einer notariellen Urkunde mit enthalten sein kann, in der die Niederschrift über die Gesellschafterversammlung beurkundet ist, und so die Form der öffentlichen Beglaubigung erfüllen.[273]
Im Gefüge der Formvorschriften stellt die öffentliche Beglaubigung die nächsthöhere Stufe zur Schriftform dar.

1. Anwendungsfälle

Die Anwendungsfälle der öffentlichen Beglaubigung im Bürgerlichen Gesetzbuch finden sich:
- im Allgemeinen Teil im Stiftungsrecht (§ 77),
- im Schuldrecht beim Schuldschein (§ 371), bei der Abtretung (§§ 403, 411) und bei der Auskunftspflicht des Verkäufers (§ 444),
- im Sachenrecht beim Nießbrauch (§ 1035) und zur Abtretung der Hypothek (§§ 1154, 1155),
- im Familienrecht bei der Bestimmung des Ehenamens (§ 1355), im ehelichen Güterrecht (§§ 1491, 1492, 1560) und beim Rechtsverhältnis Eltern - Kind (§§ 1617, 1617a, 1617b, 1617c, 1618),
- im Erbrecht zur Erbausschlagung (§§ 1945, 1955), beim Nacherben (§§ 2120, 2121) und beim Testamentsvollstrecker (§§ 2198, 2215).

Außerhalb des BGB finden sich weitere Anwendungsfälle:
- in der Zivilprozeßordnung (§§ 726, 727, 750, 751, 756, 757),
- im Zwangsvollstreckungsgesetz (§§ 71, 81, 84, 91, 143, 144)
- und im Gesetz zur Freiwilligen Gerichtsbarkeit (§§ 13, 91, 107).

Schließlich bestehen weitere Anwendungsfälle, jedoch nur rein verfahrensrechtlicher Art,
- in der Grundbuchordnung (§§ 29, 32)

[273] BayObLG Rpfleger 1994, S. 27.

- und im Handelsgesetzbuch (§ 12).

Fälle, in welchen das Gesetz von Beglaubigung spricht und neben der Zuständigkeit des Notars auch die anderer Personen vorsieht sind etwa:

- der Wechsel- und Scheckprotest gemäß Art. 79 WG, Art. 55 III ScheckG mit der Zuständigkeit auch von Gerichtsbeamten
- und die Zustellung von Schriftstücken auf Betreiben der Parteien eines Prozesses nach § 192 II Satz 2 mit der Zuständigkeit des Gerichtsvollziehers.

2. *Begriff und Verfahren*

Die öffentliche Beglaubigung ist das Zeugnis des Notars als Urkundsperson, daß die Unterschrift oder das Handzeichen in Gegenwart des Notars von dem Erklärenden vollzogen oder anerkannt worden ist. Dieser Vorgang wird auch als Unterschriftsbeglaubigung bezeichnet.[274]

Das Verfahren der öffentlichen Beglaubigung ist heute im Beurkundungsgesetz (§§ 39, 40) geregelt. Nach dem in § 36 BeurkG normierten Grundsatz regelt § 39 BeurkG die vereinfachte Form der Beurkundung für andere Erklärungen als Willenserklärungen. Als eines dieser sogenannten einfachen Zeugnisse wird in § 39 BeurkG die Beglaubigung einer Unterschrift oder eines Handzeichens aufgezählt, welche in § 40 BeurkG normiert ist. Die Regelung des § 40 BeurkG ist dabei im wesentlichen identisch mit der früher bestehenden Regelung zur Unterschriftsbeglaubigung in § 183 FGG.[275]

Keine öffentliche Beglaubigung im engeren Sinne des § 129 BGB ist die amtliche Beglaubigung von Abschriften oder Unterschriften, für die amtliche Beglaubigung (im Verwaltungsverfahren) gelten die Regelungen des Beurkundungsgesetzes nicht (§ 65 Satz 1 BeurkG).

Zuständig sind grundsätzlich die Notare. Der Notar ist ein unabhängiges Organ (vgl. § 1 BNotO) der Rechtspflege.[276] Die einzige Urkundsperson, die neben dem Notar zur öffentlichen Beglaubigung auch von Handzeichen berechtigt ist, ist der Konsularbeamte.[277] Die Unterschrifts-

---

[274] Palandt/Heinrichs § 129 Rn. 1; Malzer DNotZ 2000, S. 169 (171).

[275] BT-Drucksache V 3282, S. 38.

[276] Schilken Gerichtsverfassungsrecht Rn. 617.

[277] Die Zuständigkeit ergibt sich aus § 10 I Nr. 2 Konsulargesetz. Einer besonderen Ermächtigung des einzelnen Konsularbeamten bedarf es nach § 19 Konsulargesetz dabei nicht.

beglaubigung kann gemäß § 63 BeurkG in den Ländern auch anderen Stellen zugewiesen werden.[278]

a) Vollzug oder Anerkennung

Die Unterschrift soll nur beglaubigt werden, wenn sie in Gegenwart des Notars vollzogen oder anerkannt wird (§ 40 I BeurkG). Vollzug setzt die Leistung der Unterschrift in Gegenwart des Notars voraus, Anerkennung die Erkennung der betreffenden Unterschrift durch die erklärende Person in Gegenwart des Notars. Unzulässig ist die telefonische Anerkennung einer dem Notar vorliegenden Unterschrift (sogenannte Fernbeglaubigung). Gleiches gilt für die Anerkennung durch Dritte und die Anerkennung unter Nutzung moderner (Video-)Medien. Es fehlt in all diesen Fällen die sogenannte Einheitlichkeit des Ortes.[279]
Keiner Unterschriftsbeglaubigung bedürfen öffentliche Urkunden[280], also Urkunden, die von einer öffentlichen Behörde im Rahmen ihrer Zuständigkeit formgerecht ausgestellt wurden.
Dies soll auch dann gelten, wenn ausdrücklich öffentliche Beglaubigung vorgeschrieben ist. Zur Begründung wird dabei angeführt, daß die öffentliche Urkunde gegenüber der nur beglaubigten ein Mehr darstellt, so daß eine Bezeugung der Echtheit der Unterschrift entbehrlich ist. Die öffentliche Beglaubigung dient der Bezeugung der Identität desjenigen, der die Erklärung unterschreibt. Die öffentliche Urkunde habe schon kraft Gesetzes (§ 437 I ZPO) die Echtheitsvermutung und bedürfe daher keiner zusätzlichen Beglaubigung.[281]
Gegen diese Generalisierung wird eingewandt, daß die Urkunde einer Person des öffentlichen Rechts nicht der öffentlich beglaubigten Urkunde vorgezogen werden könne. Diese Vorgehensweise widerspreche zudem dem klaren gesetzlichen Wortlaut.[282]

---

278 In Baden-Württemberg ist der Ratsschreiber nach § 32 III, IV LFGG zuständig, in Hessen der Ortsgerichtsvorsteher gemäß § 13 Hessisches Ortsgerichtsgesetz und in Rheinland-Pfalz der Ortsbürgermeister, die Gemeinde und die Stadtverwaltung nach § 2 I Nr. 1-3 Gesetz über die Beglaubigungsbefugnis.

279 Malzer DNotZ 2000, S. 169 (174); Keidel/Kuntze/Winkler § 40 BeurkG Rn. 34; Eylmann/Vaasen/Limmer § 40 Rn. 11-12; Mecke/Lerch § 40 Rn. 6, 11; Beck´sches Notar-Handbuch/Bernhard F Rn. 300-301.

280 BGHZ 45, 362 (365 f.).

281 LG Berlin Rpfleger 1994, S. 167; LG Kiel Rpfleger 1990, S. 420; LG Osnabrück Rpfleger 1988, S. 313 (314); LG Braunschweig Rpfleger 1987, S. 456.

282 Keidel/Kuntze/Winkler § 40 Rn. 6.

Der Zweck der öffentlichen Beglaubigung, nämlich die Sicherung des Nachweises, daß eine bestimmte Person eine bestimmte Unterschrift geleistet hat, sollte bei dieser Frage im Vordergrund stehen. Wenn schon durch die gesetzlich anerkannte besondere Art des Schriftstücks dieser Nachweis sichergestellt ist, wie dies bei der öffentlichen Urkunde der Fall ist, so kann von der zusätzlichen öffentlichen Beglaubigung abgesehen werden. Schließlich hätte eine solche Beglaubigung dann keinen eigenen Wert mehr.

b) Beglaubigungsvermerk

Der Notar fertigt als Bestätigung einen Beglaubigungsvermerk an. Dieser muß das Siegel des Notars enthalten und durch den Notar bei Angabe von Ort und Tag der Beglaubigung unterzeichnet sein (§ 39 BeurkG). Als Siegel wird sowohl das Prägesiegel als auch das Farbsiegel bezeichnet. Das Prägesiegel (Oblatensiegel und Lacksiegel) wird aus einem besonderen, mit der Urkunde zu verbindenden Stoff hergestellt, in den das zum Siegeln benutzte Werkzeug als Siegelbild reliefartig eindrückt. Das Farbdrucksiegel wird durch Abdruck eines Stempels mit Stempelfarbe hergestellt, gedruckt werden aus einer runden Metallscheibe oder Gummischeibe herausragende Worte und Bilder. In der Regel sind beide Siegelformen zulässig.[283] Der Beglaubigungsvermerk muß die Person des Unterzeichnenden bezeichnen, welche die Unterschrift vollzogen bzw. anerkannt hat. Die Form, in der sich der Notar Gewißheit über die Person verschafft hat soll ebenso enthalten sein wie die Angabe, ob Vollzug oder Anerkennung der Unterschrift erfolgt ist (§ 40 III, IV BeurkG). Weitere gesetzliche Vorgaben zum Vermerk bestehen nicht. So kann der Vermerk auf die Urkunde gesetzt werden, auf der die Unterschrift steht. Genauso gut kann hierfür aber auch die Rückseite oder ein gesondertes Blatt verwendet werden, etwa wenn auf der Vorderseite nicht genügend Platz vorhanden ist, letzteres macht allerdings die Verwendung eines Prägesiegels erforderlich. Ebenso scheint es zwar zur Erhaltung der Beweiswirkung der Urkunde ratsam, den Beglaubigungsvermerk möglichst nahe an die Unterschrift zu setzen, die Wirksamkeit wird aber durch andere Vorgehensweise im allgemeinen nicht beeinträchtigt (zur Blankobeglaubigung siehe unten). Enthält eine

---

[283] Mecke/Lerch § 39 Rn. 11; Faßbender/Peter Notariatskunde Rn. 50.

Urkunde mehrere Unterschriften, so können diese durch verschiedene Notare beglaubigt werden.[284]

Der Beglaubigungsvermerk wird öffentliche Urkunde, der unterzeichnete Text bleibt hingegen Schrifturkunde bzw. Privaturkunde. Daraus folgt, daß der Beglaubigungsvermerk nach § 418 I ZPO den Beweis der darin bezeugten Tatsache begründet. Die Frage, ob die Unterzeichnung von der im Beglaubigungsvermerk genannten Person stammt, wird damit dem Streit entzogen.[285] Die Vermutungswirkung (gemäß § 437 I ZPO) und die Beweiswirkung (gemäß § 418 I ZPO) stehen dem Beweisführer zur Verfügung, er muß die Echtheit der Unterzeichnung nicht durch graphologische Gutachten oder auf andere Weise nachweisen, wie dies etwa bei der Schriftform (§ 126 BGB) der Fall ist. Hier wird auch eine der Hauptfunktionen der öffentlichen Beglaubigung deutlich: Sie dient dazu, für jeden Einzelfall die Frage, ob die Unterzeichnung einer bestimmten Person zuzuordnen ist, dem Streit zu entziehen und eine besondere Nachweismöglichkeit sicherzustellen. Darauf aufbauend bildet die öffentliche Beglaubigung die Grundlage für die Vermutungswirkung, die Gutglaubenswirkung und die Rechtsscheinwirkung des Grundbuchs, sämtlicher öffentlicher Register und auch z. B. des Hypothekenbriefs.[286]

c) Prüfungspflicht und Belehrungspflicht

Die Unterschriftsbeglaubigung ist keine Beglaubigung des Inhalts der Erklärung, die Beglaubigung kann daher im allgemeinen ohne Rücksicht auf Form und Inhalt des Textes getroffen werden. Bei der öffentlichen Beglaubigung hat der Notar grundsätzlich keine Prüfungspflicht oder Belehrungspflicht. Er braucht die Urkunde nur darauf zu überprüfen, ob Gründe bestehen, seine Amtstätigkeit zu verweigern (§ 40 II BeurkG, Evidenzprüfung). Hierunter fallen die Mitwirkungsverbote des § 3 BeurkG oder erkennbare Verstöße des Urkundeninhalts gegen die guten Sitten oder andere gesetzliche Verbote.[287]

Daneben besteht nach § 40 IV BeurkG die Pflicht zur Identitätsfeststellung, die zentrale Bedeutung für den Beweiswert der

---

284 Eylmann/Vaasen/Limmer § 40 Rn. 22; Huhn/v.Schuckmann § 40 Rn. 22-23; Reithmann Notarpraxis C Rn. 129.

285 Keidel/Kuntze/Winkler § 40 Rn. 78; Reithmann DNotZ 1999, S. 27 (35); Eylmann/Vaasen/Limmer § 40 Rn. 6; Mecke/Lerch § 40 Rn. 18-19; Beck´sches Notar-Handbuch/Bernhard F Rn. 296; Faßbender/Peter Notariatskunde Rn. 285.

286 Malzer DNotZ 2000, S. 169 (178).

287 Keidel/Kuntze/Winkler § 40 BeurkG Rn. 44.

öffentlichen Beglaubigung besitzt. In Verbindung mit § 10 II Satz 1 BeurkG verpflichtet diese Norm den Notar, zur Sicherung der Verläßlichkeit der Beglaubigung und damit auch nachfolgender Registereintragungen die Identität der Beteiligten zuverlässig festzustellen. Wenn der Notar sich nicht Gewißheit über die Identität verschaffen kann, muß er die Beglaubigung ablehnen.[288]
Eine Überprüfung der materiell-rechtlichen Wirksamkeit der Erklärung muß nicht erfolgen, wenn eine solche jedoch offensichtlich nicht besteht, kann die Beglaubigung abgelehnt werden.[289] Obwohl auch Geschäftsfähigkeit, Vertretungsmacht und Verfügungsmacht nicht geprüft werden müssen, werden in der Praxis jedoch soweit möglich entsprechende Kontrollen durchgeführt.[290]
Etwas anderes gilt dann, wenn der Notar die zu unterzeichnende Erklärung selbst entwirft. Die Beteiligten sollen auf die Wirksamkeit und Richtigkeit einer vom Notar entworfenen Erklärung vertrauen können, so daß den Notar hier Prüfungspflichten und Belehrungspflichten wie bei einer notariellen Beurkundung von Willenserklärungen treffen. Wer eine Leistung verspricht, der verspricht gleichzeitig, daß er sie ordentlich erbringt.[291]
Hier wird eine weitere Funktion der öffentlichen Beglaubigung deutlich: Das Beglaubigungsverfahren gewährleistet den persönlichen Kontakt des Unterzeichnenden mit dem Notar und gibt die Gelegenheit zu Rückfragen des unparteiischen und rechtskundigen Beraters. In den Fällen, in denen der Notar die Urkunde selbst entwirft, wird somit die Warnfunktion gewährleistet. Übereilte Erklärungen werden zwangsläufig überdacht. Diese Unterschriftsbeglaubigung mit Entwurf, die bei manchen Grundbuchangelegenheiten, bei Vollmachten und bei Anmeldungen zum Handelsregister am häufigsten ist, wird in der Literatur gleichsam als qualifizierte öffentliche Beglaubigung bezeichnet.[292] Die Unterschriftsbeglaubigung mit Entwurf wird vor allem bei Grundbuchsachen (Eintragungsbewilligung zum Grundbuch) und bei der Anmeldung zum Handelsregister genutzt.[293]

---

288 Eylmann/Vaasen/Limmer § 40 Rn. 18; Keidel/Kuntze/Winkler § 40 Rn. 56.
289 Malzer DNotZ 2000, S. 169 (175); Eylmann/Vaasen/Limmer § 40 Rn. 20.
290 Keidel/Kuntze/Winkler § 40 BeurkG Rn. 49; Malzer DNotZ 2000, S. 169 (175); Huhn/v.Schuckmann § 40 Rn. 36; Eylmann/Vaasen/Limmer § 40 Rn. 20.
291 BGH DNotZ 1955, S. 396; Huhn/v.Schuckmann § 40 Rn. 43; Haug DNotZ 1972, S. 388 (420); Mecke/Lerch § 40 Rn. 10; Beck´sches Notar-Handbuch/Bernhard F Rn. 304.
292 Malzer DNotZ 2000, S. 169 (179). Vgl. dazu auch Reithmann FS Schippel, S. 769 ff. .
293 Reithmann Notarpraxis C Rn. 146-147.

Bei näherer Betrachtung wird deutlich, daß eine öffentliche Beglaubigung einen sehr unterschiedlichen Stellenwert haben kann. Während bei der Erstellung des Urkundenentwurfs durch den Notar die öffentliche Beglaubigung als "unkomplizierter, effektiver Verbraucherschutz durch fachkundige rechtliche Betreuung"[294] betrachtet werden kann, zeichnet die einfache Beglaubigung der Unterschrift unter einen bestehenden Text in der Praxis ein ganz anderes Bild: Eine Sache von wenigen Minuten, die sogleich im Vorzimmer zwischen zwei Terminen erledigt werden kann. Die Aufgabe des Notars wird dabei auf die "Stempelfunktion" begrenzt. Bei Standardverträgen fehlt es so oft an der mit der Form bezweckten Beratung.[295]

d) Kosten und Gebühren

Bei einer ausführlichen Betrachtung der Formvorschriften sollte gerade an dieser Stelle auch einmal der finanzielle Hintergrund betrachtet werden: Während für die Beglaubigung einer Unterschrift nach § 45 I Kostenordnung (KostO) ein Viertel einer vollen Gebühr, höchstens aber 130 Euro, fällig werden, wird für die Ausfertigung eines Entwurfs einer Urkunde nach § 145 I Satz 1 KostO die für die Beurkundung bestimmte Gebühr erhoben, eine Unterschriftsbeglaubigung ist dabei im Preis inbegriffen (§ 145 I Satz 4 KostO). Für die Beurkundung wiederum wird nach § 36 I, II KostO die volle Gebühr (bei einseitigen Erklärungen) bzw. das Doppelte der vollen Gebühr (bei Verträgen) erhoben. In besonderen Fällen (§ 38 KostO) kann jedoch auch nur die Hälfte oder ein Viertel der vollen Gebühr fällig werden. Die Höhe der vollen Gebühr richtet sich dabei nach dem Geschäftswert (§ 32 KostO). Der finanzielle Unterschied zwischen der einfachen und der qualifizierten öffentlichen Beglaubigung hängt also sehr vom Einzelfall ab. Für Rechtsgeschäfte mit einem hohen Geschäftswert spielt sicherlich auch die Höhenbegrenzung von 130 Euro nach § 45 I KostO eine Rolle. Auf der anderen Seite werden 132 Euro als volle Gebühr für einen Geschäftswert von bis zu 50.000 Euro fällig. Die Höhenbegrenzung verdeutlicht, daß die Kostenfrage in erster Linie bei der notariellen Beurkundung relevant wird. Dies zeigt sich auch in der dort inzwischen verbreiteten Praxis von Auslandsbeurkundungen zwecks Kostenersparnis.

---

294 So der Notar Malzer DNotZ 2000, S. 169 (179).
295 Gernhuber Schuldverhältnis § 7 III 2 b.

Das bayerische Justizministerium hat vor zwei Jahren eine Bundesratsinitiative des Landes Bayern zur Deckelung der Notargebühren gestartet: Bei Umstrukturierungen von Gesellschaftsanteilen sollten die Honorare demnach höchstens 30.000 DM (15.338,76 Euro) betragen. Die derzeitige Praxis, wonach bei einer Unternehmensfusion mit einem Kaufpreis von 100 Millionen DM die Gebühr 100.000 DM beträgt, wurde in diesem Zusammenhang vom bayerischen Justizminister *Manfred Weiß* als unzumutbare Kostenbelastung bezeichnet.[296] Dieses sogenannte Gesetz zur Änderung von § 39 KostO bekam jedoch bereits im Bundesrat keine Mehrheit, in seiner Sitzung am 1. Februar 2002 beschloß der Bundesrat, das Gesetz nicht im Bundestag einzubringen.[297]
Durch das System der festen und damit transparenten Wertgebühr wird ein Kostenwettbewerb zwischen den Notaren verhindert. Ein Nachteil der Wertgebühr kann die im Vergleich zum Aufwand unverhältnismäßig hohe Gebühr bei sehr hohen Geschäftswerten sein. Durch die Festlegung von Höchstwerten kann dieser Nachteil korrigiert werden. Gegen eine allgemeine Höchstgebühr wird jedoch vorgebracht, daß die Schere zwischen Haftung und Gebührenanspruch zu weit auseinandergehe.[298]

Eine gesetzliche Hinweispflicht hinsichtlich Kosten und Gebühren besteht nicht, auf Anfrage hat der Notar jedoch Auskunft über die Höhe seiner Gebühren zu geben. Gibt der Notar diesbezüglich eine falsche Auskunft, so kann er die vollen Kosten zumindest dann verlangen, wenn das Geschäft auch bei einer richtigen Auskunft vorgenommen worden wäre.[299] Der Notar muß bei der Gestaltung des Rechtsgeschäfts den kostengünstigsten Weg wählen und die Entstehung unnötiger Kosten vermeiden.[300]

e) *Blankobeglaubigung*

Die Beglaubigung einer Unterschrift ohne zugehörigen unterzeichneten Text (Blankobeglaubigung) ist dann zulässig, wenn dargelegt wird, daß

---

296 Focus Nr. 47 vom 19. November 2001, S. 15.
297 Vgl. Bundesrats-Drucksache 974/01.
298 Vgl. etwa zuletzt Hepp, DNotZ 2002, S. 226* f. im Rahmen eines Kurzreferats zum Kostenrecht auf dem 26. Deutschen Notartag 2002.
299 LG München DNotZ 1974, S. 100 (101).
300 Beck'sches Notar-Handbuch/Bernhard F Rn. 116-117.

die Beglaubigung vor der Festlegung des Urkundeninhalts benötigt wird (§ 40 V BeurkG).

Im Beglaubigungsvermerk ist entsprechend anzugeben, daß bei der Beglaubigung ein durch die Unterschrift gedeckter Text nicht vorhanden war. Damit soll der Gefahr von Täuschungen und Fälschungen vorgebeugt werden, die bei Blankobeglaubigungen größer ist als bei der Beglaubigung vollständiger Erklärungen. Bei der Blankobeglaubigung kann der Notar den Text logischerweise in keiner Form prüfen, durch die entsprechende Angabe wird dies für den Rechtsverkehr erkennbar. Die Notwendigkeit der Blankobeglaubigung gilt dann als dargelegt, wenn kein Anlaß besteht, den Ausführungen des Beteiligten zu mißtrauen. Ursache können Überlegungen sowohl rechtlicher als auch wirtschaftlicher Art sein. Die Gründe müssen im Beglaubigungsvermerk nicht angegeben werden.[301]

Als nicht anerkennenswerte Gründe werden in der Literatur aufgeführt: die Vereinfachung des Verfahrens, das Vermeiden von Unannehmlichkeiten, das Schaffen von Vorratsbeglaubigungen, die Verheimlichung des Textes vor dem Notar.[302]

Ähnliches wie für die Blankobeglaubigung kann im Einzelfall auch für lückenhafte Texte gelten: Sind die Lücken so bedeutsam, daß der spätere wesentliche Inhalt des Textes noch nicht feststeht, ist § 40 V BeurkG entsprechend anzuwenden.[303]

Unerheblich bei der Blankobeglaubigung ist, wer später den Text einfügt. Selbst wenn der Notar beauftragt wird, den Text einzufüllen, handelt es sich um eine Blankobeglaubigung.[304]

f) Beglaubigung unter fremdsprachigem Text

Nach überwiegender Ansicht ist die Unterschriftsbeglaubigung unter einem fremdsprachigen Text ebenso zulässig. Dies gilt insbesondere auch dann, wenn die fremde Sprache dem Notar nicht bekannt ist. Wenn schon die Blankobeglaubigung zulässig ist, die nicht nach § 40 II BeurkG geprüft werden kann, dann dürfe für die Unterschriftsbeglaubigung unter

---

301 Eylmann/Vaasen/Limmer § 40 Rn. 24-25; Keidel/Kuntze/Winkler § 40 BeurkG Rn. 65; Mecke/Lerch § 40 Rn. 16.

302 Eylmann/Vaasen/Limmer § 40 Rn. 26; Huhn/v.Schuckmann § 40 Rn. 15.

303 Keidel/Kuntze/Winkler § 40 Rn. 71; Huhn/v.Schuckmann § 40 Rn. 16; Eylmann/Vaasen/Limmer § 40 Rn. 27; Mecke/Lerch § 40 Rn. 17.

304 Eylmann/Vaasen/Limmer § 40 Rn. 26.

fremdsprachigen Texten nicht anderes gelten. Entsprechend § 30 Satz 4 BeurkG habe dabei eine Überprüfung des fremdsprachigen Textes durch den Notar nicht zu erfolgen.[305] Die Feststellung im Beglaubigungsvermerk, daß die Erklärung in einer dem Notar nicht bekannten Sprache abgefaßt ist, wird dabei für sinnvoll erachtet.[306]
Nach anderer Auffassung darf der Notar die Beglaubigung nicht vornehmen, wenn er der Sprache des vorgelegten Schriftstückes nicht mächtig ist. Auch ein entsprechender Vermerk könne an der Unzulässigkeit nichts ändern.[307] Anders soll die Lage aber dann sein, wenn ein der fremden Sprache mächtiger Notar nicht erreichbar wäre. Dann soll auch ein der Sprache der Urkunde unkundiger Notar die Unterschrift beglaubigen.[308]
Diese Einwände überzeugen gerade auch angesichts der sogleich folgenden Relativierung der Unzulässigkeit nicht. Der Vergleich zur Blankobeglaubigung vermag viel eher zu überzeugen, verdeutlicht er doch auch wieder den Kern der öffentlichen Beglaubigung, nämlich die Identitätsbestätigung. Somit sollte die Beglaubigung auch dann zulässig sein, wenn dem Notar die Sprache des Urkundentextes nicht bekannt ist.

g) *Unterschrift*

Die Unterschrift muß handschriftlich geleistet werden. Wie schon bei der Schriftform ist auch bei der öffentlichen Beglaubigung die Lesbarkeit der Unterschrift nicht erforderlich. Hier dürften noch geringere Anforderungen an die Unterschrift bestehen, denn schließlich erfolgt die Zuordnung der individuellen Unterschrift (und insbesondere des Handzeichens) zur bestimmten Person gerade mit der genauen Bezeichnung seiner Daten im Beglaubigungsvermerk.[309] So wird sogar vertreten, daß die Unterschrift auch in chinesischen, griechischen oder japanischen Schriftzeichen erfolgen könne und nicht deutsche oder lateinische Schriftzeichen gefordert werden dürften. Entscheidend sei dabei, ob es sich nach dem äußeren Erscheinungsbild der Signatur um eine Unterschrift handele. Das wesentliche sei schließlich, daß die Unterschrift echt sei und der

---

305 Malzer DNotZ 2000, S. 169 (175); Keidel/Kuntze/Winkler § 40 Rn. 15.
306 Malzer DNotZ 2000, S. 169 (176).
307 Huhn/v.Schuckmann § 40 Rn. 40.
308 Huhn/v.Schuckmann § 40 Rn. 41.
309 Malzer DNotZ 2000, S. 169 (176); Huhn/v.Schuckmann § 40 Rn. 6 ff., 47 ff.; Keidel/Kuntze/Winkler § 40 BeurkG Rn. 23 ff., 72 ff. .

Unterzeichnende sie gegen sich gelten lassen wolle.[310] Nach anderer Auffassung soll eine solche Unterschrift in fremden Schriftzeichen hingegen als Handzeichen beglaubigt werden.[311]
In Fortsetzung des zur Beglaubigung unter einem fremdsprachigen Text ausgeführten kann hier festgestellt werden, daß die von der zuerst dargestellten Ansicht zugrundegelegten Voraussetzungen, nämlich die Erkennbarkeit der Signatur als Unterschrift und der Wille des Unterzeichnenden, sich diese anrechnen zu lassen, hinreichend sind, um dem Normzweck gerecht zu werden. Daher kann auch die Unterschrift in fremden Schriftzeichen als Unterschrift beglaubigt werden.
Dem Beteiligten wird die Urschrift der beglaubigten Erklärung ausgehändigt, sofern nicht Verwahrung verlangt wird (§ 45 III BeurkG).

h) Nachträgliche Änderungen

Eine nachträgliche Änderung des Urkundentextes kann durch den Erklärenden, durch den Notar oder eine andere bevollmächtigte Person oder durch Dritte geschehen.
Zunächst besteht Einigkeit darüber, daß die Zustimmung des Erklärenden unabdingbare Voraussetzung für die Änderung ist. Eine ohne ausdrückliche oder stillschweigende Zustimmung des Erklärenden vorgenommene Änderung wird von niemandem für erlaubt gehalten.[312]
Die Frage der Änderung nach Abschluß der Beglaubigung durch den Erklärenden oder den von ihm bevollmächtigten Notar wird hingegen nicht so einheitlich bewertet. Nach einer älteren Ansicht ist bei einer solchen nachträglichen Änderung die abermalige Unterzeichnung erforderlich, die wiederum der Beglaubigung bedarf.[313] In der jüngeren Literatur wird diese Auffassung dergestalt modifiziert, daß nachträgliche Änderungen zwar nicht zur Unwirksamkeit der Beglaubigung führen würden, es im Beweisinteresse aber notwendig wäre, Textänderungen erneut zu unterschreiben und diese Unterschrift erneut beglaubigen zu lassen. Nachträgliche Änderungen wären vom Beglaubigungsvermerk nicht gedeckt und hätten somit auch nicht die Eigenschaft öffentlicher Erklärungen.[314]

---

[310] Malzer DNotZ 2000, S. 169 (176); Huhn/v.Schuckmann § 40 Rn. 9; Keidel/Kuntze/Winkler § 40 Rn. 24.
[311] Jansen § 40 BeurkG Rn. 19; Haegele § 40 V 4; Riedel/Feil § 40 Rn. 18; Mecke/Lerch § 40 Rn. 4.
[312] Winkler DNotZ 1985, S. 224 (226).
[313] Güthe/Triebel § 29 GBO Rn. 115; Jansen § 40 BeurkG Rn. 13; Flume AT II § 15 II 4.
[314] Demharter § 29 GBO Rn. 44; Kuntze/Herrmann § 29 GBO Rn. 98; Bauer/Oefele/Knothe § 29 GBO Rn. 130.

Nach vorzugswürdiger Ansicht kann der Notar mit Zustimmung des Ausstellers auch nach der Unterschriftsbeglaubigung Textänderungen der Urkunde vornehmen.[315] Der Beweiswert der Urkunde wird dadurch nicht beeinträchtigt, da nur die Unterschrift beglaubigt wird.[316] Während der Notar dabei zur Richtigstellung durch den Aussteller bevollmächtigt werden muß, kann er bei der von ihm selbst entworfenen Urkunde als bevollmächtigt gelten, das Schriftstück zu berichtigen.[317]
Eine nachträgliche Änderung des Textes ist insbesondere deshalb zulässig, weil der Beglaubigungsvermerk nur die Echtheit der Person des Unterzeichnenden bestätigt, aber nichts über den Inhalt der Erklärung aussagt.[318] Zudem stellt sich die Frage, wie später erkannt werden soll, ob eine Änderung vor oder nach der Unterschriftsbeglaubigung vorgenommen wurde. Der Text der Urkunde kann in handschriftlicher Form mit Lücken oder in einer fremden Sprache abgefaßt sein. Auch die Beglaubigung einer Blankounterschrift kann zulässig sein. Daher ist es nur folgerichtig, wenn mit Zustimmung des Erklärenden der Text der Urkunde auch nach bereits erfolgter Unterschriftsbeglaubigung geändert werden kann, ohne daß dies die Formwirksamkeit beeinträchtigt. Einer abermaligen Unterzeichnung und deren Beglaubigung bedarf es nicht.
Nach § 418 I ZPO beweist die ordnungsgemäße öffentliche Beglaubigung die Echtheit der Unterschrift. Das ist die Grundlage für die Vermutung der Echtheit des über der Unterschrift stehenden Textes nach § 440 II ZPO. Durch die nachträgliche Änderung des Urkundentextes kann diese Vermutung der Echtheit der Erklärung nach § 440 II ZPO beeinträchtigt werden. Dies hat zur Folge, daß solche Erklärungen etwa vom Grundbuchamt zurückgewiesen werden können, wenn Zweifel an der abredegemäßen Ausfüllung bestehen.[319]
Änderungen am Beglaubigungsvermerk mindern dessen Beweiskraft oder heben diese sogar ganz auf.[320]

---

315 Palandt/Heinrichs § 129 Rn. 2; Erman/Palm § 129 Rn. 3; Jauernig § 129 Rn. 4; Soergel/Hefermehl § 129 Rn. 3; MünchKomm/Einsele § 129 Rn. 5; Staudinger(12)/Dilcher § 129 Rn. 4; Keidel/Kuntze/Winkler § 40 Rn. 72; Winkler DNotZ 1985, S. 224 (227); Meikel/Brambring § 29 GBO Rn. 221.
316 LG Itzehoe DNotZ 1990, S. 519 (520); Huhn/v.Schuckmann § 40 Rn. 30; Winkler DNotZ 1985, S. 224 (227 f.).
317 Huhn/v.Schuckmann § 40 Rn. 31; Reithmann Notarpraxis C Rn. 164-165.
318 Vgl. Winkler DNotZ 1985, S. 224 (227).
319 Keidel/Kuntze/Winkler § 40 Rn. 81; Huhn/v.Schuckmann § 40 Rn. 29.
320 Jansen § 40 BeurkG Rn. 12.

III. § 128 BGB Notarielle Beurkundung

Die notarielle Beurkundung ist in § 128 BGB geregelt. Das dazugehörige Verfahren wird im Beurkundungsgesetz näher erläutert.
Überall dort, wo ein Vertrag kraft Gesetzes einer notariellen Beurkundung bedarf, ist § 128 BGB anwendbar. § 128 BGB ist hingegen nicht anwendbar, wenn nur die Willenserklärung einer Partei formbedürftig ist (wie in §§ 518 I, 1516 II Satz 3, 1750 I Satz 2, 2282 III, 2291 II, 2296 II Satz 2 BGB) oder wenn durch Gesetz die gleichzeitige Anwesenheit beider Parteien vorgeschrieben ist (wie in §§ 925, 1410, 2276 I Satz 1, 2290 IV BGB).[321]

Im Rahmen der Formvorschriften der §§ 125-129 BGB stellt die notarielle Beurkundung wiederum eine Steigerung gegenüber der öffentlichen Beglaubigung dar. Sowohl die öffentliche Beglaubigung als auch die Schriftform können durch die notarielle Beurkundung ersetzt werden (§ 129 II BGB bzw. § 126 IV BGB).
Die notarielle Beurkundung ist somit die höchste Stufe innerhalb der drei Formarten.
Das Beurkundungsgesetz wurde zum 1. Januar 1970 eingeführt. Die Empfehlung zur Einführung eines solchen Gesetzes wurde von einer Kommission zur Neuordnung der Zivilgerichtsbarkeit bereits 1961 getroffen. Der erste Gesetzesentwurf wurde im Herbst 1967 vorgelegt. Das Gesetzgebungsverfahren zog sich von der Verabschiedung durch die Bundesregierung am 11. Juni 1968 bis zur Verkündung im Bundesgesetzblatt mit Datum vom 28. August 1969.[322]
Zuständig für die notarielle Beurkundung ist wie für die öffentliche Beglaubigung grundsätzlich der Notar (§§ 1, 56 BeurkG).
Vor Einführung des Beurkundungsgesetzes bestand noch die Möglichkeit der gerichtlichen Beurkundung, diese wurde aber gestrichen (vgl. § 56 BeurkG).
Der früher gebräuchliche Begriff der "gerichtlichen oder notariellen Beurkundung" ist mit dem Beurkundungsgesetz durch den Begriff der "notariellen Beurkundung" ersetzt worden.
Durch § 60 BeurkG wurden die landesrechtlichen Vorschriften aufgehoben, die neben dem Notar auch anderen Personen Beurkundungs-

[321] Palandt/Heinrichs § 128 Rn. 2.
[322] Huhn/v.Schuckmann Einleitung Rn. 9-10.

zuständigkeiten eingeräumt haben. Nur noch in Ausnahmefällen kann eine Beurkundung durch Gericht oder durch eine Behörde erfolgen. § 62 I Nr. 1-3 BeurkG begründet für Beurkundungen im Zusammenhang mit Vaterschaftsanerkennung und Kindesunterhalt die Zuständigkeit der Gerichte (Amtsgericht, dort der Rechtspfleger § 3 Nr. 1 f RpflG). Daneben besteht in diesen Sachen noch die Zuständigkeit der Standesbeamten (§ 29 a PStG) und der Jugendämter (§ 59 I Satz 1 KJHG).

Gemäß § 127 a BGB wird die notarielle Beurkundung bei einem gerichtlichen Vergleich durch die Aufnahme der Erklärungen in ein nach den Vorschriften der ZPO errichtetes Protokoll ersetzt.

Im Rahmen der notariellen Beurkundung findet vor dem Notar eine Verhandlung statt, in der die Beteiligten die zu beurkundenden Willenserklärungen abgeben (§ 8 BeurkG).

Durch die notarielle Beurkundung soll sachkundige Beratung und Belehrung der Parteien durch den mitwirkenden Notar bei Willenserklärungen von erheblicher Bedeutung erfolgen. Die Übereinstimmung von Wille und Erklärung und eine klare und eindeutige Formulierung des Textes sollen sichergestellt werden (§ 17 BeurkG).

Die notarielle Beurkundung erfüllt damit in besonderem Maße den Übereilungsschutz, die Klarstellungsfunktion, und den Zweck der Beweissicherung.[323]

1. Anwendungsfälle

Überall dort, wo ein Vertrag kraft Gesetzes einer notariellen Beurkundung bedarf, ist § 128 BGB anwendbar.

Dies ist im Bürgerlichen Gesetzbuch
- im allgemeinen Schuldrecht (§ 311 b I, III, V),
- im Sachenrecht zum Grunderwerb (§§ 873 II, 877, 880 II),
- im Familienrecht zum ehelichen Güterrecht (§§ 1491 II, 1492 II, 1501 II) und zum Versorgungsausgleich bei der Scheidung (§ 1587 o II)
- sowie im Erbrecht zum Verfügungsrecht des Miterben (§ 2033), zum Erbverzicht (§§ 2348, 2351) und zum Erbschaftskauf (§§ 2371, 2385) zu finden.

---

[323] MünchKomm/Einsele § 128 Rn. 1; Larenz/Wolf AT § 27 Rn. 38.

Außerhalb des BGB wird die notarielle Beurkundung angeordnet:
- in der Erbbauverordnung (§ 11 II),
- im Wohnungseigentumsgesetz (§ 4 III)
- und im GmbH-Gesetz (§§ 2, 15 III, IV).

2. *Verfahren*

Das Verfahren der notariellen Beurkundung von Willenserklärungen ist im Beurkundungsgesetz (Zweiter Abschnitt, §§ 6-35 BeurkG) geregelt. Dabei findet vor dem Notar eine Verhandlung statt, in der die Beteiligten die zu beurkundenden Willenserklärungen abgeben (§ 8 BeurkG).
Die Verhandlung dient dazu, ein Auseinanderfallen zwischen Wille und Erklärung zu verhindern. Dies kann leicht geschehen, wenn die Beteiligten im Umgang mit der Rechtssprache unerfahren sind. Zudem soll vermieden werden, daß eine andere Rechtsfolge durch die abgegebene Willenserklärung ausgelöst wird als gewollt.[324]
Hier findet der Grundsatz des § 17 BeurkG Anwendung, der in Absatz I besagt, daß der Notar den Willen der Beteiligten erforschen soll, den Sachverhalt klären und die Beteiligten über die rechtliche Tragweite ihres Geschäfts belehren soll. Er soll darauf achten, daß Irrtümer und Zweifel vermieden sowie unerfahrene und ungewandte Beteiligte nicht benachteiligt werden.

a) *Niederschrift*

Über den Beurkundungsvorgang wird eine Niederschrift aufgenommen, die vorgelesen, genehmigt und von den Beteiligten und dem Notar eigenhändig unterschrieben wird (§§ 9, 13 BeurkG). In der Niederschrift soll der ganze Vertrag aufgenommen werden. Maßgebend ist der erkennbare, vom anderen Vertragspartner gebilligte oder zumindest hingenommene Wille eines Vertragspartners.[325]
Zwingende Vorschriften für die Niederschrift sind die Bezeichnung des Notars und der Beteiligten (§ 9 I Nr. 1 BeurkG), die Erklärungen der Beteiligten (§ 9 I Nr. 2 BeurkG) und die Verlesung, Genehmigung und Unterzeichnung der Niederschrift in Gegenwart des Notars (§ 13 BeurkG).

---

[324] Reithmann Notarpraxis C Rn. 16-17.
[325] Eylmann/Vaasen/Limmer § 9 BeurkG Rn. 6, 7.

Sollvorschriften für die Niederschrift sind die Angabe von Ort und Tag der Verhandlung (§ 9 II BeurkG), die genaue Bezeichnung der Beteiligten (§ 10 BeurkG), die Vorlage der Niederschrift auf Verlangen, die Feststellung der Verlesung, Genehmigung und Unterzeichnung und die Beifügung der Amtsbezeichnung zur Unterschrift des Notars (alle § 13 BeurkG).
Fehlende oder falsche Datierung ist dabei wie auch jede andere Verletzung einer Sollvorschrift unschädlich, nur die Verletzung wesentlicher Formvorschriften führt zur Unwirksamkeit der Beurkundung.[326]
Die Bezeugungspflicht als wichtigste Aufgabe des Notars verpflichtet diesen, die Erklärungen der Parteien wahr und vollständig in die Niederschrift aufzunehmen. Neben der zivilrechtlichen Nichtigkeit bei einem Verstoß droht dem Notar die strafrechtliche Sanktion der Falschbeurkundung.[327]
Sollen mehrere Verpflichtungen voneinander abhängig sein, kann dies durch Bildung eines Leistungsbündels oder eines Vertragsbündels geschehen. Ein Leistungsbündel liegt vor, wenn die Verpflichtungen zu einem Schuldverhältnis verschmolzen werden, so daß alle Verpflichtungen wechselseitig voneinander abhängig sind. Ein Vertragsbündel liegt vor, wenn durch Bedingung, Rücktrittsrecht oder Abschlußverpflichtung zwar eine Bestandsverknüpfung vorgenommen wird, aber weiterhin mehrere selbständige Verträge vorliegen.[328]

aa) Verlesung

Die erstellte Niederschrift soll in Gegenwart des Notars von ihm selbst oder von einem Dritten vorgelesen werden. Verlesen bedeutet, einen schriftlich vorliegenden Text durch wörtliches Ablesen aus der Niederschrift den Beteiligten zu Gehör zu bringen (Grundsatz der Unmittelbarkeit der Wiedergabe).[329] Durch das Verlesen sollen die Beteiligten selbst noch einmal kontrollieren können, ob die beurkundeten Willenserklärungen wirklich ihren Vorstellungen entsprechen.[330] Daneben erhält auch der Notar die Möglichkeit, die Erklärungen noch einmal zur

326 Keidel/Kuntze/Winkler § 9 Rn. 2.
327 Reithmann Notarpraxis C Rn. 24.
328 Reithmann Notarpraxis C Rn. 28-29.
329 OLG Hamm DNotZ 1978, S. 54 (57).
330 Mecke/Lerch § 13 Rn. 3.

Kenntnis zu nehmen und diese auf zuvor übersehene Fehler zu überprüfen.[331] Schließlich besteht beim Verlesen auch die letztmalige Möglichkeit für Fragen der Beteiligten und Rückfragen des Notars, entsprechend der Beratungspflicht nach § 17 BeurkG.[332]
Verlesen werden muß von einem sachlichen Substrat. Das Verlesene darf nicht nur ein Entwurf sein, der später ohne nochmalige Verlesung in die Niederschrift übertragen wird. So erklärt es sich auch, daß nicht nur die Verwendung von Tonbandgeräten[333], sondern auch das Ablesen vom Bildschirm[334] bei der ordnungsgemäßen Verlesung unzulässig sind.
Eine gegenteilige Entscheidung ist vor einigen Jahren durch das LG Stralsund ergangen.[335] Ganz entgegen der einhelligen Ansicht in der Literatur und ohne eine Auseinandersetzung mit deren Thesen vertritt das LG dabei die Auffassung, daß das laute Ablesen des Textes vom Computerbildschirm durch den Notar den Anforderungen des § 13 BeurkG genüge. Es komme allein darauf an, daß der Text den Parteien zu Gehör gebracht werde. In welcher Form der Text vorliege, sei dabei unerheblich.
Im konkreten Fall wendete sich der Kläger gegen einen notariell beurkundeten Vertrag mit der Begründung, der vom Notar verlesene Text habe einen anderen Inhalt gehabt als die später unterschriebene Ausfertigung. Hätte der Notar den Text nicht vom Bildschirm vorgetragen, sondern die fertig erstellte und ausgedruckte Urkunde zur Verlesung gebracht, die sodann anschließend genehmigt und unterschrieben worden wäre, dann hätte beim Kläger kein solcher Eindruck entstehen können. Diese einfache Überlegung verdeutlicht die Richtigkeit der in der Literatur vertretenen Auffassung: Die Verlesung vom Bildschirm hat nicht die gleiche Wirkung wie die vom Papier und kann den Anforderungen des § 13 BeurkG daher nicht genügen.
Im Zusammenhang mit diesen Anforderungen ist noch ein weiterer Punkt Gegenstand der Diskussion: Wird während des Verlesens eine Änderung vorgenommen, anschließend die betreffende Seite in der elektronischen Fassung korrigiert und neu ausgedruckt, so soll es genügen, die

[331] Mihm NJW 1997, S. 3121 (3122); Kanzleiter DNotZ 1997, S. 261 (262).
[332] Kanzleiter DNotZ 1997, S. 261 (263).
[333] OLG Hamm DNotZ 1978, S. 54; Huhn/v.Schuckmann § 13 Rn. 8; Mecke/Lerch § 13 Rn. 9; Eylmann/Vaasen/Limmer § 13 Rn. 11; Keidel/Kuntze/Winkler § 13 Rn. 9; Riedel/Feil § 13 Rn. 4.
[334] Eylmann/Vaasen/Limmer § 13 Rn. 7; Reithmann Notarpraxis C Rn. 64; Mecke/Lerch § 13 Rn. 9; Mihm NJW 1997, S. 3121; Kanzleiter DNotZ 1997, S. 261 (265).
[335] LG Stralsund NJW 1997, S. 3178.

geänderten Passagen vorzulesen, eine abermalige Verlesung der gesamten Niederschrift sei nicht erforderlich.[336]
Nach einer Ansicht soll es aber auch im Einklang mit § 13 I Satz 1 BeurkG stehen, wenn statt der Niederschrift eine Kopie derselben verlesen wird oder aber das zunächst als Niederschrift vorgesehene Schriftstück nach dem Verlesen durch eine Kopie oder einen neuen Ausdruck ersetzt wird.[337] Dargelegt wird dies als eine in der Praxis nicht seltene Vorgehensweise, Hintergrund sei der Siegeszug von EDV und Kopierer, welcher bei der Entstehung des § 13 BeurkG nicht absehbar war.[338] Dies können jedoch keine maßgeblichen Gründe sein, aus purer Zweckmäßigkeit von dem unbestrittenermaßen eindeutigen Wortlaut des § 13 BeurkG abzuweichen. Zur Verlesung gebracht werden soll die als Ergebnis der Verhandlung zu Papier gebrachte Niederschrift, nicht nur ein Entwurf oder eine Beratungsgrundlage. Andernfalls würde das Verlesen nur zu einem Teil der Beratung werden: Der Notar könnte am Bildschirm standardisierte Textbausteine zusammensetzen, Abschnitt für Abschnitt laut durchgehen und entsprechend den Bedürfnissen der Parteien abändern. Die Verlesung wäre dann kein von der Beratung getrennter eigenständiger Teil der notariellen Beurkundung. Gerade diese Trennung muß aber gewahrt werden: Die Verlesung bildet eine Einheit mit Genehmigung und Unterzeichnung. Werden unterschiedliche Schriftstücke verlesen bzw. unterzeichnet, ist für die Beteiligten diese Einheit und die damit bezweckte Kontrollfunktion nicht mehr gleichermaßen offenkundig, auch wenn die Schriftstücke den gleichen Inhalt haben mögen.[339] In letzter Konsequenz könnte eine weniger strenge Handhabung der Grundsätze der Verlesung zu mehr Streitigkeiten wie der führen, über die das LG Stralsund zu befinden hatte. Wenn der Gegenstand einer notariellen Beurkundung auf diese Weise in Zweifel gezogen werden kann, wird diese auch nicht mehr in vollem Umfang der bezweckten Richtigkeitsgewähr gerecht.
Die Verlesung ist ein zwingendes und wesentliches Formerfordernis. Eine fehlerhafte oder ganz unterbliebene Verlesung im Sinne des § 13 I BeurkG führt zur Formnichtigkeit nach § 125 Satz 1 BGB und somit zur Unwirksamkeit des beurkundeten Rechtsgeschäfts.[340]

---

336 Eylmann/Vaasen/Limmer § 13 Rn. 8; Mihm NJW 1997, S. 3121 (3122); Kanzleiter DNotZ 1997, S. 261.
337 Kanzleiter DNotZ 1997, S. 261 (269).
338 Kanzleiter DNotZ 1997, S. 261 (265 f.); zustimmend Eylmann/Vaasen/Limmer § 13 Rn. 7.
339 So auch Mihm NJW 1997, S. 3121 (3123).
340 BGH DNotZ 1975, S. 365 (366); OLG Hamm DNotZ 1978, S. 54 (56).

bb) Genehmigung

Die vorgelesene Niederschrift muß von den Beteiligten genehmigt werden, die Beteiligten müssen sich mit dem Inhalt der Niederschrift einverstanden erklären. Wie die Genehmigung erfolgen soll, ist nicht näher geregelt. Die Genehmigung kann daher nicht nur durch ausdrückliche Bejahung, sondern auch durch schlüssiges Verhalten wie z.B. Kopfnicken oder auch widerspruchslose Unterzeichnung geschehen. Wenn ein Beteiligter die Genehmigung versagt, sind seine in der Niederschrift enthaltenen Erklärungen nicht abgegeben. Die Tatsache der Genehmigung wird am Schluß der Niederschrift vom Notar festgestellt.[341] Die Genehmigung erfolgt zeitlich nach der Verlesung der Niederschrift.[342]

cc) Unterschrift

Den Abschluß der Niederschrift bilden die Unterschriften. Dabei müssen die Beteiligten und der Notar unterschreiben.
Durch die Unterschrift wird von den Beteiligten festgehalten, daß sie sich die Erklärungen zurechnen lassen. Die Unterzeichnung des Notars stellt klar, daß er die Verantwortung für die Beurkundung und die Einhaltung der Verfahrensvorschriften übernimmt und sich das Beurkundungsverfahren zurechnen läßt. Dies erhöht die Richtigkeitsgewähr der notariellen Beurkundung gegenüber der schriftlichen Erklärung.[343]
Die für die Unterschrift etwa im Rahmen der Schriftform geltenden Grundsätze, insbesondere bezüglich der Individualität des Schriftzugs, sind nicht deckungsgleich mit denen der notariellen Beurkundung, denn durch die Mitwirkung des Notars wird eine konkrete Zuordnung der Willenserklärung zum Aussteller gewährleistet.[344] In der Niederschrift wird die Herkunft der Unterschrift der Beteiligten vom Notar ausdrücklich bezeugt. Als Unterschrift reicht daher jeder Schriftzug, welcher als Unterschrift des jeweils Beteiligten interpretiert werden kann.[345]

---

[341] Huhn/v.Schuckmann § 13 Rn. 17, 20-21; Mecke/Lerch § 13 Rn. 14-15; Faßbender/Peter Notariatskunde Rn. 241; Eylmann/Vaasen/Limmer § 13 Rn. 15; Keidel/Kuntze/Winkler § 13 Rn. 30.
[342] Keidel/Kuntze/Winkler § 13 Rn. 32.
[343] Eylmann/Vaasen/Limmer § 13 Rn. 16.
[344] Eylmann/Vaasen/Limmer § 13 Rn. 19.
[345] Keidel/Kuntze/Winkler § 13 Rn. 40.

Dem Gesetzestext ist keine Reihenfolge der unterschreibenden Personen zu entnehmen. Zudem ist nach der Unterzeichnung von Beteiligten und Notar nicht mehr zu erkennen, in welcher Reihenfolge die Unterschriften erfolgten. Die Aufgabe der Unterzeichnung legt aber eine solche Reihenfolge nahe:
Mit der Unterschrift bezeugt der Notar, daß die in der Niederschrift bezeichneten Personen vor ihm erschienen sind, daß sie die in der Niederschrift wiedergegebenen Erklärungen abgegeben haben und daß ihnen diese Erklärungen vorgelesen, von ihnen genehmigt und eigenhändig unterschrieben worden sind.[346]
Diese Funktion kann die Unterschrift des Notars nach einer Ansicht nur erfüllen, wenn sie zeitlich nach der Unterschrift der Beteiligten folgt. Zunächst müßten die Beteiligten unterschreiben. Danach folgt die Unterzeichnung durch den Notar, welche die Niederschrift abschließt. Dem gesellschaftlichen Bedürfnis nach Funktionserhaltung des Notariats müsse Vorrang eingeräumt werden.[347]
Die Frage der zeitlichen Reihenfolge der Unterschriften wird in der Literatur indes zugleich anders gesehen[348]: Dabei geht es in erster Linie um die Frage, ob eine andere zeitliche Reihenfolge einen Formverstoß darstellen soll. Das Interesse, dem konkret betroffenen Rechtsgeschäft der Parteien Wirksamkeit zu verschaffen, kollidiere mit dem Interesse, aus dem Ausnahmefall der alltäglichen Unkorrektheit nicht eine für alle Fälle gebilligte Regel entstehen zu lassen.[349]
Die Unterschrift schließt zwar die Niederschrift ab, ist jedoch nicht alleiniger Abschluß. In einem Schlußvermerk soll von dem Notar noch festgehalten werden, daß die Niederschrift den Beteiligten in Gegenwart des Notars vorgelesen wurde, daß die Beteiligten diese genehmigt und schließlich unterschrieben haben. Zur Wirksamkeit der Beurkundung ist der Schlußvermerk indes nicht erforderlich: Ein Fehlen hat keine Nichtigkeitsfolge, es greift die gesetzliche Vermutung des § 13 I Satz 3 BeurkG.[350]
Daher ist die Unterschrift das letzte für die Wirksamkeit der Niederschrift erforderliche Merkmal und sollte auch, so wie gefordert, in zeitlicher

---

346 BGH DNotZ 1975, S. 365.
347 Huhn/v.Schuckmann § 13 Rn. 28; Mecke/Lerch § 13 Rn. 27; Keidel/Kuntze/Winkler § 13 Rn. 62 und Fn. 136 am Ende.
348 Jansen § 13 Rn. 37; Soergel § 13 BeurkG Rn. 8; Eylmann/Vaasen/Limmer § 13 Rn. 22.
349 So Huhn/v.Schuckmann § 13 Rn. 28.
350 Mecke/Lerch § 13 Rn. 32; Huhn/v.Schuckmann § 13 Rn. 37; Eylmann/Vaasen/Limmer § 13 Rn. 25.

Reihenfolge zuerst von den Beteiligten und dann vom Notar vorgenommen werden. Der Notar hat schließlich auch darauf zu achten, daß die Unterschrift mit der Bezeichnung der Beteiligten in der Niederschrift übereinstimmt. Verdeutlicht wird die Notwendigkeit einer genauen zeitlichen Reihenfolge der Unterschriften noch dadurch, daß die Unterschrift der Beteiligten wie erläutert zugleich auch die konkludente Genehmigung darstellen kann und die Genehmigung der Beteiligten sollte immerhin vor der Unterzeichnung durch den Notar geschehen.

b) Sukzessive Beurkundung

Nach § 128 BGB ist auch die Beurkundung an verschiedenen Orten durch verschiedene Notare zulässig (sukzessive Beurkundung). Gestattet ist es auch, daß der Notar die Erklärung der Parteien ohne gleichzeitige Anwesenheit nacheinander protokolliert und die Niederschrift nur einmal unterschreibt.[351]

Natürlich ist die sukzessive Beurkundung ausgeschlossen, wenn durch Gesetz die gleichzeitige Anwesenheit der Parteien angeordnet wird (wie in § 2276 I Satz 1 BGB).

3. Rechtsgeschäfte im Ausland

Die Frage, ob eine nach deutschem Recht für ein Rechtsgeschäft vorgeschriebene notarielle Beurkundung auch durch einen ausländischen Notar erfüllt werden kann, stellt sich insbesondere für beurkundungsbedürftige Rechtsgeschäfte bei Kapitalgesellschaften. Diese werden, zum Teil aus Kostengründen, auch im Ausland vorgenommen. Die Gebühren ausländischer Notare betragen oft nur einen Bruchteil inländischer Notargebühren.[352]

Hintergrund für die unterschiedlichen Ansichten zu dieser Frage ist § 17 BeurkG, der die Beratung und Belehrung der Parteien von den Notaren fordert. Diese Kenntnisse können von Notaren im Ausland nicht immer erwartet werden.

---

351 RGZ 69, 132; Palandt/Heinrichs § 128 Rn. 3.

352 Reuter BB 1998, S. 116.

a) Herrschende Ansicht: Gleichwertigkeit der Auslandsbeurkundung

Für die Gleichwertigkeit der Auslandsbeurkundung wird argumentiert, daß die Parteien auf die Beratung und Belehrung verzichten können.[353] In dieser Folge erfüllt die Beurkundung im Ausland nach vorherrschender Meinung das vom deutschen Recht aufgestellte Formerfordernis, wenn die Urkundsperson und der Beurkundungsvorgang einer notariellen Beurkundung nach deutschem Recht gleichwertig sind und damit der Schutzzweck der Formvorschrift erfüllt wird.[354]
Explizit festgestellt wurde dies für Notare in der Schweiz.[355]
Nach *Ebenroth/Wilken* besteht vor dem Hintergrund des Europäischen Marktes Gleichwertigkeit allgemein für Notare in den Mitgliedsstaaten der Europäischen Union. Europäische Notare würden eine gleichwertige Warnfunktion auf die Vertragsparteien ausstrahlen. Nur solche Beurkundungsgegenstände, die umfangreiche Prüfungspflichten mit sich führen und detaillierte Rechtskenntnisse erfordern, sollten inländischen Notaren vorbehalten bleiben, Satzungsänderungen gehörten nicht dazu.[356]

b) Ablehnende Literaturansicht

Nach anderer Ansicht soll die Gleichwertigkeit der Beurkundung durch einen ausländischen Notar zumindest für beurkundungsbedürftige, die Satzung betreffende Verfassungsakte im Kapitalgesellschaftsrecht abgelehnt werden.[357]
Hier habe der Notar im Interesse der Rechtspflege eine Rechtmäßigkeitsprüfung vorzunehmen, welche anders als die Belehrung durch den Notar auch nicht verzichtbar ist.[358]
Nicht die im Interesse der Parteien liegende Belehrungspflicht sei entscheidend, sondern der generelle Sachverstand, der im allgemeinen

---

353 BGHZ 80, 76 (78).
354 BGHZ 80, 76; Lutter/Hommelhoff § 53 Rn. 16; Baumbach/Hueck/Zöllner § 53 Rn. 40; Reuter BB 1998, S. 116 (118 f.); Schervier NJW 1992, S. 593 (595 ff.); Bokelmann NJW 1972, S. 1729 (1730 ff.); Kropholler ZHR 140 (1976), S. 394 (406 ff.).
355 BGHZ 80, 76 (78); BGH NJW-RR 1989, S. 1259 (1261); OLG München NJW-RR 1998, S. 758; LG Nürnberg-Fürth DB 1991, S. 2029; LG Köln DB 1989, S. 2214 f. .
Zu beachten ist aber der Ausschluß einzelner Kantone der Schweiz.
356 Ebenroth/Wilken JZ 1991, S. 1061 (1066).
357 MünchKomm/Einsele § 128 Rn. 4; Staudinger/Großfeld Internat. Gesellschaftsrecht, Rn. 481 ff. ; Scholz/Priester § 53 Rn. 75; Goette FS Boujong 1996, S. 131 (141-143); Mecke/Lerch Einleitung V; Heckschen DB 1990, S. 161 (162 ff.); Bredthauer BB 1986, S. 1864 (1866 ff.).
358 Scholz/Priester § 53 Rn. 75.

Interesse an ordnungsgemäßer Durchführung von Akten mit Öffentlichkeitsbezug in den Beurkundungsvorgang eingebracht werden solle. Der Notar sei nach deutscher Rechtsvorstellung mehr als ein Ausfertigungsgehilfe. Verdeutlicht werde dies durch Anforderungen an das Notaramt wie die Befähigung zum Richteramt nach § 5 Bundesnotarordnung. Würden auf der einen Seite so hohe Anforderungen an Ausbildung und Kontrolle der Notare gestellt und auf der anderen Seite diese Grundsätze für Akte im Ausland aufgegeben, so führe dies zur Unglaubwürdigkeit unseres Rechts.[359]

Die Notariatsverfassung der Mitgliedsländer der Europäischen Union seien noch zu unterschiedlich, um schon heute eine Gleichwertigkeit bei allen Notaren in den Mitgliedsstaaten anzunehmen.[360]

Zu denjenigen, welche die Gleichwertigkeit von Beurkundungen im Ausland mit Beurkundungen vor deutschen Notaren ablehnen, gehört auch der Richter am Bundesgerichtshof *Goette*. Daher wurde spekuliert, ob die in den Jahren 1981 und 1989 begründete Linie der Rechtsprechung des BGH vor einer grundlegenden Änderung stehe.[361]

c) Stellungnahme

Die Rechtsprechung, die den Gang ins Ausland, insbesondere in die Schweiz, zur Beurkundung zuläßt, ist mittlerweile zwanzig Jahre alt. Die Auslandsbeurkundung ist damit inzwischen eingefahrene Praxis. In dieser Zeit haben sich keine Verwerfungen aufgezeigt. Das allgemeine Interesse an ordnungsgemäßer Durchführung von Akten mit Öffentlichkeitsbezug kann also durch diese gängige Praxis nicht so gefährdet sein, wie von einigen befürchtet.

Eine Hauptaufgabe der notariellen Beurkundung ist sachkundige Beratung und Belehrung der Parteien. Wenn es sich jedoch um Kapitalgesellschaften handelt, die nicht selten eine Vielzahl fachkundiger Personen in den eigenen Reihen beschäftigen, kann dies an dieser Stelle nicht der vom Gesetzgeber gewollte vordergründige Zweck der Form sein.

Hier stehen andere Aspekte wie die Beweissicherung oder auch der Übereilungsschutz im Vordergrund. Diese können sicherlich auch durch

---

359 Staudinger/Großfeld Internat. Gesellschaftsrecht Rn. 482-484.

360 Scholz/Priester § 53 Rn. 76.

361 Wilken EWiR 1996, S. 937 f. .

die Beurkundung durch einen schweizerischen Notar erfüllt werden. Allerdings muß beachtet werden, daß durch die Wahl eines ausländischen Notars die notarielle Beurkundung in Funktion und Wirkung nicht auf eine öffentliche Beglaubigung reduziert wird. Eine generelle Feststellung der Gleichwertigkeit etwa innerhalb der Europäischen Union (zu deren Gebiet auch die britischen Kanalinseln gehören) scheint daher unangebracht, die Prüfung im Einzelfall ist geboten. Wenn als Ergebnis dieser Prüfung aber die Gleichwertigkeit mit dem deutschen Notariat festgestellt wurde, so sollte auch im Interesse der Rechtssicherheit der Beurkundung im Ausland nichts mehr im Wege stehen.
Vor zwei Jahren wurde eine Initiative gestartet, die diese Streitfrage auf andere Art erledigt hätte: Das bayerische Justizministerium setzte eine Bundesratsinitiative des Landes Bayern zur Deckelung der Notargebühren in Gang. Bei Umstrukturierungen von Gesellschaftsanteilen sollten die Honorare demnach höchstens 30.000 DM (15.338,76 Euro) betragen. Die derzeitige Praxis, wonach bei einer Unternehmensfusion mit einem Kauf-preis von 100 Millionen DM die Gebühr 100.000 DM beträgt, wurde in diesem Zusammenhang vom bayerischen Justizminister *Manfred Weiß* als unzumutbare Kostenbelastung bezeichnet.[362] Dieses sogenannte Gesetz zur Änderung von § 39 KostO bekam jedoch bereits im Bundesrat keine Mehrheit, in seiner Sitzung am 1. Februar 2002 beschloß der Bundesrat, das Gesetz nicht im Bundestag einzubringen.[363]

IV. Besondere Formvorschriften

Für bestimmte Fälle sieht das Gesetz besondere Formvorschriften vor, die über die im Allgemeinen Teil in §§ 125-129 BGB getroffenen Regelungen hinausgehen.
In einigen Formvorschriften sind noch Relikte einer früheren Sichtweise der Form zu finden, so zeugt insbesondere die Eheschließung noch von Feierlichkeit als Charakteristika der Form, die Form ist hier gleichsam noch Selbstzweck.
Neben der schon in der Einleitung erwähnten Auflassung (§ 925 BGB), welche heute nur noch die gleichzeitige Anwesenheit beider Parteien vor

---

362 Focus Nr. 47 vom 19. November 2001, S. 15.
363 Vgl. Bundesrats-Drucksache 974/01.

dem Notar erfordert, finden sich insbesondere im Familienrecht und im Erbrecht noch bedeutende Ausnahmen vom Grundsatz der Formfreiheit.

1. Familienrecht

Hier ist vor allem die Eheschließung zu nennen (§§ 1310 ff. BGB). Sie erfolgt ausschließlich vor dem Standesbeamten und schreibt vor, daß die Verlobten vor dem Beamten persönlich erscheinen und bei gleichzeitiger Anwesenheit erklären, die Ehe miteinander eingehen zu wollen. Die vollzogene Eheschließung soll vom Standesbeamten in das Familienbuch eingetragen werden, dies ist jedoch als Sollvorschrift nicht konstitutiv für die Eheschließung. Bei der Form der Eheschließung ist weder die Warnfunktion noch die Beratungsmöglichkeit die Hauptaufgabe der Form.
Im Falle der Nichtigkeit gilt für die Ehe insoweit eine Sonderregelung, als Aufhebungsgründe gegen die Nichtigkeit nur im Wege der Klage (§ 1313 BGB) geltend gemacht werden können.

2. Erbrecht

Ein weiterer Schwerpunkt spezieller Bestimmungen ist im Erbrecht zu finden.
Besondere Formvorschriften gelten für das öffentliche Testament (§ 2232 BGB, §§ 27 ff. BeurkG), für das eigenhändige privatschriftliche Testament (§ 2247 BGB) und für die außerordentlichen Testamente.[364]
Anders als noch bei der Eheschließung finden sich bei der Verfügung von Todes wegen kaum noch Elemente einer Feierlichkeit bei der Vornahme eines bedeutenden Rechtsaktes. Im Gegensatz zur Eheschließung sind für die Erstellung eines Testaments keine Zeugen mehr erforderlich. Das eigenhändige Testament kann der Erblasser für sich allein an jedem Ort[365] verfassen und aufbewahren. Dies bringt das Risiko mit sich, daß ein solches Testament nach dem Tod des Erblassers nicht sofort entdeckt wird, unklar verfaßt ist oder sogar der eigenhändigen Schriftform nicht gerecht wird.

---

[364] Dies sind das Konsulartestament, das Nottestament vor dem Bürgermeister, das Drei-Zeugen-Testament und das Seetestament, sowie für Altfälle das Verfolgtentestament und das Militärtestament.
Vgl. dazu etwa MünchKomm/Burkart § 2231 Rn. 16.

[365] Im Ausland allerdings unter Beachtung der Vorschriften des IPR, vgl. Art. 26 EGBGB.

Zur Abfassung des öffentlichen Testaments ist es hingegen erforderlich, einen Notar aufzusuchen. Dieses öffentliche Testament wird vom Gesetzgeber insoweit gefördert, als der Erbe zum Nachweis seines Rechts - zumindest theoretisch - beim Grundbuchamt keinen Erbschein mehr benötigt (§ 35 I GBO).
Bei den Formvorschriften zur Verfügung von Todes wegen besteht eine weitere Besonderheit: Unterlaufen etwa dem Erblasser bei dieser Verfügung Formfehler, werden diese zumeist erst nach dem Tod des Erblassers entdeckt, eine formgemäße Neuvornahme oder irgendwie geartete Heilung dieser Formfehler kann somit nicht erfolgen. Vor diesem Hintergrund ist die Rechtsprechung bestrebt, den Bedürfnissen des einzelnen Erbfalls gerecht zu werden.[366]
Dabei werden die Anforderungen an die Unterschrift und an die Eigenhändigkeit bisweilen etwas großzügiger gehandhabt.[367]
Auf die Problematik dieser Rechtsprechung weist *Kuchinke* hin: Dem nicht niedergelegten Willen könne nicht die gleiche Rechtswirkung zukommen wie dem niedergelegten. Wenn Verfügungsgeschäfte unter Lebenden unter Formzwang stehen, müsse dies erst recht auch für Verfügungen von Todes wegen gelten, die in ihrer Wirkung und ihrer menschlichen und wirtschaftlichen Tragweite ebenso bedeutsam sind. Schließlich gebieten die Achtung vor dem Gesetz, der rechtspolitische Zweck der Formvorschriften und die Gesetz gewollte Abgrenzung der Verfügung von Todes wegen zu den Rechtsgeschäften unter Lebenden die Einhaltung eines Mindestmaßes an Formen.[368]
In die gleiche Richtung geht die von *Firsching* vorgebrachte Argumentation: Wenn der Gesetzgeber dem Testierenden zur Erklärung seines letzten Willens schon eine so milde Form wie das privatschriftliche eigenhändige Testament zur Verfügung stelle, so könne man erwarten, daß der Testierende zumindest diese Form genau beachte.[369]
Allerdings findet sich auch die gegenteilige Ansicht: Eine letztwillige Verfügung solle nie wegen Formfehlern ungültig sein, wenn der letzte Wille des Erblassers eindeutig erwiesen sei.[370] Durch Einführung einer Form ohne die Gewährleistung juristischer Beratung habe der

[366] Beispielsweise in BGHZ 86, 41 (45 f.).
[367] Vgl. etwa die Analyse der Rechtsprechung bei Grundmann AcP 187 (1987), S. 429 (433 ff.).
[368] Lange/Kuchinke Erbrecht § 16 IV 6.
[369] Staudinger/Firsching 12. Auflage 1983, § 2247 Rn. 7.
[370] Welter Verfügungen S. 11.

Gesetzgeber die Gefahr von Formfehlern heraufbeschworen. Ein Testament müsse daher dann als gültig angesehen werden, wenn es unter Berücksichtigung der Ziele der Norm nicht als unwirksam verurteilt werden sollte.[371]
Gerade die Form des eigenhändigen Testaments biete Jedermann die Möglichkeit, ohne die Einholung von Rechtsrat und ohne zusätzliche Kosten seinen letzten Willen niederzulegen.[372]
Da eine Ergänzung voraussetze, daß bereits im übrigen ein genügender Erklärungstatbestand im Testament vorliegt und nur einzelne Punkte zu komplettieren wären, würden die Formvorschriften nicht ausgeschaltet. Der Übereilungsschutz als Schutzzweck der Formvorschriften werde schon dadurch erreicht, daß der Erblasser überhaupt die schriftliche Niederlegung seines letzten Willens unternommen hat. Lediglich die Beweissicherheit könnte leiden, wenn ein irrealer Wille an die Stelle des realen Willens trete.[373]
All dies verdeutlicht, daß das im Schuldrecht und Sachenrecht so erfolgreiche Schema von Formfreiheit im Grundsatz, Formzwang als Ausnahme und strenger Sanktionierung von Formverstößen im Erbrecht nicht ebenso effektiv durchgreift. Die verständliche Zielsetzung, die Bedeutung der letztwilligen Verfügung dem Testierenden mit der Form zu verdeutlichen, ohne ihm einschränkende Auflagen, wie die Inanspruchnahme fachkundiger Personen oder die zwingende Hinterlegung bei Gericht, aufzuerlegen, führt leider zu zahlreichen Problemen. Widersprüchliche Testamente, erbittert streitende Hinterbliebene, unklare Äußerungen des Testierenden und Verstöße gegen die Eigenhändigkeit oder das Unterschriftserfordernis sind nicht selten Probleme, mit denen sich schließlich die Gerichte zu befassen haben. Dort versuchen nun die Richter, dem wirklichen letzten Willen des Testierenden und Erblassers Geltung zu verschaffen und ihn mit den Bestimmungen der §§ 2247 und 125 BGB in Einklang zu bringen. Für die Gerichte wäre es sicherlich einfacher, es dem Testierenden vor seinem Ableben zu überlassen, seinen letzten Willen zweifelsfrei zu formulieren. Wenn angesichts der Wichtigkeit der letztwilligen Verfügung und der fehlenden Möglichkeit zur formgültigen Neuvornahme der eigenhändigen letztwilligen Verfügung ein solcher Stellenwert eingeräumt wird, stellt

---

[371] Grundmann AcP 187 (1987), S. 429 (454).
[372] Welter Verfügungen S. 142.
[373] Lübtow Erbrecht, S. 67 f. .

sich doch die Frage, ob ein erweiterter Formzwang dem nicht besser gerecht werden könnte. Der einzige Weg, um formwidrige Testamente zu verhindern, würde aber dann wohl darin liegen, jedem mit Eintritt der Testierfähigkeit die Abgabe einer letztwilligen Verfügung unter fachkundiger Beratung zur Pflicht zu machen. Dieser Eingriff in die Privatautonomie brächte allerdings einen enormen Aufwand mit sich, so daß diese Variante wohl nur theoretisch bleibt.
Auf diesem Gebiet liefern auch die neuen Kommunikationsmittel keine Problemlösungen. Vielleicht bietet zwar in absehbarer Zeit eine erweiterte elektronische Form die Möglichkeit zur Erstellung eines elektronischen Testaments, welches auf elektronischem Wege beim Amtsgericht hinterlegt werden kann. Mit dem Erfordernis der Eigenhändigkeit ist eine solche Form aber gerade nicht zu vereinbaren.
Bei Beibehaltung der momentanen gesetzlichen Regelung verdient aber der von *Kuchinke* vorgebrachte Einwand Beachtung, den rechtspolitischen Zweck von Formvorschriften nicht aus den Augen zu verlieren. Es kann nicht die Aufgabe der Rechtsprechung sein, mißglückte Testamente zu reparieren. Die vom Gesetzgeber festgelegte Form für das eigenhändige Testament ist bei Verstoß ebenso der in § 125 BGB festgelegten Nichtigkeitsfolge zu unterwerfen, wie dies bei formwidrigen Grundstückskaufverträgen oder Bürgschaftsverträgen geschieht.

3. Exkurs: Blick auf Formvorschriften in Europa

Zum Abschluß dieses Kapitels soll in einem kleinen Exkurs ein Blick auf die grundlegenden gesetzlichen Regelungen der anderen großen Nationen Europas sowie der anderen deutschprachigen Länder geworfen werden.

In *Österreich* regelt § 883 ABGB den Grundsatz der Formfreiheit. Neben der in § 866 ABGB für einzelne Rechtsgeschäfte bestimmten Schriftform, welche weitgehend dem § 126 BGB entspricht, gibt es als gesetzliche Formen auch die notarielle oder gerichtliche Beurkundung und die Beglaubigung. Ein Formverstoß führt zur Nichtigkeit des Rechtsgeschäfts, allerdings nimmt auch die österreichische Rechtsprechung bisweilen eine Korrektur gestützt auf den Grundsatz von Treu und Glauben vor.

In der *Schweiz* schreibt Art. 11 I Obligationenrecht (OR) die Formfreiheit vor. In Art. 12-15 OR ist eine dem deutschen Recht ähnliche Schriftform normiert. Für Grundstücksverkauf (Art. 216 OR) und Grundstücksübereignung (Art. 657 I OR) ist die öffentliche Beurkundung vorgeschrieben. Ein Formverstoß führt nach Art. 11 II OR zur Nichtigkeit des Rechtsgeschäfts. Bisweilen hat die Rechtsprechung eine mißbräuchlichen Berufung auf die Formnichtigkeit für unzulässig erklärt.

In *Frankreich* sind als Formvorschriften die Schriftform (Art. 1325 cc.) und die öffentliche Beurkundung (Art. 1317 ff. cc.) bekannt. Eine Unterschriftsbeglaubigung ist hingegen nicht vorgesehen. Die Verletzung der einfachen Schriftform führt nicht zur Nichtigkeit des Rechtsgeschäfts, Folge sind nur Beweisschwierigkeiten. Ein Verstoß gegen die gesetzlich vorgeschriebene notarielle Form hat grundsätzlich die Nichtigkeit des Rechtsgeschäfts zur Folge. Eine Ausnahme nach dem Grundsatz von Treu und Glauben ist in der Rechtsprechung nicht anerkannt worden.

In *Italien* ist die Schriftform (Art. 2702 cc.) und die öffentliche Beurkundung (Art. 2699 cc.) bekannt. Wird die öffentliche Beurkundung nicht eingehalten, hat dies die Nichtigkeit des Rechtsgeschäfts zur Folge. Eine Korrektur dieser Nichtigkeitsfolge ist in Italien nicht anerkannt. Somit ist das Rechtssystem Italiens hinsichtlich der Formvorschriften mit dem französischen System verwandt.

In *England* sind als Formen die Schriftform und ein sogenannter "contract under seal" geregelt. Ein Formverstoß führt nicht zur Nichtigkeit des Rechtsgeschäfts, lediglich die Beweisbarkeit wird dadurch ausgeschlossen.[374]

Außerhalb Europas finden sich entsprechend der unterschiedlichen Traditionen noch ganz andere Formen des Vertragsschlusses, beispielsweise das holzgeschnitzte Unterschriften-Siegel in *Japan*.[375]

---

374 Vgl. zum ganzen Abschnitt Staudinger(12)/Dilcher § 125 Rn. 57-61.
375 Erwähnt bei Schwemmer DuD 2000, S. 70 (73).

Fünftes Kapitel

Im Anschluß an die Darstellung der Arten der Form und ihrer individuellen Voraussetzungen sollen in diesem Kapitel die Folgen eines Verstoßes gegen einzelne oder mehrere dieser Voraussetzungen thematisiert werden.

E Rechtsfolge der Nichtbeachtung

Die Nichtbeachtung von Formvorschriften ist kein seltenes Vorkommnis in der Praxis, sei es, weil den Parteien das Formerfordernis schlicht nicht bekannt ist, weil sie auf Grund persönlicher Beziehungen die Beachtung der Formvorschrift nicht für erforderlich halten oder weil die Parteien wissentlich etwas anderes in der formalen Erklärung angeben als eigentlich gewollt ist, um finanzielle Vorteile zu erlangen. Bisweilen fehlen aber auch notwendige Bestandteile der formbedürftigen Erklärung oder diese sind nicht bestimmt genug.[376]
Die einheitliche Rechtsfolge der Nichtbeachtung der gesetzlich geforderten Form ist in § 125 Satz 1 BGB geregelt. Danach ist ein solches der gesetzlich vorgeschriebenen Form ermangelndes Rechtsgeschäft nichtig.
Neben dieser materiell-rechtlichen Nichtigkeit des Rechtsgeschäfts kann sich die Nichtigkeit bei Verfahrensfehlern auch auf das Verfahren erstrecken. So ist bei fehlerhafter Beurkundung auch die Beurkundung nichtig, die an die Beurkundung geknüpfte Wahrheitsvermutung des § 415 ZPO gilt nicht.[377] Die Voraussetzung des Gegenbeweises der fehlerhaften Beurkundung gemäß § 415 II ZPO, wonach die objektive Unrichtigkeit voll bewiesen werden muß, erschwert eine solche Feststellung allerdings in der Praxis.[378]

I. Grundsatz der Nichtigkeit (§ 125 Satz 1 BGB)

Nichtigkeit bedeutet, daß das Rechtsgeschäft die nach seinem Inhalt bezweckten Rechtswirkungen von Anfang an nicht hervorbringen kann.[379]

---

376 MünchKomm/Einsele § 125 Rn. 38.
377 Reithmann Notarpraxis C Rn. 44.
378 Thomas/Putzo/Reichold § 415 Rn. 6; Zöller/Geimer § 415 Rn. 6.
379 Palandt/Heinrichs vor § 104 Rn. 27.

Die Nichtigkeit ist eine von Amts wegen zu beachtende Einwendung.[380] Die Nichtigkeit eines Rechtsgeschäfts wirkt für und gegen alle. Neben den Vertragsparteien kann sich deswegen auch jeder Dritte auf die Nichtigkeit berufen.[381]
§ 125 Satz 1 BGB gilt für alle Formvorschriften des Privatrechts.[382] Für die Anwendung der jeweiligen Formvorschrift ist das zur Zeit der Geschäftsvornahme geltende Recht maßgebend; ein späterer Wegfall des Formzwangs heilt nicht die nach § 125 Satz 1 BGB eingetretene Nichtigkeit.[383]

II. Gesetzliche Ausnahmen

Von dem Grundsatz der Nichtigkeit nach § 125 Satz 1 BGB bestehen jedoch einige gesetzliche Ausnahmen. Dabei führt der Formverstoß entsprechend dem nicht beachteten Formzweck zu einem anderen Inhalt der getroffenen Vereinbarung, an deren Wirksamkeit ändert sich hingegen nichts.
Die bekannteste Ausnahme vom Grundsatz der Nichtigkeit ist § 550 Satz 1 BGB.

1. Mietvertrag: § 550 Satz 1 BGB

Diese gesetzliche Bestimmung ist dabei zugleich auch eine seit ihrem Bestehen angesichts ihrer Berechtigung immer wieder heftig diskutierte Norm: Das Schriftformerfordernis des § 550 BGB wurde auf Grund der Ausnahme zur Nichtigkeitsfolge eingangs des 20. Jahrhunderts in der Literatur als Monstrosität, juristisches Unikum, überflüssige Beschwerung und sogar als bedauerliche Irrung des Gesetzgebers bezeichnet.[384] Auch später wurde diese Norm noch als wohl fragwürdigste Formvorschrift des BGB gesehen.[385] Zuletzt hat die Änderung des Mietrechts im Jahr 2001[386] für eine neue Kontroverse gesorgt.

---

380 BGH LM § 125 Nr. 29.
381 RGZ 93, 76; Erman/H. Palm § 125 Rn. 18.
382 Palandt/Heinrichs § 125 Rn. 3.
383 Soergel/Hefermehl § 125 Rn. 25.
384 Mittelstein DJZ 1905, S. 444 (445); Schultz DJZ 1906, S. 75 (76); Reichel AcP 104 (1909), S. 1 (70, 71).
385 Häsemeyer Form, S 289.
386 BGBl. I, S. 1149.

a) Neuregelung durch die Mietrechtsreform

Ein Mietvertrag für eine längere Zeit als ein Jahr bedarf nach § 550 Satz 1 BGB der Schriftform.[387] Gleiches wie für den (Wohnraum-)Mietvertrag gilt auch für die Grundstücksmiete nach § 578 I BGB, Mietverträge über andere Räume nach § 578 II BGB und für den Pachtvertrag nach § 581 II BGB.

Obwohl mit der Neuregelung zur Form des Mietvertrags in § 550 BGB lediglich sprachliche Änderungen und nicht inhaltliche Änderungen beabsichtigt waren[388], finden sich in der Literatur nun unterschiedliche Einschätzungen zu § 550 BGB: Während einige weiterhin davon ausgehen, daß § 550 BGB die gesetzliche Schriftform entsprechend § 126 BGB für Mietverträge über mehr als ein Jahr vorschreibt[389], sind andere der Auffassung, daß die Neufassung des § 550 BGB ihrem Wortlaut nach nicht mehr die gesetzliche Schriftform vorschreibt und den Vertragspartnern freistellt, in welcher Form sie den Vertrag schließen. § 126 BGB sei so jedenfalls nicht mehr anwendbar.[390]

Die sprachliche Änderung von § 566 alter Fassung zum heutigen § 550 BGB hat ihren Ursprung in einer im Bundesrat eingebrachten Initiative der Länder Nordrhein-Westfalen und Niedersachsen.[391] Ziel der Umformulierung war, die durch die Kombination von Formzwang und Zeitangabe mögliche Fehlinterpretation der Vorschrift auszuräumen: § 550 BGB ist bekanntermaßen dann nicht anwendbar, wenn die Parteien den Mietvertrag auf unbestimmte Zeit abschließen, aber mit einer mehr als einjährigen Vertragslaufzeit rechnen.[392] Hier steht den Parteien ohnehin jederzeit das Recht zur ordentlichen Kündigung zu. Im Vergleich zu den anderen sprachlichen Änderungen der Mietrechtsreform, nämlich der Umbenennung von Miete zu Mietvertrag[393] und Mietzins zu Miete, gehört diese Neuformulierung eigentlich zu den sinnvolleren. Denn hier hat der Gesetzgeber einmal auf die ihm in letzter Zeit vorgeworfene

---

[387] Durch das Mietrechtsreformgesetz vom 19. 6. 2001, Inkrafttreten zum 1. 9. 2001, wurde der bisherige § 566 BGB umformuliert, ist aber inhaltlich identisch mit dem jetzigen § 550 BGB.

[388] Blank/Börstinghaus § 550 Rn. 1.

[389] Palandt/Weidenkaff § 550 Rn. 1; Haas Mietrecht § 550 Rn. 1; Blank/Börstinghaus § 550 Rn. 2; Sternel ZMR 2001, S. 937; Lützenkirchen Mietrechtspraxis Rn. 366.

[390] Löwe NZM 2000, S. 577 (580 f.); Eckert NZM 2001, S. 409; Ormanschick/Riecke MDR 2002, S. 247 (248).

[391] BR-Drucksache 513/99.

[392] Michalski WM 1998, S. 1993 (1999).

[393] Die zudem in der amtlichen Überschrift des neuen § 566 BGB ("Kauf bricht nicht Miete") vergessen wurde; vgl. Palandt/Weidenkaff § 566 Rn. 1.

"ängstliche Geschwätzigkeit"[394] verzichtet und es dem geschulten Rechtsanwender überlassen, aus dem negativ formulierten § 550 Satz 1 BGB den Umkehrschluß zu ziehen: Wenn der für einen Zeitraum von mehr als einem Jahr geschlossene Mietvertrag ohne Beachtung der Schriftform als für unbestimmte Zeit geschlossen gilt, so kann daraus gefolgert werden, daß der Mietvertrag der Schriftform bedarf, um für den von den Vertragsparteien vereinbarten Zeitraum als geschlossen zu gelten. Oder kurz gesagt: Auch nach der Neuregelung ist § 550 BGB ein Anwendungsfall für die Schriftform nach § 126 BGB.

b) Normzweck und Folgen des Verstoßes gegen § 550 BGB

Die Vorschrift des § 550 BGB ist nicht dispositiv, also zwingendes Recht.[395]

Wird diese Form nicht beachtet, so regelt § 550 Satz 1 BGB, daß der Vertrag auf unbestimmte Zeit geschlossen gilt.

Unerheblich ist, ob die Parteien die Vorschrift kannten oder ob sie einen auf unbestimmte Zeit geltenden Vertrag überhaupt abgeschlossen hätten.[396]

Die Form des § 550 BGB ist im Hinblick auf ihre historische Aufgabe eine Art ausgelagertes Grundbuch: Nach dem ersten Entwurf zum BGB hatte der Grundsatz der Formfreiheit für Mietverträge ohne jede Einschränkung gelten sollen. Ursache dafür ist, daß der Entwurf ursprünglich am römischen Grundsatz "Kauf bricht Miete" orientiert war. Diese Planung stieß auf starke Kritik in der Öffentlichkeit. Die zweite Kommission nahm diese Kritik auf, hielt es im Rahmen der Einführung des heutigen § 566 BGB aber dann für geboten, den Grundstückserwerber, der in einen Mietvertrag eintritt, über die kaufvertraglichen Auskunftsrechte hinaus zu schützen.[397] Der Grundsatz des § 566 BGB stelle einen Eingriff in das Grundbuchsystem dar, indem er die Verpflichtungen des Vermieters aus dem Mietvertrag zu einer Belastung des Grundstücks mache, ohne daß diese zur Wirksamkeit gegen den Grundstückserwerber der Eintragung bedürfe. Auf Grund der fehlenden Möglichkeit des Erwerbers, sich diesbezüglich aus dem Grundbuch zu informieren, solle er durch das Schriftformerfordernis des § 550 BGB in

394 So z. B. Bürge in FS Lüke, S. 7 (31).
395 Palandt/Weidenkaff § 566 Rn. 2; Erman/Jendrek § 566 Rn. 1.
396 RG JW 1929, S. 318 bzw. S. 3226 (3227).
397 Vorbild für die Bestimmung war die Norm des Preußischen ALR Teil I, Titel 21, § 269.

die Lage versetzt werden, außerhalb des Grundbuchs über den Umfang und den Inhalt der auf ihn übergehenden langfristigen Mietverträge zuverlässige Kenntnis zu erlangen. Danach liegt der Zweck des § 550 BGB im Schutz des Informationsinteresses eines potentiellen Grundstückserwerbers. Im Interesse des Mieters sollte ein Formverstoß aber nicht die Nichtigkeit des Vertrages zur Folge haben.[398]
Ein weitergehender Zweck der Norm wird noch in der Beweisfunktion im Interesse der vertragschließenden Parteien gesehen.[399]

c) Formbedürftigkeit des Vorvertrages zu § 550 BGB

Relevant wird die unterschiedliche Einschätzung zu den Funktionen des § 550 BGB für die Frage der Formbedürftigkeit des Vorvertrags zu § 550 BGB. Die unterschiedliche Bestimmung der Formzwecke führt dabei zu einer abweichenden Beurteilung der Formbedürftigkeit des Vorvertrags zu einem Mietvertrag, der unter § 550 BGB fällt. Der Zweck des § 550 BGB erfordere die Bindung eines Vorvertrages an die Form des § 550 BGB nicht, weil nach § 566 BGB ein Grundstückserwerber in den Vorvertrag zu einem Mietvertrag nicht eintrete.[400] Zudem passe die Rechtsfolge des § 550 BGB nicht auf einen der Schriftform ermangelnden Mietvorvertrag.[401]
Während nach der historischen Interpretation der Formzwecke sich die Aufgabe des § 550 BGB also auf den dargestellten Schutz des Informationsinteresses eines potentiellen Grundstückserwerbers beschränkt und somit der Vorvertrag nicht der Form des § 550 BGB unterliegt,[402] sehen einige Autoren einen zusätzlichen Formzweck in der Warnfunktion.
Der Zweck der Norm komme im Gesetzeswortlaut nicht zum Ausdruck, daher gehe der Anwendungsbereich des § 550 BGB weiter. Unter Verweisung auf eine Entscheidung des BGH, in der dieser der Formvorschrift des § 550 BGB eine über § 566 BGB hinausgehende Bedeutung zugesprochen hat[403], wird diese erweiterte Bestimmung der Aufgaben des § 550 BGB vorgenommen. Durch den Abschluß des Vorvertrages würden sich die Parteien bereits in der Weise binden, daß

---

398 Protokolle II, S. 149 f.; vgl. auch Heile NJW 1991, S. 6 (7); Michalski WM 1998, S. 1993 und Haase WuM 1995, S. 625 (626).
399 Heile NJW 1991, S. 6 (10 f.).
400 Bub/Treier/Heile II Rn. 735.
401 RGZ 86, 30 (34 f.).
402 BGH LM § 566 Nr. 1; Bub/Treier/Heile II Rn. 735; Heile NJW 1991, S. 1 (6 f.).
403 BGHZ 81, 46 (51).

sie den Abschluß des in Aussicht gestellten Hauptvertrages nicht verweigern dürften. Mit dem Abschluß des Vorvertrages würden die Parteien unmittelbar ihre Entschließungsfreiheit verlieren und könnten aus dem Vorvertrag in Anspruch genommen werden. Auf den Vorvertrag würden damit erhebliche Risiken verlagert, denen durch die Formbedürftigkeit des Mietvertrages entsprochen werden müßte.[404]
Die Parteien eines Mietvertrags sollten durch das Formerfordernis gewarnt werden und zu einem Überdenken der Entscheidung bezüglich einer langfristigen Bindung unter Berücksichtigung der Person des Vertragspartners und der Vertragsinhalte bewegt werden.[405] Somit soll auch der Vorvertrag hier zwingend in der Form des § 550 BGB abgeschlossen werden müssen.[406]

Die angeführte Entscheidung des BGH enthält zwar die Ausführung, daß § 550 BGB über den bloßen Schutz des Grundstückserwerbers hinaus Bedeutung zukomme, diese Bedeutung wird allerdings nicht näher definiert. Damit kann diese jüngere Rechtsprechung höchstens als Beleg dafür dienen, daß diese Frage offengehalten wurde. Als Nachweis dafür, daß § 550 BGB auch eine Warnfunktion zukommt, kann sie hingegen nicht fungieren.
Bei der Norm des § 550 BGB neben dem dargestellten vorherrschenden Zweck von einer Beweisfunktion auszugehen, könnte durchaus noch zutreffen. Die Annahme einer darüber hinausgehenden Warnfunktion würde aber einen Wertungswiderspruch zu der Tatsache bedeuten, daß andere Dauerschuldverhältnisse des Schuldrechts für eine langfristige Dauer auch ohne Beachtung einer Form geschlossen werden können.
Ein Formzwang ist überall dort zum Schutz vor übereilten Entscheidungen erforderlich, wo der Gesetzgeber Handlungsbedarf sah. Wenn in den Protokollen der Kommission zum BGB angeführt wird, daß länger dauernde Mietverträge schon jetzt von der Bevölkerung üblicherweise schriftlich geschlossen würden[407], dann kann dies nicht als Nachweis für eine durch § 550 BGB beabsichtigte Warnfunktion sprechen[408], sondern ist vielmehr ein Argument dafür, daß die

404 Michalski WM 1998, S. 1993 (1997).
405 Haase WuM 1995, S. 625 (629).
406 Michalski WM 1998, S. 1993 (1997); Weimar MDR 1961, S. 289 (290); Flume AT II, § 33 (S. 616); Sternel Rn. 200; Haase WuM 1995, S. 625 (627).
407 Protokolle Band II, S. 147 (149 f.).
408 So aber Haase WuM 1995, S. 625 (628).

Bevölkerung diesbezüglich bereits hinreichend sensibilisiert war und der historische Gesetzgeber keinen Handlungsbedarf für eine vor übereilter Bindung schützende Form im Bereich langfristiger Mietverträge sah.
Eine andere Deutung verkennt den Grundsatz der Formfreiheit. Ein Rechtsgeschäft ist nicht deshalb als formbedürftig eingestuft worden, weil es im Alltag zumeist in einer besonderen Form abgeschlossen wird. Der Schutz einer Vertragspartei ist vor allen Dingen bei wesentlichen Verpflichtungen erforderlich, deren Bedeutung oftmals falsch eingeschätzt wird, wie bei der Bürgschaft. Die für eine Warnfunktion eintretenden Teile der Literatur haben eben nicht nachweisen können, worin sich die unterlegene Stellung des Vermieters bei der Auswahl des Vertragspartners oder bei der Regelung des Vertragsinhalts offenbart. Davon zu sprechen, daß gerade langfristige Mietverträge häufig vorschnell und leichtfertig eingegangen werden würden, findet in der Realität keine Stütze.
Zwar könnte der durch die Mietrechtsreform veränderte Wortlaut des § 550 BGB, der nun nicht mehr von einem Mietvertrag über ein Grundstück spricht, und für den Grundstücksmietvertrag erst über die Verweisung des § 578 I BGB Anwendung findet, dafür sprechen, daß der Gesetzgeber der Form nun auch eine Warnfunktion zusprechen wollte. Diese Argumentation wird aber durch die erklärte Absicht des Gesetzgebers, durch die Änderung des Wortlauts keine inhaltlichen Änderungen vorzunehmen, nicht unterstützt. Zudem erklärt sich die Änderung dadurch, daß durch die Reform die Raummiete statt der Grundstücksmiete in den Vordergrund des Mietrechts gestellt wurde. Daher lassen sich keine hinreichenden Belege dafür finden, daß die Vorschrift des § 550 BGB auch eine Warnfunktion gegenüber dem Abschluß langfristiger Mietverträge (über Grundstücke) verfolgt.
§ 550 BGB beabsichtigt somit nicht den Zweck einer Warnfunktion. Daher unterliegt der Vorvertrag entsprechend dem unter C I. 5. erläuterten Grundsatz nicht der Form des Hauptgeschäfts.

2. *Arbeitsverhältnis: § 623 BGB*

Ähnlich zu § 550 BGB ist der Fall hinsichtlich der Änderung der Vertragslaufzeit als Rechtsfolge bei Formmangel auch bei dem wieder eingeführten Formerfordernis des § 623 BGB, der in seiner letzten Alternative die Schriftform für die Eingehung eines befristeten

Arbeitsverhältnisses vorschreibt. Wird die Befristung nicht dementsprechend formgemäß geregelt, so wird das Arbeitsverhältnis auf unbestimmte Zeit begründet.[409]
Das Schriftformerfordernis des § 623 BGB erfaßt Arbeitsverhältnisse, auch Berufsausbildungsverhältnisse und Eingliederungsverhältnisse, nicht jedoch Rechtsverhältnisse mit arbeitnehmerähnlichen Personen und mit Hausgewerbetreibenden.[410]
Neben der Befristung bestimmt § 623 BGB die Schriftform auch für die Kündigung und den Auflösungsvertrag. Der Formverstoß bei Kündigung und Auflösungsvertrag führt gemäß § 125 BGB zur Nichtigkeit, eine Heilungsmöglichkeit besteht nicht.[411] Anders gestaltet sich die Lage nur bei der Befristung.
Im Falle der Befristung eines Arbeitsverhältnisses stellt § 623 BGB diese Befristung unter Formzwang. Da nicht der befristete Arbeitsvertrag unter Formzwang gestellt wird, hat ein Formverstoß auch nicht die Nichtigkeit des Arbeitsvertrages zur Folge. Nichtig ist nur die Befristungsabrede.[412]
Die Dauer der Befristung ist für die Anwendung der Form unerheblich, gleiches gilt für die Rechtsgrundlage. Wenn sich die Befristung allerdings aus dem Gesetz selbst ergibt, findet § 623 BGB keine Anwendung.[413]
§ 623 BGB betrifft auch nur die Befristung des Arbeitsverhältnisses als Ganzes und nicht die Befristung einzelner Arbeitsbedingungen.[414] In der Befristungsabrede muß der Termin oder der zu erreichende Zweck angegeben werden, nicht allerdings der Befristungsgrund.[415]
Der Abschluß eines Arbeitsvertrages ist formfrei möglich. Die Nichtigkeit einer Befristungsabrede bewirkt daher nicht die Unwirksamkeit des gesamten Arbeitsvertrages. Es kommt somit ein unbefristetes Arbeitsverhältnis zustande.[416]

---

409 Palandt/Putzo § 623 Rn. 7; Richardi/Annuß NJW 2000, S. 1231 (1234).
410 Richardi/Annuß NJW 2000, S. 1231 (1232); ErfKomm/Müller-Glöge § 623 BGB Rn. 4; Preis/Gotthard NZA 2000, S. 348 (349).
411 ErfKomm/Müller-Glöge § 623 BGB Rn. 29 ff.;
412 Sander/Siebert AuR 2000, S. 330 (334); Rolfs NJW 2000, S. 1227 (1228); Köstner BuW 2001, S. 126 (129); ErfKomm/Müller-Glöge § 623 BGB Rn. 17; Berscheid ZInsO 2000, S. 208 (210).
413 ErfKomm/Müller-Glöge § 623 BGB Rn. 19.
414 Däubler AiB 2000, S. 188 (192); ErfKomm/Müller-Glöge § 623 BGB Rn. 21; Preis/Gotthard NZA 2000, S. 348 (358); Köstner BuW 2001, S. 126 (130); Berscheid ZInsO 2000, S. 208 (210).
415 Preis/Gotthard NZA 2000, S. 348 (359); ErfKomm/Müller-Glöge § 623 BGB Rn. 28; Köstner BuW 2001, S. 126 (129); Berscheid ZInsO 2000, S. 208 (210).
416 ErfKomm/Müller-Glöge § 623 BGB Rn. 32; Preis/Gotthard NZA 2000, S. 348 (360); Köstner BuW 2001, S. 126 (129); Berscheid ZInsO 2000, S. 208 (210).

Allgemein gilt, daß sich die auf einem formwidrigen Vertrag beruhende Formnichtigkeit bei bereits in Vollzug gesetzten Dauerschuldverhältnissen nur für die Zukunft auswirkt.[417]

3. *Verbraucherdarlehen und Teilzahlungsgeschäft*

Eine weitere Ausnahme gilt für Verbraucherdarlehensverträge und Teilzahlungsgeschäfte. Bestimmte früher in § 4 I, II VerbrKrG genannte Angaben bedürfen der nun in § 492 BGB und § 502 BGB besonders geregelten Schriftform.
Durch die Schuldrechtsreform wurde das Verbraucherkreditgesetz in das Bürgerliche Gesetzbuch integriert. Die zuvor in § 4 VerbrKrG enthaltenen Regelungen zur Form sind nun in § 492 BGB bzw. § 502 I BGB zu finden, die früher in § 6 VerbrKrG geregelten Rechtsfolgen bei Formverstößen sind jetzt in § 494 BGB bzw. § 502 III BGB normiert.
Die in § 494 BGB enthaltenen Sanktionen sollen die Einhaltung der umfangreichen Bestimmungen zu Form und Vertragsinhalt (§ 492 BGB bzw. § 502 I BGB) absichern.
§ 494 BGB ist eine Sondervorschrift zur allgemeinen Regelung des § 125 Satz 1 BGB. Er enthält neben der Nichtigkeitsfolge in Absatz I weitere besondere Rechtsfolgen, die in den Absätzen II und III geregelt sind. Die Sanktionen sind nicht einheitlich sondern abgestuft und an der Bedeutung der jeweils unterlassenen Pflichtangabe für den Vertragspartner orientiert.[418]
Die Nichtigkeitsfolge des § 494 I BGB wird dabei durch § 494 II BGB bei Empfang oder Inanspruchnahme des Darlehens erheblich eingeschränkt und der Vertragsinhalt wird entsprechend abgeändert.[419]
Somit ist die Regelung eine Ausnahme zu § 125 BGB, umfaßt aber gleichzeitig die Möglichkeit der Heilung. Um Wiederholungen zu vermeiden, werden die Einzelheiten zur Form von Verbraucherdarlehen und Teilzahlungsgeschäft im Abschnitt über die Heilung unter E III 3. f) dargestellt.

---

417 BGHZ 8, 165 (bzgl. Gesellschaft); BAG NJW 1958, S. 398 (bzgl. Arbeitsvertrag).
418 Palandt/Putzo § 6 VerbrKrG Rn. 1; Erman/Rebmann § 6 VerbrKrG Rn. 1.
419 MünchKomm/Einsele § 125 Rn. 40.

III. Heilungsmöglichkeiten

Um ein formnichtiges Rechtsgeschäft gültig werden zu lassen, bedarf es grundsätzlich einer formgerechten Neuvornahme (§ 141 I BGB).
In vielen Fällen kann der Mangel der gesetzlich vorgeschriebenen Form aber auch durch Heilung beseitigt werden. Die Heilung erfolgt dabei durch Erfüllung. Eine solche Heilung ist möglich bei der Grundstücksveräußerung (§ 311 b I Satz 2 BGB), bei der Schenkung (§ 518 II BGB), bei der Bürgschaft (§ 766 Satz 3 BGB), bei der Schenkung von Todes wegen (§ 2301 II BGB), beim Schiedsvertrag (§ 1031 VI ZPO), bei Verbraucherdarlehen und Teilzahlungsgeschäft (§§ 492, 502 BGB) und bei der Abtretung von GmbH-Anteilen (§ 15 IV Satz 2 GmbHG).
Durch die Heilung wird das ganze Rechtsgeschäft inklusive aller Nebenabreden wirksam. Eine Erfüllung eines Teils bewirkt eine teilweise Heilung des Rechtsgeschäfts.[420]
Besondere Voraussetzungen für die Wirksamkeit trotz Formverstoßes bestehen im weiteren nicht: Zum einen erledigt sich zwar sowohl die Warnfunktion als auch die Beweisfunktion, wenn die formwidrig geschlossenen Rechtsgeschäfte erfüllt werden, zum anderen tritt die Heilung aus Gründen der Zweckmäßigkeit aber auch dann ein, wenn der Schuldner nur deshalb erfüllt, weil er sich irrtümlich auf Grund des formwidrigen Vertrages zur Leistung verpflichtet fühlt.[421] Die Heilung tritt kraft Gesetzes ein und erfordert daher keinen rechtsgeschäftlichen Bestätigungswillen.[422]
Zwei im Zuge der Entwicklung des BGB diskutierte Vorschläge zur Schaffung einer allgemeinen Heilungsnorm für alle Rechtsgeschäfte bzw. zur Schaffung einer auf die Rechtsgeschäfte des Schuldrechts beschränkten Heilungsvorschrift wurden kritisiert, da eine solche Bestimmung die Zielsetzungen der Form schwäche. Dementsprechend wurden diese beiden Vorschläge schließlich zurückgezogen.[423]
Mit dem anschaulichen Begriff Heilung, der auch in Medizin und Religion gebräuchlich ist, verbindet sich eine recht einzigartige Rechtsfolge: Aus einem als nichtig zu wertenden Sachverhalt wird eine rechtlich relevante und in allen ihren Aspekten wirksame Angelegenheit.[424]

---

420 Erman/H. Palm § 125 Rn. 20.
421 Erman/H. Palm § 125 Rn. 20; Reinicke Rechtsfolgen, 1969, S. 12.
422 Palandt/Heinrichs § 141 Rn. 2.
423 Jakobs/Schubert AT I, S. 683 ff. .
424 Heiss Formmängel, S. 273.

1. Einordnung der Heilungsvorschriften

Vor diesem Hintergrund gibt es - vor allem in der Literatur - bereits seit Inkrafttreten des BGB eine Vielzahl von Ansichten, wie die Heilung an sich einzuordnen ist.

Die Rechtsprechung beschränkt sich zumeist ohne ausführliche Erörterungen zu diesem Thema auf die Feststellung, daß die Nichtigkeit nachträglich wegen Erledigung des Formzwecks entfallen ist.[425] Ebenso verfahren einige Stimmen in der Literatur.[426]

Hefermehl deutet die gesetzliche Zulassung der Heilung des Formmangels dahingehend, daß sich die Nichtigkeit nur auf die Leistungsverpflichtung, nicht aber auf den eigentlichen Rechtsgrund beziehe.[427]

Ähnlich ordnet auch *Häsemeyer* die Heilung als Einschränkung der Formvorschriften ein. Die Heilung des Rechtsgeschäfts sei ein gültiger Rechtsgrund, der das Behaltendürfen der Leistung begründe, eine Leistungspflicht bestehe nicht.[428]

Flume vertritt die Auffassung, daß das Erfüllungsgeschäft als rechtsgeschäftlicher Akt die vorhergehende formnichtige Vereinbarung bestätigt. Diese nun überflüssige Vereinbarung werde dabei durch das Erfüllungsgeschäft ersetzt.[429]

Lorenz erachtet als gemeinsame Grundlage aller Heilungsvorschriften den Vertrauensschutz in bezug auf rechtsgültige Verträge. Mit einer Heilung werde dem Interesse des auf die Rechtsgültigkeit vertrauenden Empfängers der Leistung Vorrang eingeräumt vor den mit der Form bezweckten Funktionen.[430] Diesen Ansatz hält auch *Heiss* für

---

[425] BGHZ 85, 245 (250); 82, 398 (403 f.); 73, 391; 32, 11 (13); 47, 266 (271); RGZ 85, 274.
[426] Gernhuber Schuldverhältnis § 5 IV 1 b; Larenz/Wolf AT § 27 Rn. 13; Merz AcP 163 (1964), S. 305 (325); Palandt/Heinrichs § 125 Rn. 11; MünchKomm/Einsele § 125 Rn. 44.
[427] Soergel/Hefermehl § 125 Rn. 29.
[428] Häsemeyer Form S. 88 ff., 96 ff., 240 ff.; und JuS 1980, S. 1 (5).
[429] Flume AT II, § 15 III 4 c aa.
[430] Lorenz AcP 156 (1957), S. 381 (396 f.).

überzeugend, um alle Heilungstatbestände mit einem gemeinsamen Prinzip erklären zu können.[431]

Reinhart deutet die Erfüllung und daneben den formlosen Vertragsschluß als Doppelakt. Er trennt dabei nach solchen Formvorschriften, bei denen die Form Tatbestandsmerkmal der Willenserklärung sein soll und eine Heilung ausgeschlossen wäre auf der einen Seite und Formvorschriften als Wirksamkeitsvoraussetzungen, bei welchen die Erfüllung aus einer bestehenden Willenserklärung ein wirksames Rechtsgeschäft machen soll, auf der anderen Seite.[432]

Pohlmann ist der Ansicht, daß den Heilungsvorschriften kein einheitliches Prinzip zugrunde liege, welches deren Auslegung erleichtern würde. Weder könnten sie als Sonderfälle der Bestätigung oder des Verbots widersprüchlichen Verhaltens angesehen werden, noch durch die Erreichung der jeweiligen Formzwecke durch Erfül-lung erklärt werden. Trotz struktureller Ähnlichkeiten sei die Gemeinsamkeit der Heilungsvorschriften gering.[433]

Die verschiedenen Auslegungen der Heilung gehen in die falsche Richtung. Eine solche Auslegung könnte nur dann überzeugen, wenn als Grundlage eine Regelung bestünde, die allgemein die Heilung formnichtiger Rechtsgeschäfte durch Erfüllung vorsehen würde. Dies ist bekanntermaßen nicht der Fall. Vielmehr existiert ein bunter Strauß an Einzelfallregelungen, die nicht zuletzt durch die unterschiedlichen Voraussetzungen keine Basis für eine generelle Deutung der Heilung bilden können. So sind die Voraussetzungen der Heilung immer auch am eigentlichen Rechtsgeschäft orientiert. Jede einzelne Heilungsnorm steht im Einklang mit der zugehörigen Formvorschrift. Ausgangspunkt ist dabei der Formzwang eines Rechtsgeschäfts als Ausnahme zum Grundsatz der Formfreiheit. Die Heilung ist sodann Teil dieses Formzwangs und findet ihre individuelle Berechtigung in den Funktionen der Form, die auch Grundlage für den Formzwang und die Art der Form sind. Systematisch ist die Heilung damit nicht als Teil der in den §§ 125-129 BGB geregelten Formen, insbesondere nicht als Teil des Grundsatzes

---

431 Heiss Formmängel, S. 290.
432 Reinhart Heilung, S. 124 ff. .
433 Pohlmann Heilung, S. 92-94.

der Nichtigkeit in § 125 Satz 1 BGB anzusehen. Dies wird auch durch die bereits erwähnte historische Entscheidung des Gesetzgebers, in Zusammenhang mit § 125 BGB trotz zweier Vorschläge keine allgemeine Bestimmung zur Heilung aufzunehmen, unterstrichen.
Auch § 141 BGB kann nicht als Basis zur Begründung eines allgemeinen Prinzips der Heilungsnormen dienen. Die Heilung tritt bekanntlich auch dann ein, wenn sich der Schuldner durch den nicht formgemäßen Vertrag irrtümlich zur Erfüllung verpflichtet fühlt. Zudem sind die Voraussetzungen der Heilung nicht identisch mit denen des jeweiligen Vertrages. Mit der formgerechten Neuvornahme nach § 141 BGB kann die Heilung somit nicht erklärt werden. Die Neuvornahme ist anders als die Heilung bei allen an der Form gescheiterten Rechtsgeschäften möglich.
Keine der Begründungen für ein allgemeines Prinzip der Heilung vermag zu überzeugen. Insofern ist am ehesten noch der von Pohlmann getroffenen Schlußfolgerung zuzustimmen, daß die unterschiedlichen Heilungsvorschriften nicht auf ein gemeinsames Grundprinzip zurückgeführt werden können und die Gemeinsamkeiten der verschiedenen Heilungsvorschriften insoweit gering ist.

2. *Analoge Anwendung der Heilungsvorschriften*

Die dargestellten unterschiedlichen Sichtweisen der Heilung beruhen jedoch zumeist nicht auf einer isolierten Betrachtung dieser Frage, viele bilden die Grundlage für die Begründung einer analogen Anwendung der Heilungsvorschriften auf andere Formvorschriften ohne gesetzliche Heilungsnorm.[434]

a) *Herrschende Ansicht: Keine analoge Anwendung*

Dabei enthalten die einzelnen Regelungen der Heilungsvorschriften nach überwiegender Auffassung keinen allgemeinen Rechtsgedanken und können daher auf Grund ihres Ausnahmecharakters auch nicht auf andere Fälle der Erfüllung ausgedehnt werden (argumentum e contrario).[435]
Wenn eine Heilung ausscheidet, wird von der Rechtsprechung aber zur Erreichung von Gerechtigkeit im Einzelfall unter bestimmten Umständen

434 Heiss Formmängel, S. 273; MünchKomm/Einsele § 125 Rn. 44.
435 BGH NJW 1967, S. 1128; BGH WM 1970, S. 1319.

auf die Regelungen zu Treu und Glauben (§ 242 bzw. § 814 BGB) zurückgegriffen.[436]
In der Literatur gibt es jedoch eine ganze Reihe von Ansichten, welche die Analogiefähigkeit der Heilungsvorschriften abweichend zu dieser überwiegenden Auffassung beurteilen.

b) Abweichende Literaturansicht: Generelle Analogie

Zunächst gibt es einige Meinungen, die eine generelle Analogie befürworten.
Nach *Häsemeyer* sollten Heilungsvorschriften generell auf Formvorschriften mit Warnfunktion angewendet werden.[437]
Auch *Reinhart* befürwortet, ausgehend von der dargelegten Einteilung der Formvorschriften, eine weitgehende Möglichkeit zur Heilung bei anderweitiger Zweckerreichung.[438]
Heiss will zumindest in den Fällen, in denen eine vollständige Erfüllung vorliegt, eine Analogie zu den gesetzlichen Heilungstatbeständen zulassen. Gleiches gelte, wenn bei im alleinigen Interesse einer Partei bestehenden Formvorschriften die geschützte Partei ihre Leistung erbracht hat.[439]
Zu Beginn des letzten Jahrhunderts finden sich zudem einige Abhandlungen, in welchen die Heilungsvorschriften dahingehend ausgelegt wurden, daß die Erfüllung (einseitig oder beiderseitig) eines nicht formgemäßen Rechtsgeschäfts den Formmangel stets heile.[440]

c) Abweichende Literaturansicht: Analogie im Einzelfall

Unter denjenigen Stimmen in der Literatur, die eine generelle Analogie ablehnen, finden sich wiederum einige, die für bestimmte Einzelfälle eine analoge Anwendung befürworten.

---

[436] Siehe E IV. 1.) .
[437] Häsemeyer Form, S. 259-263.
[438] Reinhart Heilung, S. 100 ff., 170.
[439] Heiss Formmängel, S. 276.
[440] Reichel AcP 104 (1909), S. 1 (33); Lange AcP 144 (1938), S. 149; Regelsberger IherJb 58 (1911), S. 146 (171); Siber IherJb 70 (1921), S. 223 (242).

aa) Erbteilskauf nach § 2371 BGB

Einer dieser Einzelfälle ist der Kaufvertrag über einen Miterbenanteil nach § 2371 BGB. Dieser bedarf der notariellen Beurkundung. Durch die notarielle Beurkundung soll hierbei sichergestellt werden, daß durch Einschaltung einer fachkundigen Person dem Verkäufer die Bedeutung des beabsichtigten Geschäfts bewußt wird. Zudem sollen die Rechtsbeziehungen, insbesondere Inhalt und Zeitpunkt des Vertragsschlusses, zwischen Verkäufer, Käufer und Dritten verdeutlicht werden.[441] Eine Heilungsvorschrift zu dieser Formvorschrift existiert nicht. Dementsprechend wird die Heilungsmöglichkeit von der Rechtsprechung ausgeschlossen.[442]

Im Schrifttum finden sich hingegen mittlerweile zahlreiche Stimmen, die bei der formnichtigen Veräußerung eines Erbteils eine Heilungsmöglichkeit analog der Regelung des heutigen § 311 b I Satz 2 BGB befürworten. Zur Begründung dieser Ansicht werden die Entstehungsgeschichte der Norm, deren rechtspolitischer Zweck und die erbrechtliche Gesamtregelung herangezogen. Auch die Übertragung des Erbteils bedürfe der notariellen Form (§ 2033 I Satz 2 BGB), auf diese Weise werde der angestrebten Warnfunktion Genüge getan. Der Formzweck des § 2371 BGB werde nicht beeinträchtigt. Eine Analogie zum heutigen § 311 b I Satz 2 BGB führe so zu einer interessengerechten Verbesserung des Gesetzes. Die Form für die Erbteilsübertragung wurde bei der Entstehung des BGB erst später eingefügt, die Frage der Heilung des formnichtigen Grundgeschäfts durch eine formgemäß vorgenommene Übertragung hätte daher von der Kommission nicht gesehen werden können. Ohne Heilungsmöglichkeit werde zudem das Vorkaufsrecht der Miterben vereitelt, denn dies setze einen gültigen Kaufvertrag voraus. Aus gleichem Grund trete auch nicht die Haftung des Erbteilserwerbers gegenüber den Nachlaßgläubigern gemäß § 2382 BGB ein. Demnach soll hier eine Heilung möglich sein. § 2371 BGB enthalte eine Gesetzeslücke, die durch den Rechtsgedanken des § 311 b I Satz 2 BGB ausgefüllt werden müsse.[443]

---

441 Ebenroth Erbrecht Rn. 1195; Schlüter Erbrecht Rn. 1235.

442 RGZ 137, 171 (175); BGH NJW 1967, S. 1128 (1131); WM 1970, S. 1319 (1320); zustimmend Jauernig/Stürner § 2371 Rn. 2; MünchKomm/Musielak § 2371 Rn. 7.

443 MünchKomm/Einsele § 125 Rn. 45; Erman/H. Palm § 125 Rn. 21; Schlüter JuS 1969, S. 10 (16) und Erbrecht Rn. 1237; Ebenroth Erbrecht 1992, Rn. 1198; Habscheid FamRZ 1968, S. 13 (15); Johannsen WM 1972, S. 1046 (1054); Lange/Kuchinke § 45 II 2; Keller ZEV 1995, S. 427 (431 ff.); Staudinger/Olshausen § 2371 Rn. 26 f.; Damrau ZEV 1996, S. 361 (364).

Diese Erwägungen sind aber auch in der Literatur nicht unumstritten. Dabei wird dem Vortrag widersprochen, daß § 2371 BGB hinsichtlich des Erbteilskaufs eine Regelungslücke enthalte, die durch den in § 311 b I Satz 2 BGB ausgesprochenen Rechtsgedanken auszufüllen wäre. Vielmehr gelte auch hier die Grundregel des BGB, daß formnichtige Rechtsgeschäfte nicht durch Erfüllung geheilt werden. Nur in den Fällen, in denen das Gesetz eine Heilung zulasse, gelte eine Ausnahme von dieser Grundregel. Es sei auch nicht richtig, daß durch die Beachtung der durch § 2033 I Satz 2 BGB für das Erfüllungsgeschäft vorgeschriebenen Form dem durch § 2371 BGB verfolgten Zweck entsprochen werde. Denn das Verpflichtungsgeschäft und das Erfüllungsgeschäft unterscheiden sich ihrem Inhalt nach, weder könne der Notar den Käufer ausreichend beraten, wenn er die genauen Modalitäten des Kaufvertrages nicht kenne, noch werde das Verpflichtungsgeschäft in seinem wesentlichen Inhalt in einer Urkunde festgehalten. All dies spreche dafür, auch beim Erbteilskauf die Heilung des formunwirksamen Verpflichtungsgeschäfts durch Erfüllung abzulehnen.[444]

bb) Leibrentenversprechen nach § 761 BGB

Ein weiterer Fall, in welchem von Stimmen der Literatur für eine Analogie zu den Heilungsvorschriften plädiert wird, ist das Leibrentenversprechen nach § 761 BGB. Dort bedarf sowohl das Leibrentenversprechen selbst als auch das dem Leibrentenversprechen zugrundeliegende Verpflichtungsgeschäft der Schriftform. Das Leibrentenversprechen gilt wegen seiner nicht absehbaren Dauer als besonders riskant, Zweck der Form ist daher der Schutz des Schuldners vor Übereilung.[445]

Eine Heilungsmöglichkeit bei Formverstoß ist im Gesetz nicht vorgesehen. Demzufolge halten auch die Rechtsprechung und ein Teil der Literatur die Heilung für ausgeschlossen[446].

Andere Stimmen in der Literatur sprechen sich hingegen für eine Heilung aus. Ist der kausale Leibrentenvertrag nichtig, so könne eine Heilung durch formgerecht erteiltes Leibrentenversprechen und der Leistung der einzelnen Rente erfolgen. Die vollständige Erfüllung des gegenseitigen Vertrages heile den Formmangel, falls die Heilung keine Drittinteressen

---

[444] MünchKomm/Musielak § 2371 Rn. 7.

[445] Erman/Terlau § 761 Rn. 1.

[446] RGZ 67, 204 (208); Palandt/Sprau § 761 Rn. 1; Erman/Terlau § 761 Rn. 2.

oder Allgemeininteressen berühre. Dieser Grundsatz werde den Besonderheiten des gegenseitigen Leibrentenversprechens gerecht. Mit der Erfüllung entfalle die Ungewißheit über die lange Durchführungsdauer, typischerweise habe der Leibrentenschuldner bis zum Erlöschen der Leibrente bereits über die Gegenleistung disponiert.[447]

cc) Vertrag über gegenwärtiges Vermögen nach § 311 b III BGB

Eine analoge Anwendung wurde in älteren Aufsätzen auch für den Vertrag über das gegenwärtige Vermögen gemäß dem heutigen[448] § 311 b III BGB befürwortet.[449]
Der Vertrag über das gegenwärtige Vermögen bedarf der notariellen Beurkundung (§ 311 b III BGB). Eine Heilungsregelung besteht nicht, durch Erfüllung kann der Mangel der Form nicht geheilt werden.[450] Die Form soll hier vor dem übereilten Eingehen einer besonders gefährlichen Verpflichtung schützen. Im Vordergrund steht damit die Warnfunktion, daneben soll die sachkundige Beratung der Beteiligten sichergestellt werden.[451]
Lange ist der Auffassung, daß in der Vollziehung der formlosen Abrede das Maß von Überlegung liege, das durch die Form des § 311 b III BGB bezweckt werde. Bei Erfüllung des eigentlich formnichtigen Vertrages erkläre sich deren Aufrechterhaltung durch den Heilungsgedanken. Ein nichtiger Vertrag nach § 311 b III BGB müsse daher entsprechend der §§ 518, 766 BGB sowie gegebenenfalls § 311 b I BGB durch Erfüllung geheilt werden können.[452]
Zum besseren Verständnis dieser Ansicht muß noch hinzugefügt werden, daß *Lange* die wesentliche Aufgabe von Formvorschriften in der Möglichkeit zur Überwachung der Geschäftsvornahme durch die Öffentlichkeit ausmacht und andere Zwecke wie die Warnfunktion und den Übereilungsschutz aber auch die Beweissicherung zur Rechtfertigung der Nichtigkeitsfolge nicht gelten lassen wollte.[453]

---

447 Soergel/Welter § 761 Rn. 4; Staudinger/Amann § 761 Rn. 5 f.; Jauernig/Vollkommer § 761 Rn. 6; RGRK/vonGamm § 761 Rn. 4.
448 Die zuvor in §§ 310, 311, 312, 313 BGB alter Fassung geregelten Bestimmungen finden sich nach der Schuldrechtsreform in einem gemeinsamen Paragraphen § 311 b BGB. Die bisher in § 311 BGB enthaltene Regelung zum Vertrag über das gegenwärtige Vermögen ist nun in § 311 b III BGB zu finden.
449 Reichel AcP 104 (1904), S. 1 (33 f.); Lange AcP 144 (1938), S. 149 (152 ff.).
450 RGZ 76, 3.
451 Palandt/Heinrichs § 311 Rn. 1.
452 Lange AcP 144 (1938), S. 149 (160 f.).
453 Lange AcP 144 (1938), S. 149.

Auch *Reichel* sieht die Bedeutung des Formzwecks nur als vorbeugend und augenblicklich. Die Verweigerung der Heilung durch Erfüllung hätte im Fall des § 311 b III BGB die Rückübertragung zur Folge, trage damit zur Unsicherheit der Rechtsverhältnisse bei und sei mit dem Sinn des Gesetzes nicht vereinbar.[454]

d) *Stellungnahme*

Die Heilung eines formwidrig geschlossenen Rechtsgeschäftes ist in jedem Fall schon eine Ausnahme vom Grundsatz der Nichtigkeit nach § 125 Satz 1 BGB. Von daher ist von vornherein Vorsicht geboten, wenn im Rahmen der Diskussion einer Ausdehnung von Heilungsregelungen dieser Grundsatz nicht ins Gegenteil gekehrt werden soll. Die Heilung muß weiterhin die Ausnahme bleiben, um die Form nicht in ihrer Wirkung einzuschränken.

Die einzelnen Heilungsvorschriften sind schwer auf einen Nenner zu bringen. Verdeutlicht wird dies auch dadurch, daß die Heilung nicht im Rahmen der Formvorschriften der §§ 125-129 BGB geregelt wird, sondern jeweils im Anschluß an den einzelnen Anwendungsfall der Form. Für eine generelle Analogie dürfte es daher schon an der planwidrigen Regelungslücke fehlen.

Dem Grunde nach ist es ein interessanter, im Unterschied zu den mit der Nichtigkeit verbundenen Folgen der Rückabwicklung zugestandenermaßen auch verblüffend einfacher Weg, ausnahmslos bei Erfüllung des nicht formgemäßen Vertrages dessen Heilung anzunehmen. Der zugehörigen Begründung, mit der Erfüllung werde auch die durch die Form gewollte Funktion erfüllt, kann aber nicht zugestimmt werden. Sicherlich kann ein Verfügungsgeschäft als Erfüllung im Einzelfall auch Warnfunktion beinhalten, wie die Schenkungsregelung mustergültig aufzeigt.[455]

Auf diese Weise können aber nicht alle angestrebten Formfunktionen erfüllt werden. Der Warnfunktion kommt heute im Zuge einer immer mehr am Verbraucher orientierten Gesetzgebung und Rechtsprechung eine erheblich höhere Bedeutung zu als noch vor einigen Jahrzehnten.[456]

---

[454] Reichel AcP 104 (1904), S. 1 (32).

[455] Dazu unter E III 3. b).

[456] Vgl. dazu insbesondere die Formvorschriften zu Verbraucherdarlehen (§ 492 ff. BGB) und Teilzahlungsgeschäften (§ 502 BGB). Ausführliche Darstellung unter E III 3. f).

Eine, vielleicht nur durch einseitiges Tätigwerden erreichte, Erfüllung ist damit nicht immer geeignet, dem vom Gesetzgeber ins Auge gefaßten Formzweck gerecht zu werden. Noch deutlicher wird das Manko der Erfüllung im Vergleich zum Formzweck bei anderen Funktionen: So ist überall dort, wo das Gesetz notarielle Beurkundung und damit umfangreiche und unabhängige Beratung und Aufklärung als Form vorschreibt, die Erfüllung augenscheinlich keinesfalls geeignet, diese Ziele ebenso zu fördern.

Selbst bei Außerachtlassen der so kontrovers diskutierten Frage, ob die Heilung der Erfüllung der Formvorschriften zuwiderläuft oder ob gerade die Erfüllung die Aufgabe der Formvorschriften vorzüglich übernehmen kann, findet sich ein Argument gegen die Analogie. Dazu sei zunächst noch einmal daran erinnert, daß die Heilung auch dann erfolgt, wenn allein vor dem Hintergrund einer vermeintlich bestehenden Pflicht erfüllt wird. In den gesetzlich vorgesehenen Heilungsmöglichkeiten soll es für das Ergebnis der Wirksamkeit eines an sich nichtigen Rechtsgeschäftes damit gerade nicht auf Frage der Erreichung der Formzwecke ankommen. Hier wird etwa aus Gründen der Rechtssicherheit in Kauf genommen, bei Vorliegen der Voraussetzungen der Heilung auf die Formzwecke im Einzelfall auch zu verzichten. All dies zeigt, daß eine generelle Heilung bei Erfüllung des formwidrig geschlossenen Vertrages nicht befürwortet werden kann.

Eine analoge Anwendung der Heilung in den dargestellten Einzelfällen kann auch nicht gerechtfertigt sein: Jede andere Position würde der Darstellung der Heilung als Einzelfallregelung ohne allgemeingültiges Substrat und somit als nicht analogiefähig widersprechen. Insbesondere im Fall des Erbteilskaufs wird zudem die für eine Analogie erforderliche planwidrige Regelungslücke nicht hinreichend nachgewiesen.

Die analoge Anwendung einzelner Heilungsvorschriften mag so allein von der Zielsetzung her verständlich sein.

Die Methode setzt aber an der falschen Stelle an: Heilung knüpft immer an ein zusätzliches Handeln nach dem Formverstoß an. Eine differenziertere Betrachtungsweise ermöglicht der Blick auf die individuelle Ursache der Formnichtigkeit.

Denn schließlich ist das Eintreten für die Möglichkeit zur Berichtigung eines Formfehlers auch eine Kritik an der bestehenden gesetzlichen Form. Wenn diese bestehende Form zu solch unerwünschten Ergebnissen führt, wie von einigen dargestellt wird, wäre die konsequente Folgerung, eine

Änderung der gesetzlichen Form zu fordern: Wenn die Übertragung nach § 2033 BGB wie angeführt ebenso geeignet ist, die mit der Form des Erbteilskaufs nach § 2371 BGB angestrebten Ziele zu erreichen, warum wird dann nicht für die gänzliche Streichung der Form des § 2371 BGB plädiert? Das Unterbleiben einer solchen Forderung spricht dafür, daß die vorgetragene Zweckerreichung vielleicht doch nicht in gleichem Maße erfolgt.

Eine analoge Anwendung der Heilungsvorschriften kann jedenfalls nicht befürwortet werden.

3. *Die einzelnen Heilungsvorschriften*

Die Möglichkeit zur Heilung von zunächst nicht formgemäß abgeschlossenen Rechtsgeschäften beschränkt sich damit auf die im Gesetz ausdrücklich geregelten Fälle.

Eine Heilung ist demnach möglich bei der Grundstücksveräußerung (§ 311 b I Satz 2 BGB), bei Verbraucherdarlehen und Teilzahlungsgeschäft (§ 494 und § 502 BGB), bei der Schenkung (§ 518 II BGB), bei der Bürgschaft (§ 766 Satz 3 BGB), bei der Schenkung von Todes wegen (§ 2301 II BGB), beim Schiedsvertrag (§ 1031 VI ZPO) und bei der Abtretung von GmbH-Anteilen (§ 15 IV Satz 2 GmbHG).

a) *Grundstückskauf: § 311 b I Satz 2 BGB*

Durch die Schuldrechtsreform wurde die früher in § 313 Satz 2 BGB enthaltene Heilungsnorm zu § 311 b I Satz 2 BGB.

Verkehrsgeschäfte über Grundbesitz gehören regelmäßig für beide Vertragsteile zu den wichtigsten vermögensrechtlichen Verkehrsgeschäften. Dabei sind am Grundstücksverkehr typischerweise auch geschäftlich weniger Gewandte beteiligt. Das Beurkundungserfordernis soll die Beteiligten vor Übereilung schützen, auf die besondere Bedeutung des Geschäfts hinweisen und durch Einschaltung des Notars die Beratung der Vertragsparteien über die Konsequenzen der beabsichtigten Vereinbarung sicherstellen.[457] Während bei Entstehung des BGB der Schutz des Veräußerers vor dem leichtsinnigen Verlust des Grundeigentums im Mittelpunkt stand,[458] dient die Form heute dem

---

[457] MünchKomm/Kanzleiter § 313 Rn. 1; Palandt/Heinrichs § 313 Rn. 2.

[458] Motive II S. 189 f. .

Schutz von Veräußerer und Erwerber gleichermaßen.[459] Als abstrakte Schutzvorschrift ist die Anwendung der Norm unabhängig davon, ob im Einzelfall tatsächlich ein Vertragsteil schutzbedürftig ist.[460]
Wenn die Beurkundung unterbleibt, wäre die Erklärung nach § 125 Satz 1 BGB nichtig. Gemäß § 311 b I Satz 2 BGB besteht aber hier die Möglichkeit der Heilung des formnichtigen Geschäfts. Voraussetzung für die Heilung ist dabei die Auflassung und die Eintragung des Eigentumswechsels im Grundbuch. Entscheidend für die Heilung nach § 311 b I Satz 2 BGB ist die Erfüllung des Vertrages durch den Veräußerer.[461] Die Heilung erfolgt nur bei wirksamer Auflassung und wirksamer Eintragung zusammen.[462]
Mit der Heilungsnorm wird bezweckt, daß abgeschlossene sachenrechtliche Tatbestände im Interesse der Rechtsordnung aufrechterhalten werden.[463] Für die Beteiligten tritt Rechtsfrieden ein, Bereicherungsansprüche werden unabhängig vom Ablauf der Verjährung ausgeschlossen.[464]
Die Auflassung muß rechtswirksam sein.[465]
Zusätzlich zur Auflassung ist die Eintragung im Grundbuch erforderlich. Auflassung und Eintragung müssen sich entsprechen. Eine falsche Bezeichnung des Grundstücks, eine Umschreibung bei einem anderen Grundstück oder andere fehlerhafte Eintragungen des Grundbuchamts genügen nicht zur Heilung. Der Grundsatz "falsa demonstratio non nocet" gilt hier nicht,[466] jedoch sind das Verpflichtungsgeschäft und die Auflassung auslegungsfähig gemäß § 133 BGB.
Sowohl die Auflassung als auch die Eintragung ins Grundbuch müssen sich auf das gesamte Vertragsobjekt beziehen. Die Heilungsvoraussetzungen müssen bei allen Grundstücken erfüllt sein, die vom Rechtsgeschäft erfaßt werden.[467] Bei Veräußerung mehrerer Grundstücke müssen die Heilungsvoraussetzungen somit bei allen Grundstücken erfüllt sein.[468]

---

459 MünchKomm/Kanzleiter § 313 Rn. 2; Staudinger/Wufka § 313 Rn. 2.
460 BGHZ 16, 334 (335); 53, 189 (194 f.).
461 Staudinger/Wufka § 313 Rn. 239.
462 Staudinger/Wufka § 313 Rn. 240; MünchKomm/Kanzleiter § 313 Rn. 75.
463 BGHZ 82, 398; BGH NJW 1987, S. 1628.
464 MünchKomm/Kanzleiter § 313 Rn. 74; Staudinger/Wufka § 313 Rn. 238; Palandt/Heinrichs § 313 Rn. 46.
465 BGHZ 29, 9; 47, 240.
466 RGZ 54, 147; Staudinger/Wufka § 313 Rn. 267; MünchKomm/Kanzleiter § 313 Rn. 77.
467 RGZ 133, 294; MünchKomm/Kanzleiter § 313 Rn. 78; Staudinger/Wufka § 313 Rn. 281.
468 RGZ 68, 386.

Die Heilung tritt bei Erfüllung der Voraussetzungen auch dann ein, wenn den Vertragsparteien bei Vertragsabschluß der Formmangel bekannt war. Insofern ist für die Heilung nur ein tatsächlicher Verpflichtungswille zur Zeit des formwidrigen Vertragsschlusses erforderlich.[469]

Die Vorschrift des § 311 b I Satz 2 BGB ist bei näherer Betrachtung eine recht wirkungslose Möglichkeit der Heilung. Denn für die Heilung ist wie dargelegt Auflassung und Eintragung in das Grundbuch erforderlich. Wenn man nun die Voraussetzungen für die Eintragung in das Grundbuch betrachtet, so muß nach § 29 I GBO unter anderem der notariell beurkundete Kaufvertrag vorgelegt werden. Die Eintragung und damit die Heilung des Formmangels kann somit eigentlich nur dann erfolgen, wenn der Grundbuchbeamte den Formmangel übersieht.
Seit zur Auflassung die Vorlage des verpflichtenden Vertrags erforderlich ist (§ 925 a BGB), beschränkt sich die Heilung im wesentlichen nur auf zwar beurkundete Verträge, die wegen unvollständiger oder unrichtiger Beurkundung nichtig sind oder Verträge mit beurkundungsbedürftigen Änderungen, die nicht beurkundet wurden.[470]
Mit Eintritt der Heilungsvoraussetzungen ist der Verstoß gegen das gesetzlich vorgeschriebene Formgebot geheilt. Das Rechtsgeschäft wird so wirksam, wie es zwischen den Beteiligten abgeschlossen wurde. Die Heilung erstreckt sich auf den gesamten Vertragsinhalt einschließlich aller Nebenabreden, Änderungen und Ergänzungen.[471] Die Heilung tritt mit Wirkung ex nunc ein.[472]

b) Schenkung: § 518 II BGB

Nach § 518 II BGB wird bei der notariell zu beurkundenden Schenkung der Mangel der Form durch die Bewirkung der versprochenen Leistung geheilt.
Die notarielle Beurkundung der Schenkung dient in erster Linie dazu, den Schenker vor den Gefahren zu bewahren, die unbedachte schenkweise Zuwendungen mit sich bringen. Der Schenker erhält keine Gegenleistung für seine Zuwendung und soll vor übereilt eingegangenen

---

[469] BGH LM § 313 Nr. 66; Staudinger/Wufka § 313 Rn. 246; MünchKomm/Kanzleiter § 313 Rn. 79.
[470] Staudinger/Wufka § 313 Rn. 238.
[471] MünchKomm/Kanzleiter § 313 Rn. 84 f.; Palandt/Heinrichs § 313 Rn. 55; Staudinger/Wufka § 313 Rn. 273.
[472] Palandt/Heinrichs § 313 Rn. 56; MünchKomm/Kanzleiter § 313 Rn. 86; Staudinger/Wufka § 313 Rn. 278.

Verpflichtungen bewahrt werden.[473] Daneben soll durch die Form die Ernstlichkeit des Schenkungswillens klargestellt werden und auch die Umgehung der für Verfügungen von Todes wegen bestehenden Formvorschriften vermieden werden.[474]
Die Heilung des formunwirksamen Schenkungsversprechens erfolgt durch Vollzug der versprochenen Zuwendung. Vollzug bedeutet dabei ganz allgemein, daß der Schenker freiwillig das seinerseits zur Bewirkung der Leistung Erforderliche getan haben muß. Im einzelnen variieren die Voraussetzungen (Rechtsgeschäft und / oder Realakt) natürlich mit dem Gegenstand der Schenkung.

aa) Bewirken: Leistungshandlung oder Leistungserfolg?

Nach herrschender Meinung bedarf es zur Bewirkung der Leistung lediglich der Leistungshandlung. Bewirkt ist die Leistung, wenn der Schenker alles getan hat, was ihm obliegt, um dem Beschenkten den Schenkungsgegenstand zu verschaffen. Mit der Leistungshandlung sind alle Formzwecke erreicht. Sowohl Absatz I als auch Absatz II des § 518 BGB bezwecken den Schutz vor Übereilung. Bereits die Vornahme aller erforderlichen Leistungshandlungen erfülle dieselbe Funktion wie die Beachtung der Form nach Absatz I. Das BGB begünstige zudem das Zustandekommen der Schenkung.[475]
Einige Stimmen in der Literatur sind der Auffassung, daß zusätzlich der Eintritt des Leistungserfolges erforderlich ist.[476] Die vollständige Erfüllung wäre Voraussetzung der Heilungswirkung. Die Vorschrift verlange, daß die versprochene Leistung bewirkt werde, nehme also Bezug zum Schenkungsvertrag. Der Vertragsinhalt sei deswegen maßgebend für die Leistung nach § 518 II BGB. Die herrschende Meinung, wonach der Schenker nur das seinerseits Erforderliche zu tun brauche, widerspreche dem Wortlaut, der Entstehungsgeschichte und dem Zweck des § 518 II BGB.[477]

---

473 BGHZ 82, 354 (359).
474 Staudinger/Cremer § 518 Rn. 2; Jauernig/Vollkommer § 518 Rn. 1; vgl. auch Wacke ZZP 114 (2001), S. 77 f. .
475 BGH NJW 1970, S. 941; NJW-RR 1989, S. 1282; Palandt/Putzo § 518 Rn. 9; Jauernig/Vollkommer § 518 Rn. 6. Vgl. auch die geschichtliche und rechtsvergleichende Darstellung von Wacke AcP 201 (2001), S. 256.
476 MünchKomm/Kollhosser § 518 Rn. 12 ff.; Seibert JZ 1981, S. 380; Herrmann MDR 1980, S. 883 (884).
477 Herrmann MDR 1980, S. 883 (884).

Auch der Anwendungsbereich dieser Heilungsvorschrift ist geringer als man vermuten könnte. Schließlich ist der große Bereich der Handschenkungen vom Formzwang ausgenommen, hier bedarf es somit gar nicht erst einer Heilung durch Erfüllung. Eine Handschenkung oder auch Realschenkung liegt vor, wenn der Gegenstand der Schenkung dem Beschenkten sofort übereignet oder auch abgetreten wird und Einigkeit über die Unentgeltlichkeit besteht.[478] Die Form des § 518 I BGB bezweckt wie bei vielen anderen Verträgen den Schutz vor einem übereilten Abschluß des Rechtsgeschäfts. Insbesondere soll die Form dem Schenker aber auch verdeutlichen, daß er keinerlei Gegenleistung erhält. § 518 I und II BGB sind somit einzigartig und können nicht mit anderen Heilungsvorschriften wie in § 311 b I BGB oder in § 766 BGB verglichen werden. Daher ist bei sofortiger Übereignung auch die Einhaltung der Form entbehrlich, hier sieht der Schenker mit eigenen Augen, was er aus der Hand gibt. Die Heilung nach § 518 II BGB ist zwar rechtlich ein anderer Fall als die sofortige Übereignung, in der Wirkung ist sie aber mit dem geschilderten Vorgehen identisch. Dagegen wird vorgebracht, daß die Parteien bei der Heilung eine vermeintlich bestehende Pflicht erfüllen wollen und somit anders als bei der Handschenkung keine wirksame Einigung vorliegt.[479] Diese Argumentation verkennt aber den Charakter der Heilung: Wenn neben der Erfüllung auch noch eine Einigung vorliegt, dann bedarf es nicht einer gesetzlichen Regelung wie der Heilung, dann liegt eine Neuvornahme vor, die zudem als Handschenkung formfrei wirksam ist. Unter Berücksichtigung dieser teleologischen Begründung lautet das Ergebnis: Die Leistungshandlung genügt für die Heilung nach § 518 II BGB.

bb) Wertgrenze für die Form?

Die allgemeine Geltung des § 518 BGB für Geschenke jeglicher Wertstufen wird von *Cremer* rechtspolitisch kritisiert. Der Formzwang für jedes, im Wert noch so geringfügige Schenkungsversprechen widerspreche ebenso dem Rechtsempfinden wie die Formlosigkeit aller Handschenkungen ohne Rücksicht auf den Wert.[480]

---

478 Palandt/Putzo § 518 Rn. 4.
479 Ausführlich z. B. bei Seibert JZ 1981, S. 380 (381).
480 Staudinger/Cremer vor § 516 Rn. 2.

Wertgrenzen, die als Lösungsmöglichkeit dieses Widerspruchs dienen könnten, werden aber unter Verweis auf historische Erfahrungen nicht für empfehlenswert erachtet,[481] hauptsächlich wegen der Schwierigkeit, eine geeignete Wertgrenze zu finden.
Selbst wenn eine solche geeignete Wertgrenze festgelegt wird, stellt sich immer noch die Schwierigkeit der Formulierung: Wird eine konkrete Zahl im Gesetzestext gewählt, wäre eine regelmäßige Anpassung entsprechend der Inflationsrate oder auch entsprechend der Wohlstandsentwicklung nötig. Dem könnte man durch die Formulierung einer Schenkung "von bedeutendem Wert" entgehen. Diese Formulierung wird bereits bei Verkehrsdelikten (§§ 315, 315 a, 315 b, 315 c StGB) im Strafrecht verwendet. Die genaue Festlegung wäre sodann Sache der Gerichte, die bei Streitfällen eine Wertgrenze bestimmen müßten. Natürlich wäre auch hier eine Anpassung im Laufe der Jahre erforderlich, wie die bestehenden strafrechtlichen Regelungen zeigen.[482] Zudem hätte eine solche Formulierung den Nachteil, daß der Laie selbst durch Nachschlagen im Gesetzestext nicht mehr erkennen könnte, ob die von ihm geplante Schenkung formbedürftig ist oder nicht. Nicht zuletzt würde auch die Schwierigkeit, den Wert der Sache objektiv zu bestimmen oder gar einen subjektiven Wert (Liebhaberwert) berücksichtigen zu müssen, zu weiteren Problemen führen. Daher scheint die bestehende Regelung trotz der angesprochenen Widersprüche noch am besten geeignet, die Einführung einer Wertgrenze würde mehr Probleme schaffen als beseitigen.

c) Bürgschaft: § 766 Satz 3 BGB

Nach § 766 Satz 3 BGB kann der Mangel der zur Gültigkeit eines Bürgschaftsvertrages erforderlichen Schriftform (Satz 1) geheilt werden, soweit der Bürge die Hauptverbindlichkeit erfüllt.
Die Erfüllung der Bürgschaftsschuld kann auch durch Erfüllungssurrogate erfolgen, wie die Leistung an Erfüllungs Statt (§§ 364 I, 365 BGB), die unwiderrufliche Hinterlegung (§§ 372, 378 BGB) oder die Aufrechnung (§§ 387 ff. BGB). Anders als der Wortlaut des § 766 Satz 3

[481] So auch Erman/Seiler § 518 Rn. 1.
[482] Heute liegt die Grenze für eine Sache von bedeutendem Wert dort bei 2000 DM.

BGB vermuten lassen mag, tritt die Heilung ebenso dann ein, wenn ein Dritter für den Bürgen leistet.[483]

Ausschließlicher Zweck der Schriftform ist der Schutz des Bürgen. Die Form soll neben der Warnfunktion auch das übernommene Risiko des Bürgen eingrenzen.[484] Die Bürgschaft des Kaufmanns als Handelsgeschäft ist nach § 350 HGB formfrei wirksam, hier ist mangels Form auch keine Heilung erforderlich. Grundlage der Heilung ist der Wegfall der Funktion der Form: Erfüllt der Bürge die vereinbarte Bürgschaftsschuld, wird die bezweckte Warnung des Bürgen sinnlos.[485]

Auch hier tritt die Heilung in gleicher Weise ein, wenn der Bürge die Unwirksamkeit seiner Erklärung nicht kennt. Mit der Leistung des Bürgen wird der Bürgschaftsvertrag ex nunc wirksam, so daß wegen des nunmehr bestehenden Rechtsgrunds eine Kondiktion des Bürgen ausgeschlossen ist.[486]

Heftig kritisiert wird diese Heilungsvorschrift von *Einsele*.[487] Die Norm des § 766 Satz 3 BGB sei rechtspolitisch verfehlt, da noch nicht einmal ein formbedürftiges Erfüllungsgeschäft vorausgesetzt werde.

Dieser recht knappe Einwand geht zum einen von falschen Grundlagen aus: Denn Prinzip der Heilung nach § 766 Satz 3 BGB ist es nicht, daß ein folgendes, formbedürftiges Rechtsgeschäft die Aufgabe übernimmt, die eigentlich das ursprüngliche Rechtsgeschäft erfüllen sollte. Die Heilung basiert hier auf dem Grundsatz der Rechtssicherheit. Derjenige, der zum Beispiel den Gläubiger befriedigt, obwohl seine Bürgschaftserklärung nicht in der erforderlichen Form abgefaßt wurde, gibt zu erkennen, daß er den Schutz der Form nicht beansprucht. Die Heilung tritt dabei wie erwähnt auch ein, wenn er im Bewußtsein der Erfüllung einer vermeintlich bestehenden Pflicht zahlt. Ohne die Heilungsvorschrift könnte sich der Gläubiger in diesem Fall nicht sicher sein, das gezahlte Geld behalten zu können. Zudem läßt sich auch eine Parallele von der Heilung nach § 766 Satz 3 BGB zur Formfreiheit der sogenannten Handschenkung ziehen: In beiden Fällen geht von der Weggabe des eigenen Gutes gerade der Übereilungsschutz aus, der ursprünglich durch die Form bezweckt werden sollte. Somit läßt sich der rechtspolitischen Kritik auch noch entgegenhalten, daß in der Erfüllung der

483 Staudinger/Horn § 766 Rn. 53.
484 BGHZ 132, 119.
485 Erman/Seiler § 766 Rn. 8.
486 Erman/Seiler § 766 Rn. 8.
487 MünchKomm/Einsele § 125 Rn. 44.

Hauptverbindlichkeit durch den Bürgen gleichsam eine reale Warnfunktion enthalten ist.
Eine Einschränkung nimmt auch *Horn* vor: Die in Unkenntnis der Formnichtigkeit bewirkte Leistung soll ausnahmsweise dann keine heilende Wirkung haben, wenn der rechtsunkundige Bürge nur wegen der vermeintlichen Verpflichtung und Befürchtung drohenden Rechtszwangs leiste. Dies müsse der Bürge beweisen.[488]
Einmal abgesehen davon, daß diese Einschränkung auf fast alle Fälle der Leistung in Unkenntnis der Unwirksamkeit zutreffen würde, wird dieser Beweis sowohl schwer zu führen als auch schwer zu widerlegen sein. *Horn* stellt sich zudem in Widerspruch zu seiner Einschränkung, wenn er im folgenden die Leistung eines Dritten, der irrtümlich von der Wirksamkeit der Bürgschaft ausging, uneingeschränkt zuläßt. Diese Einschränkung ist daher abzulehnen.

d) Schenkungsversprechen von Todes wegen: § 2301 II BGB

Die Vorschrift des § 2301 II BGB besagt, daß die Vorschriften über Schenkungen unter Lebenden (für die Heilung entscheidend ist dabei § 518 II BGB) Anwendung finden, wenn der Schenker eines Schenkungsversprechens von Todes wegen (§ 2301 I BGB) die Schenkung durch Leistung des zugewendeten Gegenstandes vollzieht.
Ihren Ursprung hat die Schenkung von Todes wegen im römischen Recht. Damit wurde eine Schenkung bezeichnet, die jemand in Lebensgefahr oder in Gedanken an den Tod vornahm.[489]
Die gesamte Vorschrift des § 2301 BGB befindet sich im Spannungsfeld zwischen der Schenkung einerseits und den Nachlaßangelegenheiten andererseits. Während § 2301 I BGB das Schenkungsversprechen der Verfügung von Todes wegen gleichordnet, sind nach § 2301 II BGB bei Leistung des zugewendeten Gegenstandes die Vorschriften zur Schenkung (§§ 516 ff. BGB) maßgebend für das Schenkungsversprechen, somit auch für deren Formgültigkeit.
Abgrenzungsschwierigkeiten bestehen zudem zwischen § 2301 BGB und §§ 331, 328 BGB.[490]

---

488 Staudinger/Horn § 766 Rn. 53.
489 Staudinger/Kanzleiter § 2301 Rn. 1.
490 Staudinger/Kanzleiter § 2301 Rn. 42 ff. .

In den Kommentaren zum BGB wird § 2301 II BGB in der Reihe der Heilungsvorschriften aufgezählt.[491]
Nach einigen Stimmen in der Literatur soll § 2301 II BGB hingegen keine Heilungsvorschrift sein, sondern lediglich eine dahingehende Klarstellung, daß die Regelungen der §§ 516 ff. BGB auf solche Schenkungen anzuwenden sind, die zu Lebzeiten vollzogen werden.[492]
Entgegen dieser Ansicht kann § 2301 II BGB dahingehend ausgelegt werden, daß mit der Leistung des zugewendeten Gegenstandes das Schenkungsversprechen nicht mehr entsprechend der in Absatz I geregelten Verweisung der für die Verfügung von Todes wegen nötigen notariellen Beurkundung bedarf, sondern nunmehr die für die Schenkung benötigte Schriftform erforderlich ist, deren Mangel zudem durch die Leistung geheilt wäre (§ 518 II BGB).
Daher ist auch § 2301 II BGB als Heilungsvorschrift anzusehen.

e) Schiedsvereinbarung: § 1031 VI ZPO

In § 1031 ZPO ist die Form der Schiedsvereinbarung geregelt. Eine Schiedsvereinbarung ist nach § 1029 I ZPO eine Vereinbarung der Parteien, alle oder einzelne Streitigkeiten, die zwischen ihnen in bezug auf ein bestimmtes Rechtsverhältnis vertraglicher oder nichtvertraglicher Art entstanden sind oder künftig entstehen, der Entscheidung durch ein Schiedsgericht zu unterwerfen.
Die notwendige Form der Schiedsvereinbarung ist in § 1031 I ZPO geregelt: Die Schiedsvereinbarung muß entweder in einem von den Parteien unterzeichneten Schriftstück oder in zwischen ihnen gewechselten Schreiben, Fernkopien, Telegrammen oder anderen Formen der Nachrichtenübermittlung, die einen Nachweis der Vereinbarung sicherstellen, enthalten sein.
In den Absätzen II bis IV werden daneben noch eine Reihe anderer Möglichkeiten zur Erfüllung der Form der Schiedsvereinbarung aufgeführt. Absatz V enthält eine strengere Form für Schiedsvereinbarungen, an denen ein Verbraucher (§ 13 BGB) beteiligt ist.

---

[491] Palandt/Heinrichs § 125 Rn. 11; Jauernig § 125 Rn. 12; Erman/Palm § 125 Rn. 20; MünchKomm/Einsele § 125 Rn. 43; Soergel/Hefermehl § 125 Rn. 28.
[492] Hermann MDR 1980, S. 883 (888); Reinicke Rechtsfolgen, S. 133.

§ 1031 VI ZPO bestimmt schließlich, daß ein nicht der Form entsprechendes Schiedsversprechen durch die Einlassung auf die schiedsgerichtliche Verhandlung zur Hauptsache geheilt wird.
Ziel der Form der Schiedsvereinbarung ist die Erfüllung von Warnfunktion und Beweisfunktion, daneben aber auch die Schaffung von Rechtssicherheit.[493]
Die Form der Schiedsvereinbarung ist sehr ausführlich geregelt und damit nicht nur ein Anwendungsfall für die allgemeine Schriftformregel des § 126 BGB. Ob angesichts dieser umfangreichen Bestimmung in § 1031 ZPO ein eigenständiges Schriftformgebot zu sehen ist, wird allerdings unterschiedlich beurteilt.[494]
Zumindest paßt § 1031 ZPO in die Struktur der §§ 125 ff. BGB in den Punkten Nichtigkeit bei Formverstoß und alternativ zulässiger strengerer Form (notarielle Beurkundung). Lediglich die Einzelheiten der Schriftform sind nicht in allen Punkten deckungsgleich mit § 1031 ZPO.
Die Heilung nach Absatz VI gilt für alle Varianten der in den vorhergehenden Absätzen bestimmten Form.
Voraussetzungen für die Heilung ist die Einlassung zur Hauptsache. Diese liegt vor, wenn beide Seiten zu erkennen geben, daß sie nicht den ordentlichen Richter, sondern ein Schiedsgericht über ein bestimmtes streitiges Begehren zur verbindlichen Entscheidung anrufen wollen.[495]
Die Heilung erfolgt mit rückwirkender Kraft, gilt also ex tunc als formgetreu vereinbart.[496] Sachlich wirkt die Heilung nur zugunsten des konkreten Streites.[497]
Beim Fehlen einer Schiedsvereinbarung findet § 1031 VI ZPO dagegen keine Anwendung, auch nicht analog.[498]

f) Verbraucherdarlehen und Teilzahlungsgeschäft

Durch die Schuldrechtsreform wurde das Verbraucherkreditgesetz in das Bürgerliche Gesetzbuch integriert. Die zuvor in § 4 VerbrKrG enthaltenen Regelungen zur Form sind nun in § 492 BGB und § 502 I BGB zu

---

493 MünchKomm/Münch § 1031 ZPO Rn. 3.
494 Dafür MünchKomm/Münch § 1031 ZPO Rn. 12;
dagegen: Thomas/Putzo § 1031 Rn. 3; Zöller/Geimer § 1031 Rn. 6.
495 RGZ 147, 213 (217); MünchKomm/Münch § 1031 ZPO Rn. 30.
496 RGZ 147, 213 (220).
497 MünchKomm/Münch § 1031 ZPO Rn. 32.
498 Thomas/Putzo § 1031 Rn. 15; Zöller/Geimer § 1031 Rn. 45.

finden, die früher in § 6 VerbrKrG geregelten Rechtsfolgen bei Formverstößen sind jetzt in § 494 BGB und § 502 III BGB normiert.

aa) Änderungen durch die Schuldrechtsreform

Mit der Integration des VerbrKrG in das BGB war keine wesentliche inhaltliche Änderung der Regelungen geplant.[499]
Zum einen finden sich rein begriffliche Änderungen: Aus dem Verbraucherkredit ist das Verbraucherdarlehen geworden, die Vertragsparteien werden dementsprechend als Darlehensgeber und Darlehensnehmer bezeichnet. Der Verbraucherdarlehensvertrag wird als entgeltlicher Darlehensvertrag zwischen einem Unternehmer als Darlehensgeber und einem Verbraucher als Darlehensnehmer definiert (§ 491 I BGB).
Inhaltliche Änderungen zeigen sich in der Ausdehnung der Form des § 492 BGB auf Vollmachten (§ 492 IV BGB), wenngleich diese Erweiterung der Form durch die Ausnahmen für notarielle Vollmachten und Prozeßvollmachten (§ 492 IV Satz 2) eingeschränkt wird.[500]
Wenn im Wege des Schuldbeitritts ein Verbraucher dem Darlehensvertrag beitritt, dann gelten auch hier die neuen Vorschriften zum Verbraucherdarlehen.[501] Dies gilt selbst dann, wenn der ursprüngliche Darlehensnehmer kein Verbraucher ist. Grundlage hierfür ist die Rechtsprechung des BGH.[502] Danach müsse der Schuldbeitritt dem Verbraucherdarlehen gleichgestellt werden.
§ 494 BGB weist insoweit Änderungen zu § 6 VerbrKrG auf, als sich die Heilung nunmehr auch dem Wortlaut nach auf alle Formmängel erstreckt. Die alte Regelung konnte dahingehend mißverstanden werden, daß die Heilung nur die fehlenden Angaben nach § 4 VerbrKrG betraf.[503]
Entsprechend zur neuen Formpflicht der Vollmacht findet sich in § 494 BGB auch eine diesbezügliche Heilungsregelung. Um zu verhindern, daß der dem Verbraucher durch die Form des § 492 BGB gewährte Schutz umgangen werden könnte, indem sich der Vertreter den Darlehensbetrag auszahlen läßt und so die zunächst unwirksame Vollmacht wirksam wäre, tritt nach § 494 II BGB die Heilung nur ein, wenn der Darlehensnehmer

---

499 BT-Drucksache 14/6040, S. 253.
500 Kritisch zu dieser Ausnahme Möller ZIP 2002, S. 333 (340).
501 Palandt/Putzo § 491 Rn. 11.
502 Seit BGHZ 133, 71.
503 Staudinger/Kessal-Wulf § 6 VerbrKrG Rn. 29.

selbst den Darlehensbetrag erhält und so zum Ausdruck bringt, daß er den Abschluß des Darlehensvertrages durch den Vertreter genehmigt.[504]
Hier zeigt sich der Gesetzgeber inkonsequent: Während die Vollmacht abweichend vom Grundsatz des § 167 II BGB dem Formzwang unterworfen wurde, ist die (nachträgliche) Zustimmung genau wie in § 182 II BGB formfrei. Somit ist die vom Gesetzgeber angestrebte Vermeidung der Umgehungsmöglichkeit zu § 492 IV BGB leider nicht vollends effektiv.
Eine wesentliche Änderung durch die Schuldrechtsreform ist auch die nunmehr getrennte Regelung der Teilzahlungsgeschäfte in §§ 499-504 BGB. Zuvor waren beide Rechtsgeschäfte gemeinsam im VerbrKrG geregelt. Durch die Trennung bei unverändert gleicher Behandlung findet sich nun für das Teilzahlungsgeschäft eine Reihe von Verweisungen auf die Regelungen zum Verbraucherdarlehensvertrag: In § 499 I BGB wird zunächst für die Fälle der Gewährung eines entgeltlichen Zahlungsaufschubs[505] durch einen Unternehmer an einen Verbraucher die entsprechende Anwendung der §§ 492 I bis III und 494 BGB festgelegt. § 501 BGB besagt dann aber, daß für Teilzahlungsgeschäfte zwischen einem Unternehmer und einem Verbraucher lediglich §§ 492 I Satz 1 bis 4, II und III entsprechende Anwendung finden. In § 502 BGB finden sich dann die erforderlichen Angaben und die Rechtsfolgen von Formmängeln bei Teilzahlungsgeschäften, wobei Absatz II für Teilzahlungsgeschäfte im Fernabsatz §§ 492 I Satz 1 bis 4, III und 502 I BGB zum Teil ausschließt. In § 502 III BGB findet sich schließlich eine dem § 494 BGB entsprechende Nichtigkeitsregelung mit Heilungsmöglichkeit. Ob sich in diesem Knäuel von Verweisungen der Laie (etwa der Verbraucher als Vertragspartner) noch zurechtfindet, kann wohl mit Recht bezweifelt werden.
Angesichts der Verweisungen für das Teilzahlungsgeschäft auf den Verbraucherdarlehensvertrag ist dieser grundlegend, daher nun zunächst zu den Normen der §§ 492 und 494 BGB.

---

504 BT-Drucksache 14/7052, S. 327 ff. .
Dem widerspricht Bülow in JuS 2002, S. 1145 (1147): "Eine Genehmigung führe abweichend von der vertragsändernden Heilung in § 494 BGB zur Wirksamkeit des Vertrags in vollem Umfang. Im Empfang des Darlehens könne daher keine Genehmigung liegen."

505 Zahlungsaufschub liegt vor bei Teilzahlungsgeschäften, vgl. nur Palandt/Putzo § 1 VerbrKrG Rn. 7.

bb) Verbraucherdarlehen: § 494 BGB

Die Regelung des § 494 BGB ist eine außergewöhnliche und auch etwas umständliche Regelung der Heilung, sie kann auch als Ausnahmeregelung zu § 125 Satz 1 BGB angesehen werden. Eine Besonderheit des § 494 BGB ist nämlich auch, daß der Vertrag unter Umständen mit einem von den Vereinbarungen der Vertragsparteien abweichenden Inhalt zustande kommt.[506]

§ 492 BGB schreibt für den Verbraucherdarlehensvertrag den schriftlichen Abschluß vor (Absatz I Satz 1). Die elektronische Form wird ausgeschlossen (Absatz I Satz 2). Für die Erklärung des Darlehensgebers wird bei Erstellung durch eine automatische Einrichtung aber auf die Unterzeichnung verzichtet (Absatz I Satz 4). Neben diesen Voraussetzungen für die Form des Verbraucherdarlehensvertrags enthält § 492 in Absatz I Satz 5 Nr. 1 bis 7 eine Vielzahl von inhaltlichen Erfordernissen: Im wesentlichen sind im Vertrag der Nettodarlehensbetrag, der nominale und der effektive Zinssatz (Definition in Absatz II), alle vom Darlehensnehmer zu entrichtenden Zahlungen und die zu bestellenden Sicherheiten anzugeben. Weiterhin muß der Darlehensgeber dem Darlehensnehmer ein Exemplar der Vertragserklärungen überreichen (Absatz III). Schließlich ist in Absatz IV die bereits erwähnte Erweiterung der Form auf die Vollmacht bestimmt.

Wenn eine der in § 492 I Satz 5 Nr. 1 bis 6 BGB vorgeschriebenen Angaben fehlt oder die Schriftform insgesamt nicht eingehalten ist, schreibt § 494 I BGB die Nichtigkeit eines solchen Verbraucherdarlehensvertrags vor.

§ 494 II BGB eröffnet sodann die Möglichkeit zur Heilung eines solchen Verbraucherdarlehensvertrags zu geänderten Konditionen.

Nach Absatz II ist zur Heilung der Empfang des Darlehens oder die Inanspruchnahme des Darlehens durch den Verbraucher (Legaldefinition in § 13 BGB) erforderlich. Als Empfang gilt dabei neben der Barauszahlung an den Verbraucher auch die Gutschrift auf einem von ihm bezeichneten Konto oder die vereinbarungsgemäße Auszahlung oder Überweisung an einen Dritten. Die Darlehensinanspruchnahme bezeich-

---

506 Erman/Rebmann § 6 VerbrKrG Rn. 8.

net die Fälle, in denen der Verbraucher durch Verfügungen wie Überweisungsaufträge ein ihm eingeräumtes Kreditkonto belastet.[507]
Bei den zur Heilung erforderlichen Erfüllungshandlungen muß der Verbraucher nicht mitwirken. Zweck der Heilung ist nur, dem Verbraucher das Darlehen, auf das er sich eingestellt hat und das er tatsächlich in Anspruch genommen hat, gegebenenfalls unter günstigeren Bedingungen als vereinbart zu belassen.[508]
Eine Heilung gegen den erklärten Willen scheidet damit aus. Der Verbraucher ist berechtigt, die Erfüllung des als nichtig erkannten Darlehensvertrages durch den Darlehensgeber zurückzuweisen.[509] Diese Zurückweisung kann durch Nichtinanspruchnahme des Kredits geschehen. Falls die Gutschrift auf dem Konto des Verbrauchers vorgesehen war, also ein Vorgang ohne Mitwirkung des Verbrauchers, muß der Verbraucher durch eine Erklärung gegenüber dem Darlehensgeber sein Einverständnis mit dem Zahlungsvorgang zurückziehen, um den Eintritt der Heilung nach Absatz II zu verhindern. Einem Leistungsversuch des Darlehensgebers käme dann selbst bei erfolgter Gutschrift zugunsten des Verbrauchers nicht mehr die Heilungswirkung zu.[510]
Zwar hat der BGH wie erwähnt den Schuldbeitritt dem Verbraucherdarlehen gleichgestellt, eine entsprechende Anwendung der Heilungsregeln wird aber abgelehnt. Dies hat der XI. Senat in einer Entscheidung zur alten Rechtslage nach § 6 II VerbrKrG festgestellt.[511] Danach sei eine entsprechende Anwendung der Heilungsnorm auf den Schuldbeitritt nicht vom Sinn und Zweck der Vorschrift gerechtfertigt. Nach der Gesetzesbegründung[512] solle der frühere § 6 II VerbrKrG zum einen den Kreditnehmer davor schützen, das Darlehen sofort zurückzahlen zu müssen, und auch dem Interesse des Kreditgebers durch den Erhalt von Zinsen und sonstigen Kreditkosten Rechnung getragen werden. Für den Schuldbeitritt passe dieser Zweck nicht, denn der Mithaftende solle kein Darlehen erhalten. Eine Verpflichtung zur Rückzahlung des an den Darlehensnehmer ausgezahlten Darlehens komme für ihn bei Formnichtigkeit seines Schuldbeitritts nicht in Betracht. Schließlich würde eine entsprechende Anwendung der Heilungsnorm auf den Schuldbeitritt dem

507 Palandt/Putzo § 6 VerbrKrG Rn. 2; Erman/Rebmann § 6 VerbrKrG Rn. 3; MünchKomm/Ulmer § 6 VerbrKrG Rn. 20 ff. .
508 Erman/Rebmann § 6 VerbrKrG Rn. 5.
509 Erman/Rebmann § 6 VerbrKrG Rn. 5.
510 Erman/Rebmann § 6 VerbrKrG Rn. 5.
511 BGH NJW 1997, S. 654.
512 Bundestags-Drucksache 11/5462, S. 21.

Verbraucher auch den beabsichtigten Schutz durch das Verbraucherkreditgesetz entziehen, da dann auch die Einschränkung des Widerrufsrechts nach § 7 III VerbrKrG zur Anwendung käme, wonach der Beitretende sein von der Rückzahlung des Darlehens abhängiges Widerrufsrecht praktisch nicht durchsetzen könne.[513]

Entsprechend dieser Entscheidung wird auch für die neue Rechtslage gefolgert, daß auf den Schuldbeitritt § 494 II BGB generell nicht anwendbar ist.[514]

Diese Schlußfolgerung dürfte insoweit berechtigt sein, als das zuvor in § 7 III VerbrKrG enthaltene Widerrufsrecht nunmehr in § 495 II Satz 1 BGB enthalten ist und die Argumentation des BGH somit auch nach der neuen Rechtslage aufrechterhalten werden kann.

cc) Teilzahlungsgeschäfte: § 502 BGB

Ein Teilzahlungsgeschäft liegt vor bei einem Vertrag, der die Lieferung einer bestimmten Sache oder die Erbringung einer bestimmten anderen Leistung gegen Teilzahlungen zum Gegenstand hat (§ 499 II BGB).

Die erforderlichen Angaben bei Teilzahlungsgeschäften sind gemäß § 502 I BGB im wesentlichen: Barzahlungspreis und Teilzahlungspreis, die einzelnen Teilzahlungen, der effektive Jahreszins und zu bestellende Sicherheiten.

§ 502 III BGB enthält in Satz 1 die Nichtigkeitsfolge für den Fall des Fehlens einer dieser Angaben oder eines Verstoßes gegen die Schriftform. In den folgenden Sätzen ist die Möglichkeit zur Heilung geregelt.

§ 6 VerbrKrG enthielt zwei Regelungen zur Heilung: In Absatz II wurde die Heilung bei allgemeinen Darlehensverträgen geregelt, Absatz III befaßte sich mit der Heilung bei Teilzahlungsgeschäften.

Die entsprechenden Regelungen zu Teilzahlungsgeschäften finden sich nun in § 502 III BGB.

Nach § 502 Absatz III Satz 2 BGB ist die Übergabe der Sache an den Verbraucher oder die Erbringung der Leistung an ihn zur Heilung erforderlich.[515]

---

513 BGH NJW 1997, S. 654 (655).

514 Palandt/Putzo § 494 Rn. 6.

515 Vgl. dazu MünchKomm/Ulmer § 6 VerbrKrG Rn. 33 ff.; Palandt/Putzo § 6 VerbrKrG Rn. 8.

Gegen die ursprünglich in § 1 a III AbzahlungsG enthaltene Bestimmung zu Teilzahlungsgeschäften wurde von *Häsemeyer* vorgebracht, daß die Nichtigkeit als Rechtsfolge ausreiche, um den Schutz des Verbrauchers zu gewährleisten und der Käufer eine mit der Änderung des Vertrages zusammenhängende Preisermäßigung nicht verdiene. Anstelle der Änderung des Vertragsinhalts müsse daher die Nichtigkeit die einzige Rechtsfolge einer solchen Regelung sein. Das Zustandekommen des Vertrags unter Änderung des Vertragsinhalts bei Übergabe der Sache wäre zudem mit den herkömmlichen Regelungen der Heilung kaum zu vergleichen und falle dogmatisch aus dem Rahmen.[516]
Gegen diese Kritik wird von *Heiss* zu Recht vorgebracht, daß das System der Preisermäßigung aus der Sicht des vom Gesetzgeber bezweckten Schutzzwecks der Norm gerechtfertigt sei, nämlich der Gewährung eines effektiven Schutzes für den Konsumenten einerseits und der Etablierung eines effektiven Anreizsystems zur formgerechten Fassung von Abzahlungsgeschäften andererseits. Die an die Übergabe anknüpfende Heilungsvoraussetzung wiederum habe den Sinn, daß der Verbraucher das Darlehen nicht mehr verlieren können soll. Sein Vertrauen auf den Bestand des Darlehensvertrages, bestärkt durch Auszahlung des Darlehens bzw. Lieferung der Sache oder Erbringung der Leistung, werde geschützt.[517]

g) *Veräußerung von Gesellschaftsanteilen: § 15 IV Satz 2 GmbHG*

§ 15 III, IV GmbHG haben den Zweck, den spekulativen Handel mit Gesellschaftsanteilen zu verhindern und den Beweis über die Veräußerung zu erleichtern.[518] Dazu bedürfen der schuldrechtliche Vertrag (Absatz IV) und der dingliche Abtretungsvertrag (Absatz III) der notariellen Beurkundung. Während ein Formverstoß beim dinglichen Vertrag unweigerlich zu dessen Nichtigkeit führt, kann ein Mangel beim schuldrechtlichen Grundgeschäft durch formgültigen dinglichen Vertrag geheilt werden (§ 15 IV Satz 2 GmbHG).[519]
Der Sinn der Heilungsvorschrift besteht nach der Begründung des Entwurfs zum GmbHG darin, daß ein ohne die geforderte Form geschlossenes Rechtsgeschäft nachträglich gültig werden muß, sobald der

516 Häsemeyer JuS 1980, S. 1 (8).
517 Heiss Formmängel, S. 238 ff. .
518 BGH NJW 1996, S. 3338.
519 Vgl. zu § 15 GmbHG auch unter B VII. .

dingliche Abtretungsvertrag hinzutritt. Andernfalls würde der materielle Rechtsgrund des letzteren, wenn er nicht ebenfalls in dem Vertrag beurkundet wird, stets der Wirksamkeit entbehren, so daß auch der dingliche Vertrag selbst der Anfechtung ausgesetzt wäre.[520]

Somit soll die Heilungsvorschrift den Bestand der formgerecht vollzogenen Abtretung bewirken und eine Rückforderung aus Gründen der Rechtssicherheit ausschließen. Wenn formgerecht erfüllt ist, soll die Anteilsübertragung nicht mehr rückabgewickelt werden, unabhängig davon, ob auf der Ebene des Verpflichtungsgeschäfts die angestrebte Handelserschwernis erreicht wurde.[521]

IV. Grenzen der Nichtigkeit

Wenn keine Möglichkeit zur Heilung des Formmangels im Gesetz vorgesehen ist, so wäre die Nichtigkeit nach § 125 Satz 1 BGB unweigerliche Folge. In § 125 BGB ist keine Ausnahme von der Folge der Nichtigkeit vorgesehen.

Nun könnte man den Standpunkt vertreten, daß dies vom Gesetzgeber in Ansehung der bisweilen für die Vertragsparteien recht harten Folgen bewußt so geregelt wurde, eine Abweichung also nur auf dem Wege der Änderung der Gesetze begründbar wäre. Sowohl in der Rechtsprechung als auch in der Literatur sind trotz dessen im Detail unterschiedliche Wege entwickelt worden, um der Nichtigkeit Grenzen zu setzen. Dies setzt allerdings das Erfüllen bestimmter Kriterien voraus.

Während die Rechtsprechung in den Fällen, in denen das Rechtsgeschäft nicht am Formmangel scheitern soll, eine Korrektur über § 242 BGB nach den Grundsätzen von Treu und Glauben vornimmt, sind in der Literatur - teilweise aber auch in der Rechtsprechung - verschiedene Versuche unternommen worden, dafür in erster Linie bestimmte Fallgruppen zu bilden.

Um eine möglichst übersichtliche Darstellung der sich teilweise überschneidenden Ansätze zu erhalten, soll hier folgender Aufbau gewählt werden: Zuerst erfolgt ein Blick auf die grundsätzliche Sichtweise der Rechtsprechung. Dabei werden die Anwendungsgebiete dieser Rechtsprechung anhand von ausgewählten Entscheidungen, in denen jeweils

---

520 Stenographische Berichte über die Verhandlungen des Reichstags, I. Session, 1890/1892, 5. Anlagenband, S. 3738.

521 BGH ZIP 1994, S. 1687 (1689).

erstmals eine Korrektur über § 242 BGB erfolgte, aufgezeigt. Auf diese Weise sollen die ursprünglichen Beweggründe hervorgehoben werden, die zur Gegenüberstellung von § 125 BGB und § 242 BGB geführt haben. Anschließend werden die unterschiedlichen Fallgruppen dargestellt, wobei hier neben einigen Fallbeispielen aus der Rechtsprechung die verschiedenen Ansätze der Literatur im Vordergrund stehen. Erst im Anschluß an diese Darstellung soll auf der so geschaffenen Grundlage eine Gesamtwürdigung erfolgen.

1. Treu und Glauben / § 242 BGB: Das schlechthin untragbare Ergebnis

Ausgehend vom Grundsatz, daß gesetzliche Formvorschriften im Interesse der Rechtssicherheit nicht aus bloßen Billigkeitserwägungen außer Acht gelassen werden dürfen,[522] werden in der Rechtsprechung Ausnahmen von der Nichtigkeit nach § 125 Satz 1 BGB nur dann für zulässig erachtet, wenn es nach den Beziehungen der Parteien und den gesamten Umständen mit Treu und Glauben unvereinbar wäre, das Rechtsgeschäft am Formmangel scheitern zu lassen. Entscheidend ist dabei, daß das Ergebnis der Nichtigkeit für die betroffenen Parteien schlechthin untragbar wäre.[523]

a) Voraussetzungen

Erste Voraussetzung ist dabei zunächst ein bis auf den Formmangel fehlerfreies Rechtsgeschäft, das insbesondere hinreichend bestimmt sein muß. Daneben muß ein schutzwürdiges Vertrauen auf die Gültigkeit des Rechtsgeschäftes von seiten der Partei bestehen, die daran festhalten will. Schließlich müßte die Berücksichtigung des Formmangels zu einem schlechthin untragbaren Ergebnis führen. Ist das der Fall, so ist das Rechtsgeschäft als gültig zu behandeln.[524]

---

522 BGHZ 45, 179; 92, 164 (172).
523 BGHZ 29, 6 (10); 48, 396 (398); 138, 339 (348).
524 BGHZ 45, 179 (183).

b) Anwendungsgebiete

Entwickelt wurde diese Korrektur der Nichtigkeit durch § 242 BGB im Zusammenhang mit der Formvorschrift des heutigen § 311 b I BGB (früher § 313 BGB).

In einer Entscheidung vom 5. Februar 1957 hat der V. Senat des BGH im Zusammenhang mit einem Vertrag, der im Anwendungsbereich der Form des § 311 b I BGB lag, umfassend Stellung genommen zur Frage, ob die Vorschrift des § 125 BGB derartige Ausnahmen zuläßt, die unter Berücksichtigung des Grundsatzes von Treu und Glauben nach § 242 BGB dazu führen können, daß den gesetzlichen Formvorschriften nicht entsprechende Vereinbarungen so zu behandeln sind, als ob sie formgültig getroffen wären. Dabei heißt es, daß es in der Regel nicht gegen Treu und Glauben verstoße, wenn ein formbedürftiger Vertrag bei Nichteinhaltung der vorgeschriebenen Form als nichtig behandelt wird. Die Beteiligten müßten sich grundsätzlich damit abfinden, daß ihnen in diesem Fall Bereicherungsansprüche oder auch Schadensersatzansprüche zustehen. Diese Rechtsfolgen allein würden aber nicht immer ausreichenden Schutz gewähren. In besonders gelagerten Fällen könne es mit dem Grundsatz von Treu und Glauben unvereinbar sein, daß ein Vertrag, der den gesetzlichen Formvorschriften nicht entspricht, als nichtig angesehen wird. Die besondere Schwierigkeit bestehe dabei nicht in der generellen Zulässigkeit, auf der Grundlage des § 242 BGB vom Gebot des § 125 BGB abzuweichen, sondern nur in der Grenzziehung zwischen den Herrschaftsbereichen beider Vorschriften. Die Anwendung des § 242 BGB gegenüber der Formnichtigkeit werde sich dabei regelmäßig nur dann rechtfertigen, wenn bei grundsätzlicher Anerkennung der Nichtigkeit des Geschäfts ausnahmsweise gerade die Verweigerung oder die Beseitigung des dem Vertrag entsprechenden Erfüllungszustandes durch den Vertragsgegner mit Treu und Glauben unvereinbar erscheine.[525]

Später wurde diese Korrekturformel von der Rechtsprechung aber auch bei mehreren anderen Formvorschriften angewendet, wie einige ausgewählte Entscheidungen zeigen:

---

[525] BGHZ 23, 249 (254 ff.).

Der VIII. Senat des BGH hat in einer Entscheidung vom 5. Juli 1967 zur Formvorschrift des § 550 BGB folgendes entschieden: Zwar sei dem Mieter gegenüber dem sich auf die mangelnde Form berufenden Vermieter in der Regel der Einwand der Arglist nicht zulässig, unter Umständen könne das Vorgehen des Vermieters aber eine unzulässige Rechtsausübung darstellen. Für die Frage, wie weit der Grundsatz von Treu und Glauben eine Berufung auf Formvorschriften unzulässig machen kann, komme es im wesentlichen auf den Zweck der Formvorschrift an, insbesondere darauf, ob die Vorschrift in erster Linie dem Schutz privater Interessen diene, wie dies bei § 550 BGB der Fall wäre. Hat der Vermieter beim mündlichen Vertragsabschluß erklärt, Maßnahmen zur an sich durch die Form bezweckten Unterrichtung eines etwaigen Grundstückserwerbers treffen zu wollen, so könne er sich nicht zu seinen eigenen Gunsten auf eine Formvorschrift berufen, die den Erwerber vor den Folgen der Unkenntnis schützen soll. Eine Kündigung unter Berufung auf § 550 BGB wäre hier ein Widerspruch zum vorausgegangenen Verhalten unter Verstoß gegen § 242 BGB.[526]

Der VII. Senat des BGH hat in einer Entscheidung vom 28. November 1957 zur Form der Bürgschaft (§ 766 BGB) entschieden: Der Bürge, der dem Gläubiger gegenüber die Bürgschaft mehrere Jahre hindurch als gültig behandelt hat und während dieser Zeit aus dem Darlehen mittelbar selbst Vorteile erlangt hat, könne sich nicht auf die Formnichtigkeit der Bürgschaft berufen.[527] Im Regelfall kann dem Bürgen meist nicht entgegengehalten werden, gegen Treu und Glauben zu verstoßen, wenn er sich auf die Formnichtigkeit der Bürgschaft beruft, da er keine Vorteile aus dem Geschäft ziehen kann. Im vorliegenden Fall hatte der Bürge als Gesellschafter der GmbH, welcher der Kredit gewährt wurde, allerdings mittelbar über mehrere Jahre hinweg vom Geschäft profitiert.[528]

Der II. Senat des BGH hat in seiner Entscheidung vom 6. Juli 1961 für die zur Abtretung eines Geschäftsanteils gemäß § 15 IV GmbHG erforderliche Form festgestellt, daß ein Formfehler nicht die Möglichkeit bieten dürfe, auf dem Rücken des Vertragspartners die Entwicklung der

526 BGH LM § 566 Nr. 15.
527 BGHZ 26, 142.
528 BGHZ 26, 142 (151).

mit dem ungültigen Vertrag ausgelösten Verhältnisse abzuwarten, ohne der Gefahr echter und wirksamer Bindung ausgesetzt zu sein.[529] Die Berufung auf die Nichtigkeit des Vertrags verstoße daher gegen Treu und Glauben, sobald der Vertrag zuvor monatelang in Kenntnis der Nichtigkeit wie ein wirksames Rechtsgeschäft gehandhabt wurde.[530]

In einer Entscheidung des Bundesarbeitsgerichts aus dem Jahr 1969 wird der Grundsatz von Treu und Glauben im Zusammenhang mit dem Formerfordernis des Vergleichs angeführt. Wenn ein gerichtlicher Vergleich lange Zeit hindurch von beiden Parteien als wirksam betrachtet und nach ihm verfahren wurde, so stelle es einen Verstoß gegen Treu und Glauben dar, wenn sich eine Partei mit dem Hinweis auf bloße Formvorschriften von dem Vergleich lossagen wolle.[531]

Dort, wo die Form in erster Linie die Interessen der Allgemeinheit oder Dritter sichern soll, kann hingegen keine Einschränkung der Nichtigkeit unter Berufung auf § 242 BGB erfolgen: Entschieden wurde dies für wettbewerbsbeschränkende Abreden nach dem früheren § 34 GWB.[532]
Gleiches gilt auch für die Formvorschriften des Familienrechts und des Sachenrechts. Das Interesse der Allgemeinheit an Rechtssicherheit und Offenkundigkeit der Rechtsverhältnisse sind bei diesen Formerfordernissen vorrangige Formzwecke.[533]
Eine Einschränkung dieses Grundsatzes fordert Einsele für den Erbvertrag (§ 2276 BGB). Hier liege der vorrangige Zweck der notariellen Beurkundung in der Warnfunktion und Beratungsfunktion, so daß eine Einschränkung der Rechtsfolgen des § 125 BGB zugelassen werden sollte.[534]

2. *Fallgruppen*

Für Ausnahmen vom Grundsatz der Nichtigkeit sind teils in der Rechtsprechung, teils in der Literatur bestimmte Fallgruppen entwickelt worden, bei denen das jeweilige Rechtsgeschäft trotz des Formverstoßes

529 BGHZ 35, 272 (279).
530 BGHZ 35, 272 (277).
531 BAG NJW 1970, S. 349.
532 OLG Stuttgart NJW-RR 1994, S. 1535 (1536).
533 MünchKomm/Einsele § 125 Rn. 62; Staudinger(12)/Dilcher § 125 Rn. 47; Flume AT II § 15 III 4 a.
534 MünchKomm/Einsele § 125 Rn. 62.
Vgl. zu dieser Frage die Ausführungen unter D IV. 2. .

seine Gültigkeit behalten soll. Insbesondere einige Stimmen der Literatur sind bestrebt, eine mangelnde Unterscheidungskraft der Formel der Rechtsprechung im Wege der tatbestandlichen Konkretisierung mittels Fallgruppenbildung zu beseitigen.[535] Die Darstellungen dieser Gruppen sind wiederum vielfältig: Teilweise werden dabei viele versplitterte Fallgruppen beschrieben, teilweise sehr unterschiedliche Sachverhalte unter einem Oberbegriff zusammengefaßt. Dies liegt sicherlich auch darin begründet, daß bei einem Umgang mit dem tiefschürfenden Terminus Treu und Glauben eine abschließende Aufzählung schwerlich vorstellbar ist.
Wenn schon keine abschließende Aufzählung der Fallgruppen möglich ist, so erhöht aber eine Staffelung anhand der Bedeutung der einzelnen Gruppen im Hinblick auf die Anzahl der Fälle und den Umfang der Diskussion die Überschaubarkeit.

a) arglistige Täuschung

Eine bedeutende dieser Fallgruppen ist die arglistige Täuschung über das Formerfordernis durch den Vertragspartner. Die Änderung der Nichtigkeitsfolge vor dem Hintergrund der Arglist *einer* Vertragspartei ist dabei die wesentliche der in der Literatur vertretenen Positionen.
Nach der Rechtsprechung des BGH kommt eine Korrektur über § 242 BGB dann nicht in Frage, wenn *beide* Parteien in Kenntnis der Formbedürftigkeit diese mißachten[536], etwa weil der eine Teil versichert, sich nicht auf den Formmangel zu berufen.[537] Wenn die Vertragsparteien in Kenntnis der Formbedürftigkeit den ordnungsgemäßen Abschluß unterlassen, nähmen sie damit alle nachteiligen Folgen der Formnichtigkeit bewußt in Kauf.[538] Gleiches gelte für den Fall, daß ein Vertragsteil ausdrücklich versichert, sich nicht auf den bekannten Formmangel zu berufen. Dieses Vorgehen im Bewußtsein der fehlenden Form könne nicht mit dem Vorgehen verglichen werden, bei dem der Formmangel von einem Teil in böser Absicht herbeigeführt wurde. Andernfalls könnte durch einfache Bestätigung eines formnichtigen Vertrages oder durch die wiederholte Zusage, die gesetzliche Form zu erfüllen, die Formvorschrift beseitigt werden. Durch die Anerkennung formnichtiger Verträge auf dem Umweg über den Grundsatz von Treu und Glauben wäre der

535 Palandt/Heinrichs § 125 Rn. 21; Medicus AT Rn. 630; Larenz SchuldR I § 10 III.
536 BGH LM § 313 Nr. 23.
537 BGH LM § 313 Nr. 37.
538 BGH LM § 313 Nr. 23 Blatt 3.

Formzwang damit praktisch ausgeschaltet und den Parteien die Bestimmung der Vertragsform überlassen. Die Anwendung des § 242 BGB müsse schließlich eine auf die Vermeidung untragbarer Ergebnisse beschränkte Ausnahme bleiben.[539]
Hier besteht ein Unterschied zwischen den Ansätzen der Rechtsprechung und der Literatur zu Ausnahmen vom Grundsatz der Nichtigkeit: Gerade die geschilderten Probleme sind für viele Stimmen der Literatur Anlaß für eine Ausnahme vom Grundsatz des § 125 BGB.
Die Vertragspartei, die auf die Gültigkeit des Vertrages vertraut hat, soll einen Anspruch auf Erfüllung haben, wenn sie durch die andere Partei bei Vertragsabschluß über die Formbedürftigkeit bzw. über die spätere Berufung auf die Formbedürftigkeit arglistig getäuscht wurde, etwa deshalb, um sich später eventuell auf den Formmangel berufen zu können.[540]

Jauernig will dabei die Belange beider Parteien beachtet wissen: Wenn die Nichtigkeit für eine Vertragspartei schlechthin untragbar ist, so wäre eine Ausnahme von § 125 BGB nur dann der anderen Partei zumutbar, wenn deren Verhalten im Hinblick auf den Formverstoß schlechthin untragbar sei.[541]
Der umgekehrte Fall, nämlich die Mißachtung der Form auf Grund der Unkenntnis beider Parteien, ist dem Grundsatz der Nichtigkeit nach § 125 BGB unterworfen. Hier besteht kein Anlaß für eine Korrektur, die Rückabwicklung erfolgt anhand der üblichen Instrumente.
Die Begründungen für den zu gewährenden Erfüllungsanspruch sind unterschiedlich, aber das Ergebnis ist dasselbe.

Canaris vertritt den Standpunkt, daß das nicht formgerecht abgeschlossene Rechtsgeschäft unter allen Umständen nichtig sei. Eine Einschränkung des § 125 BGB würde zur vollen Wirksamkeit des Vertrages führen, so daß sich auch die arglistig handelnde Vertragspartei auf diesen Vertrag berufen könne. Daher müßten diese Fälle durch eine Vertrauenshaftung nach Treu und Glauben gelöst werden, die sich nur auf den Anspruch auf die vereinbarte Leistung beziehe.[542]

---

[539] BGH LM § 313 Nr. 37.

[540] Soergel/Hefermehl § 125 Rn. 43; Palandt/Heinrichs § 125 Rn. 22.
[Vgl. zu dieser Problematik auch die neue Rechtsprechung zur Einheitlichkeit der Urkunde bei der Schriftform unter D I 2. a) bb).]

[541] Jauernig § 125 Rn. 15.

[542] Canaris, Vertrauenshaftung, S. 274 ff. (294 ff.).

Medicus unterteilt in drei Fallgruppen: Die bewußte Nichtbeachtung der Form, die Täuschung über die Formbedürftigkeit und die versehentliche Nichtbeachtung der Form.[543] Bei bewußter Nichtbeachtung der Form soll es bei der Rechtsfolge der Nichtigkeit bleiben. Für den Fall der arglistigen Täuschung über die Formbedürftigkeit soll es dem Getäuschten überlassen werden, ob der Vertrag als wirksam behandelt werden soll, um zu verhindern, daß der Täuschende gegen den Willen des Getäuschten Erfüllung verlangen könne. Schließlich soll in den Fällen der versehentlichen Nichtbeachtung der Form nur derjenige Vertragspartner aus culpa in contrahendo ersatzpflichtig sein, der dem anderen Betreuung schuldet. Es könne nicht allgemein gelten, daß eine Partei zur Einhaltung der Form verpflichtet sein soll. Die Schutzunwürdigkeit müsse im Einzelfall begründet werden.

Hat eine Partei die andere über die Formbedürftigkeit des Vertrages arglistig getäuscht, muß nach *Palm* die getäuschte Partei geschützt werden. Schadensersatzansprüche aus culpa in contrahendo oder unerlaubter Handlung genügten dazu nicht, da diese auf Ersatz des negativen Interesses beschränkt sind. Dieses decke sich nicht mit dem Erfüllungsinteresse, da die arglistige Partei den Vertrag nicht formgerecht geschlossen hätte. Der formnichtige Vertrag müsse daher hier wie ein gültiger behandelt werden. Allerdings könne der Täuschende vom Getäuschten nicht gegen dessen Willen Vertragserfüllung verlangen.[544]

b) Schwere Pflichtverletzung

Eine weitere Fallgruppe ist die Verletzung einer Fürsorgepflicht oder einer Treuepflicht.
Diese wurden durch die Rechtsprechung des BGH entwickelt.

aa) Fürsorgepflicht

Wenn die Nichtbeachtung der Formvorschrift in der Verletzung einer besonderen Fürsorgepflicht des einen Vertragspartners gegenüber dem

[543] Medicus BR Rn. 180-185.
[544] Erman/Palm § 125 Rn. 26.

anderen besteht, so muß die Nichtigkeitsfolge gegenüber dem Grundsatz von Treu und Glauben zurücktreten.[545]
Diese Fürsorgepflicht wird teilweise auch als Betreuungspflicht bezeichnet.
Von der Rechtsprechung anerkannt wurde eine besondere Fürsorgepflicht in Beziehungen zwischen Siedlungsunternehmen und Siedler, zwischen Behörde und Bürger und zwischen Wohnbaugesellschaft und Eigenheimbewerber.
Im einzelnen wurden privatschriftliche Grundstückskaufverträge zwischen Siedlern und Siedlungsunternehmen als wirksam beurteilt. Hier hatte das Siedlungsunternehmen jahrelang nicht nur die Verträge privatschriftlich abgeschlossen, sondern auch auf der Grundlage eines Geschäftsbesorgungsvertrages gegenüber den Siedlern weitreichende Betreuungspflichten übernommen. Diese Betreuungspflicht beinhalte auch die Verpflichtung, die Rechtsstellung des Siedlers zu sichern, dementsprechend bestehe auch die Pflicht, die erforderlichen Vertragsformen zu wahren. Schließlich könne auch das Ansehen einer Gesellschaft die Erwartung fördern, das Unternehmen wisse über alle rechtlichen Erfordernisse Bescheid und wäre gewillt, diese Erfordernisse zu erfüllen.[546]
Ein besonderes Fürsorgeverhältnis wurde auch gesehen im Verhältnis von Großstadt zu Bürger. Die Großstadt weigerte sich, einen nicht formgemäßen Vertrag zu erfüllen. Die Stadt hat aber in 276 vorangegangenen früheren Fällen die formfehlerhaften Abmachungen eingehalten. Der Bürger hat der Stadt das berechtigte Vertrauen entgegengebracht, daß auch die restlichen Verträge nach den bisherigen Gepflogenheiten abgewickelt werden würden. Die Weigerung der Stadt, unter Verweisung auf den Formmangel den Vertrag nun nicht mehr zu erfüllen, sei in hohem Maße widersprüchlich und verstoße gegen die Gebote von Treu und Glauben. Zudem sei der Schutzgedanke der Formvorschrift des § 311 b I BGB dadurch abgeschwächt, daß die Stadt in Erfüllung einer ihr gesetzlich obliegenden Reprivatisierungspflicht gehandelt habe und damit von Gesetzes wegen zur Veräußerung der Grundstücke verpflichtet sei, so daß sie lediglich noch eine Auswahl unter den Interessenten zu treffen habe. Unter Berücksichtigung dieser beiden Punkte könnten die Vereinbarungen der Parteien unter dem

[545] Erman/Palm § 125 Rn. 28.
[546] BGH LM § 313 Nr. 10.

Gesichtspunkt des Formzwangs nach § 311 b I BGB nicht als ungültig angesehen werden.[547]
Schließlich wurde bei einer im gemeinnützigen Wohnbau tätigen Gesellschaft, welche die Verschaffung von Wohnraum zu ihren die Gemeinnützigkeit begründenden Pflichten zählt, von einer besonderen Fürsorgepflicht ausgegangen. Das Unternehmen hatte nur schriftliche Vereinbarungen abgeschlossen, in denen Eigenheimbewerber sich zur Zahlung des Kaufpreises verpflichteten. Der geplante Abschluß eines endgültigen Vertrages ist später unterblieben.[548]

Die Rechtsprechung des BGH im Zusammenhang mit der schweren Pflichtverletzung wird von *Heinrichs* als fallbezogen, nicht widerspruchsfrei und kaum zu systematisierend kritisiert.[549]

bb) Treuepflicht

Bei einigen Entscheidungen hat der BGH darauf abgestellt, ob eine besonders schwere Treuepflichtverletzung vorliegt.[550] Zu einer besonders schweren Treuepflichtverletzung kann auch arglistiges Verhalten führen.[551]
Eine besondere Treuepflicht ergibt sich zumeist aus dem Ungleichgewicht zwischen den Parteien, so daß eine Partei auf die ordnungsgemäße Abwicklung des Rechtsgeschäfts durch die beruflich agierende Partei vertrauen dürfe.[552]
Erst recht gelte dies wenn die Gültigkeit des Vertrages trotz Nichteinhaltung der Form ausdrücklich zugesichert wurde.[553]

Ist der Formmangel beiden Vertragspartnern beim Abschluß des Rechtsgeschäfts bewußt, besteht nach *Battes* im Regelfall kein Raum für eine Korrektur der Nichtigkeit, soweit nicht eine besondere Schutzwürdigkeit hinzukommt. Allein das Vertrauen auf die Erfüllung des formwidrigen Vertrages ist dafür nicht ausreichend. Dieses Vertrauen

547 BGHZ 92, 164 (172 f.).
548 BGH NJW 1965, S. 812 ff..
549 Palandt/Heinrichs § 125 Rn. 23.
550 BGHZ 16, 334; 48, 396.
551 BGHZ 85, 315.
552 Heiss Formmängel, S. 379.
553 BGH NJW 1972, S. 1189 (1190).

könne nur dort als Basis für Treu und Glauben dienen, wo Wahrhaftigkeit und Treue beim anderen vorausgesetzt werden dürfen.[554]

c) *Existenzgefährdung und Höferecht*

Eine dritte Gruppe umfaßt die Fälle der Existenzgefährdung.
Neben der schweren Pflichtverletzung ist dies eine weitere der Fallgruppen, in denen die Rechtsprechung eine Korrektur über § 242 BGB vorgenommen hat. Sofern ein Vertragsteil in seiner Existenz gefährdet wird, kann der Vertrag dabei trotz Nichtbeachtung der vorgeschriebenen Form wirksam sein.
Ein Fall, in dem unter dem Gesichtspunkt der Existenzgefährdung eine solche Korrektur erfolgte, ist der, bei dem ein 63-jähriger Handwerker mit einem gemeinnützigen Wohnungsunternehmen einen Kaufanwärtervertrag abgeschlossen hatte und fast den gesamten Kaufpreis bereits bezahlt hatte. Der Handwerker hatte dafür seine gesamten Ersparnisse investiert. Das Wohnungsunternehmen berief sich sodann auf den Formverstoß und damit auf die Nichtigkeit des Vertrages.[555]

Teile der Literatur wollen die Fälle der Existenzgefährdung wie andere der Gerechtigkeit im Einzelfall zuwiderlaufende Härtefälle über eine Haftung nach culpa in contrahendo lösen.[556]
Medicus ist hingegen der Ansicht, daß ein Anspruch aus culpa in contrahendo seinem Umfang nach (ersetzt wird das positive Interesse) kein geeignetes Instrument ist, um diese Fälle sachgerecht zu erfassen.[557]
Die für eine Existenzgefährdung beispielhaften Fälle finden sich im Höferecht.

Das sogenannte Höferecht ist eine sehr spezielle Fallgruppe, die aber in größerer Anzahl die Gerichte beschäftigt hat. Sie bildet die Grundlage für die später auch auf andere Rechtsgebiete angewandte Fallgruppe der Existenzgefährdung.
Der BGH hat in seiner Rechtsprechung zum Höferecht anerkannt, daß in der Übertragung der Bewirtschaftung eines Hofes auf einen Abkömmling

---

554 Battes JZ 1969, S. 683 (690).
555 BGH NJW 1972, S. 1189 (1190).
556 Larenz Schuldrecht I § 10 III; Staudinger/Wufka § 313 Rn. 260.
557 Medicus BR Rn. 185.

eine trotz des Formmangels wirksame Hoferbenbestimmung liegen kann.[558]
Trotz Formverstoß wurde auf diese Weise dem Hofübergabevertrag und der Verfügung von Todes wegen als erbvertraglicher Bindung des Hofeigentümers Gültigkeit eingeräumt.
Durch Art und Umfang der Beschäftigung des Abkömmlings auf dem Hof hatte der Hofeigentümer zu erkennen gegeben, daß er diesen für die Hofnachfolge ausgewählt hatte. Der Sohn des Hofeigentümers hat seine Arbeitskraft in die Bewirtschaftung des Hofs investiert und andere Berufschancen oder andere Ausbildungen ungenutzt verstreichen lassen. Wenn der Hofeigentümer nun später beschließt, den Hof jemand anderem zu übergeben, hat der ursprünglich vorgesehene Abkömmling auf Grund mangelnder Ausbildung und fortgeschrittenen Alters keine anderen Berufschancen, die Hofübergabe wird für ihn auf diese Weise zu einer existentiellen Frage.[559]
Den von der Rechtsprechung entwickelten Grundsatz hat der Gesetzgeber im Jahr 1976 übernommen und in die Neuregelung des § 7 Höfeordnung einfließen lassen.
§ 7 I Satz 1 Höfeordnung besagt, daß der Eigentümer den Hoferben durch Verfügung von Todes wegen frei bestimmen kann oder ihm den Hof im Wege der vorweggenommenen Erbfolge (Übergabevertrag) übergeben kann.
Im Interesse des Hoferben und des Erblassers wird die formlose Hoferbenbestimmung rechtlich abgesichert. Durch die Bindung des Erblassers an die Hoferbenbestimmung wird der Schutz des auf dem Hof arbeitenden Abkömmlings, der formlos zum Hoferben bestimmt wurde, grundsätzlich gewährleistet.[560]
Beim Höferecht wird dem realen Vollzug einer Absprache ein solches Gewicht beigemessen, daß diese Absprache selbst dann Erfüllungsansprüche nach sich ziehen kann, wenn die Vereinbarung bewußt nicht formgemäß abgeschlossen wurde.[561]
Für solche Fälle, die von § 7 Höfeordnung nicht erfaßt werden, kann die Rechtsprechung aber weiterhin entscheidend sein.[562] Zuletzt hat der V. Senat des BGH im Jahr 1992 ausgeführt, daß ein Rückgriff auf die

558 BGHZ 12, 286; 23, 249; 47, 184.
559 Heiss Formmängel, S. 378.
560 Lange/Wulff/Lüdtke-Handjery Einleitung Rn. 4.
561 Battes JZ 1969, S. 683 (689).
562 BGHZ 73, 324; 87, 237; 119, 387.

Rechtsprechung zum Höferecht unter Anwendung des § 242 BGB auch nach der Novellierung der Höfeordnung nicht ausgeschlossen ist. In dieser Entscheidung, die sich mit einer bisher nicht thematisierten Frage zum geschützten Personenkreis des Höferechts befaßt, wurde argumentativ neben dem Grundsatz von Treu und Glauben auch auf das Rechtsempfinden der bäuerlichen Bevölkerung Bezug genommen.[563] Dies verdeutlicht abermals den besonderen und wohl einmaligen Charakter des Höferechts.

Sachlich können die Grundsätze zum Höferecht auch als Unterfall der Existenzgefährdung angesehen werden.

d) *Unmöglichkeit sachgemäßer Rückabwicklung bezüglich bereits gezogener Vorteile*

Schließlich umfaßt eine weitere Gruppe die Fälle der Unmöglichkeit der sachgemäßen Rückabwicklung des Geschäfts im Hinblick auf bereits aus diesem Geschäft gezogene Vorteile.

Hierunter fällt beispielsweise der bereits erwähnte vom BGH behandelte Sachverhalt, in dem ein Gesellschafter einer GmbH sich für deren Verbindlichkeiten verbürgte und der Gläubiger der GmbH dieser sodann über mehrere Jahre Kredit gewährte, was auch dem bürgenden Gesellschafter nützte.[564]

Auch bei einem Auseinandersetzungsvertrag einer Gesellschaft war eine sachgemäße Rückabwicklung nicht mehr möglich: Der ausscheidende Komplementär war der Inanspruchnahme für umfangreiche Verbindlichkeiten aus dem Weg gegangen, die Gesellschaft wurde inzwischen durch den neuen Unternehmer zu neuer Ertragskraft geführt. Auch in einem solchen Fall müsse die Berufung auf die Formnichtigkeit als ein Rechtsmißbrauch angesehen werden.[565]

Auch hier gilt allerdings, daß besondere und schwerwiegende Gründe für die Abweichung vom Grundsatz der Nichtigkeit vorliegen müssen. Allein der unwiederbringliche Charakter einer Leistung ist hierfür nicht ausreichend.

Dies gilt um so mehr, wenn beiden Parteien der Formzwang bewußt war. Durch einen nicht formgemäßen Vertragsabschluß trotz beiderseitiger

---

[563] BGHZ 119, 387 (390).
[564] BGHZ 26, 142 (151 f.).
[565] BGH WM 1962, S. 9 (10).

Kenntnis der Formpflicht bringen die Parteien zum Ausdruck, sich nicht rechtlich wirksam binden zu wollen. Hier könne ein Vertrauen auf die tatsächliche Erfüllungsbereitschaft auch nicht als Grundlage für einen Erfüllungsanspruch dienen, wenn eine Partei bei der Leistung unwiederbringliche Folgen auf sich genommen hat. Wer als Leistender sowohl den Mangel der rechtlich korrekten Bindungsbereitschaft des anderen als auch den unwiederbringlichen Charakter seiner eigenen Leistung erkenne, wird seine eigene Leistung verweigern müssen und auf die Gegenleistung verzichten müssen.[566]

Allgemein kann der Rechtsprechung der in vielen der Fallgruppen auftauchende Grundsatz entnommen werden, daß der Formmangel unter Umständen bereits dann zu vernachlässigen ist, wenn die Parteien den Vertrag längere Zeit als gültig behandelt haben und ein Vertragsteil daraus erhebliche Vorteile gezogen hat.[567]

Allein die langjährige Durchführung des Vertrages wird dagegen in vielen Entscheidungen nicht als ausreichender Grund für eine Abweichung von § 125 BGB erachtet.[568]

So ist auch eine langjährige Vertragsdurchführung nicht mit der Unmöglichkeit der sachgerechten Rückabwicklung gleichzusetzen. Also soll § 242 BGB auch nicht dazu dienen, nach langer Zeit einen Ausgleich dafür zu schaffen, daß beispielsweise die rückabzuwickelnde Kaufpreiszahlung angesichts der Geldentwertung durch Inflation nunmehr nicht dem Wert zur Zeit der Zahlung entspricht.[569] Insofern wird auch hier wieder deutlich, daß stets die besonderen Einzelheiten des Einzelfalls die Entscheidung bestimmen.

3. *Gesamtwürdigung*

Die Rechtsprechung, die auf der Grundlage des § 242 BGB an sich formnichtige Rechtsgeschäfte nicht der Nichtigkeitsfolge des § 125 BGB unterwirft, birgt mit Zunahme der Fälle durchaus gewisse Gefahren. So scheint beispielsweise die Rechtsprechung zum Höferecht dazu beigetragen zu haben, daß sich in landwirtschaftlichen Kreisen das Bewußtsein über die Formpflicht von Grundstücksgeschäften lange Zeit

566 Battes JZ 1969, S. 683 (690).
567 Palandt/Heinrichs § 125 Rn. 27.
568 BGH LM § 242 (Ca) Nr. 32 (Grundstückskaufvertrag von den Parteien 14 Jahre als wirksam erachtet); BGH WM 1965, S. 480 (482) (Parzellentausch von den Parteien 10 Jahre als wirksam erachtet).
569 BGH LM § 242 (Ca) Nr. 32.

nicht durchgesetzt hat. Auch im Erbrecht, hier insbesondere hinsichtlich des eigenhändigen Testaments, kann eine verstärkte Korrektur formwidriger Erklärungen dazu führen, daß die Rechtsanwender zu der irrigen Erkenntnis gelangen, daß die Einhaltung bestimmter Formen letztlich eine untergeordnete Rolle spiele. Hinzu kommt, daß durch die Lektüre des Gesetzestextes nicht erkennbar ist, wann eine Abweichung von § 125 BGB vorgenommen werden kann. Selbst die von der Rechtsprechung verwendete Formel des schlechthin untragbaren Ergebnisses ist fast ebenso schwer zu konkretisieren wie Treu und Glauben. Somit geht die von der Rechtsprechung durch diesen Weg erreichte Gerechtigkeit im Einzelfall auf Kosten der allgemeinen Rechtssicherheit.

Mit der Anordnung einer besonderen Form für ein Rechtsgeschäft sollen bestimmte Funktionen erfüllt werden, die nicht zuletzt auch dem Erklärenden bzw. den Vertragsparteien hilfreich sein sollen. Ohne die Rechtsfolge der Nichtigkeit des § 125 BGB kann dies nicht in gleicher Weise erreicht werden, denn gerade diese Bestimmung zwingt im Grunde genommen zur Einhaltung der Form. Daher ist auf die Befolgung des § 125 BGB besonders Wert zu legen.

Trotz aller Kritikpunkte an der Rechtsprechung besteht auch in der Literatur kein Zweifel daran, daß derjenige, der die Einhaltung der gesetzlich vorgeschriebenen Form verhindert, um sich seiner Verpflichtung gegebenenfalls mit dem Hinweis auf den Formmangel entziehen zu können, durch die Rechtsordnung in seinem Verhalten nicht belohnt werden dürfe.[570]

Zutreffend stellt *Flume* fest, daß es nicht hingenommen werden könne, daß jemand auf diese Weise sein Spiel mit dem Recht treiben dürfe.[571]

Als Ergebnis dieser Betrachtung kann damit folgendes festgehalten werden: Bei besonderen Sachverhalten führt nur eine Abweichung vom Grundsatz des § 125 BGB zu sachgerechten Ergebnissen. Eine solche Abweichung kann gerechtfertigt sein, um den Mißbrauch der Nichtigkeitsfolge bei Formverstoß durch eine - arglistig handelnde - Vertragspartei zu vermeiden.

Diese Fallgruppe ist jedoch die einzige, deren Berechtigung vollends zu überzeugen vermag. Hier muß eine Korrektur abweichend von § 125 BGB erfolgen.

---

570 Larenz Schuldrecht I § 10 III.
571 Flume AT § 15 III 4 c) (S. 281).

Nichtsdestoweniger sollte die Abweichung vom Grundsatz des § 125 Satz 1 BGB im Interesse der Rechtssicherheit die Ausnahme bleiben. Alle anderen Fallgruppen haben eher zu Unklarheit geführt, wie die Fallgestaltungen im Höferecht oder im Erbrecht gezeigt haben. In diesen Fällen sollte eine Abweichung von § 125 BGB unterbleiben. Dies könnte zwar kurzfristig zu weniger Gerechtigkeit im Einzelfall führen. Langfristig würde jedoch auf diese Weise das Bewußtsein über die bestehenden Formpflichten in der Allgemeinheit bzw. in den betroffenen Kreisen gestärkt, so daß letztenendes durch so erreichte stärkere Einhaltung der Form eine bessere Verwirklichung der Funktionen der Form erwirkt wird.

Sechstes Kapitel

In diesem Kapitel werden die beiden neuen Formen des BGB vorgestellt: Die elektronische Form des § 126 a BGB und die Textform des § 126 b BGB. Bei den Ausführungen zur elektronischen Form steht dabei die Signatur als Gegenstück zur Unterschrift im Mittelpunkt der Betrachtung. Schließlich soll die Eignung der beiden neuen Formen zur Erfüllung von Formfunktionen beleuchtet werden.

F *Formvorschriften und "Neue Medien"*

Bereits im Rahmen der klassischen Formen haben eine Reihe kontrovers diskutierter Punkte den zunehmenden Einsatz elektronischer Hilfsmittel zum Hintergrund: So ist es bei der Schriftform bezüglich der Eigenhändigkeit der Unterschrift oder bei der notariellen Beurkundung bezüglich der Verlesung.

In den letzten drei Jahren haben die Medien der Informationstechnik bereits eine starke Durchdringung der Einwohner erreicht:
Im Jahr 2001 besitzt statistisch

- jeder Dritte Einwohner Deutschlands einen PC
  (330 PC je 1000 Einwohner),
- über zwei Drittel ein Mobiltelefon
  (690 Mobiltelefone je 1000 Einwohner)
- und jeder Dritte verfügt über Zugang zum Internet und
  nutzt diesen auch regelmäßig
  (370 Internetnutzer je 1000 Einwohner)

Für die folgenden Jahre ist ein weiterer Anstieg prognostiziert:
Für das Jahr 2002 werden

- 370 PC je 1000 Einwohner,
- 760 Mobiltelefone je 1000 Einwohner,
- und 430 Internetnutzer je 1000 Einwohner erwartet.[572]

Unter anderem als Reaktion auf die Verbreitung der neuen Medien über den geschäftlichen Massenverkehr hinaus hat der Gesetzgeber zwei neue

[572] Deutschland in Zahlen 2002, Institut der deutschen Wirtschaft Köln, S. 97.

Formen geschaffen: Die elektronische Form (§ 126 a BGB) und die Textform (§ 126 b BGB).

I. § 126 a BGB Elektronische Form

Neu eingeführt wurde die elektronische Form des § 126 a BGB mit Wirkung zum 1. August 2001.[573] Nach § 126 III BGB kann die Schriftform durch die elektronische Form ersetzt werden, soweit das Gesetz in der konkreten Formvorschrift nicht etwas anderes bestimmt.
Zur Ersetzung der Schriftform durch die elektronische Form muß der Aussteller der Erklärung dieser seinen Namen hinzufügen und das Dokument mit einer qualifizierten elektronischen Signatur versehen (§ 126 a I BGB). Die elektronische Form erhält ihre Wirkung also in einer Kombination mit den Regelungen des Signaturgesetzes[574], insbesondere hinsichtlich der qualifizierten Signatur.
Genau genommen ist die elektronische Form damit keine eigenständige Form mit eigenen Zielsetzungen, sondern nur eine Variante zur Schriftform.
Verdeutlicht wird dies durch die negative Bestimmung der Anwendungsfälle: Überall dort, wo die Schriftform vorgeschrieben ist, kann nun die elektronische Form alternativ gewählt werden; nur dort, wo dies ausdrücklich ausgeschlossen ist, bleibt zur Schriftform keine Wahl. Dieser partielle Ausschluß der elektronischen Form zeigt aber auch, daß der Gesetzgeber seinem Werk nicht vollends zutraut, gleichberechtigt neben die Schriftform zu treten und ebenso alle deren Formzwecke zu erfüllen.[575]
So heißt es auch im Gesetzentwurf[576], daß auf Grund der tatsächlichen Unterschiede zwischen beiden Formen keine völlige Funktionsäquivalenz besteht. Einige Funktionen würden besser durch die Schriftform erfüllt, andere besser durch die elektronische Form. Da die einzelnen Funktionen nicht immer klar abzugrenzen wären und auch in den einzelnen Anwendungsfällen unterschiedlich stark vertreten wären, könnte eine solche Funktionsäquivalenz aber nicht vollkommen hergestellt werden.

---

573 Gesetz zur Anpassung der Formvorschriften des Privatrechts und anderer Vorschriften an den modernen Rechtsverkehr vom 13. Juli 2001, BGBl. I Nr. 35 ausgegeben am 18. Juli 2001, S. 1542-1549.
574 Gesetz über Rahmenbedingungen für elektronische Signaturen vom 16. Mai 2001, BGBl. I Nr. 22 ausgegeben am 21. Mai 2001, S. 876-884.
575 In diesem Sinne auch Hähnchen NJW 2001, S. 2831 (2832).
576 Entwurf eines Gesetzes zur Anpassung der Formvorschriften des Privatrechts und anderer Vorschriften an den modernen Rechtsverkehr, beschlossen vom Bundeskabinett am 6. 9. 2000, S. 29.

Obwohl Korrelat zur eingängigen Schriftform ist die elektronische Form zugleich auch diejenige Form, welche auf Grund der technischen Komponente am anspruchsvollsten ist. Die technischen Vorgänge um die elektronische Signatur und der rechtliche Rahmen zu deren Regelung erfordern auch dank durchweg englischer Termini einiges an Fachwissen und sind so zumindest heutzutage im Vergleich zur Schriftform wohl kaum von Jedermann im täglichen Leben zu betätigen geschweige denn zu durchschauen.
Vorerst dürfte die elektronische Form damit nur ein Instrument für den geschäftlichen Rechtsverkehr sein.
Ein großer Hinderungsgrund für eine zügige Ausweitung der elektronischen Form dürfte aber in der geringen Verbreitung der dazu erforderlichen Geräte liegen.
Zwar ist wie eingangs aufgeführt sowohl der PC als auch der Internetzugang inzwischen in vielen Haushalten vertreten, zur Erstellung der für die elektronische Form erforderlichen Signatur bedarf es aber auch noch eines Chipkartenlesegeräts plus zugehöriger Chipkarte. Ob sich dieses Lesegerät angesichts der heute noch damit verbundenen Kosten in Zukunft zum gängigen Zubehör entwickeln wird, stellt somit eine zentrale Frage für den Erfolg der elektronischen Form im Alltag dar.[577]

1. Anwendungsbereich und Voraussetzungen

Der Anwendungsbereich für die elektronische Form stimmt dem Grunde nach mit dem der Schriftform überein: § 126 III BGB besagt, daß die elektronische Form die Schriftform[578] ersetzen kann, wenn sich nicht aus dem Gesetz etwas anderes ergibt. Damit ist der Einsatzbereich negativ formuliert. Um festzustellen, ob die elektronische Form angewandt werden kann, ist ein Nachschlagen in der einzelnen Formvorschrift erforderlich.

a) Zivilrecht

In einigen Formvorschriften wird dementsprechend die elektronische Form ausgeschlossen, so in § 492 BGB für das Verbraucherdarlehen, in

[577] So auch Büllingen/Hillebrand DuD 2000, S. 80 (82 f.).
[578] Zu den Anwendungsfällen der Schriftform unter D I 1..

§ 623 BGB für die Beendigung des Arbeitsverhältnisses, in § 761 BGB für das Leibrentenversprechen, in § 766 BGB für die Bürgschaft, in §§ 780, 781 BGB für Schuldversprechen und Schuldanerkenntnis, in § 73 Satz 3 HGB für das Zeugnis eines Handlungsgehilfen und in § 3 I TzWrG für den Vertrag über die Teilnutzung von Wohngebäuden.
Mit der gesetzgeberischen Entscheidung zur Einschränkung des Anwendungsbereichs der elektronischen Form sind einige nicht zufrieden:
Der Ausschuß für Multimedia- und Telekommunikationspolitik des Bundesverbandes der deutschen Industrie fordert dementsprechend zur Ausschöpfung der Potentiale des Internets eine vollkommene Gleichstellung der qualifizierten elektronischen Signatur mit der Unterschrift.[579]

b) *Zivilprozeßrecht*

Prozeßrechtlich ermöglicht die elektronische Form die Einreichung vorbereitender Schriftsätze bei Gericht (§ 130 a ZPO) und den Anscheinsbeweis (§ 292 a ZPO), letzteres allerdings nur bei der qualifizierten elektronischen Signatur.
Die Aufnahme von bestimmten Verfahren für die elektronische Signatur in die Prozeßordnung wurde in vorhergehenden Überlegungen deswegen für ausgeschlossen gehalten, da auf diese Weise die Gerichte bei einer Änderung der technischen Gegebenheiten gezwungen seien, sich über das Gesetz hinwegzusetzen oder andernfalls eine mit den tatsächlichen Verhältnissen nicht zu vereinbarende Verteilung der Beweislast zugrundezulegen. Denn ein Verfahren, das heute noch als sicher gilt, könne innerhalb kurzer Zeit diese Eigenschaft verlieren. Daher sollten nur offene Regelungen aufgenommen werden, die entsprechend dem Stand der Technik durch Ausführungsvorschriften zu konkretisieren wären.[580]

aa) *Elektronisches Dokument, § 130 a ZPO*

§ 130 a I ZPO besagt, daß für eine ganze Reihe von an sich schriftlich zu erstellenden Akten[581] die Aufzeichnung als sogenanntes elektronisches Dokument genügt.

---

579 Welt am Sonntag Nr. 7 vom 17. Februar 2002, S. 39; so auch Mallmann/Heinrich ZRP 2000, S. 470 (472).
580 Melullis MDR 1994, S. 109 (113).
581 Aufgezählt werden: vorbereitende Schriftsätze inklusive Anlagen, Anträge und Erklärungen der Parteien, Auskünfte, Aussagen, Gutachten und Erklärungen Dritter.

Die Zulassung der elektronischen Form kann dabei auf einzelne Gerichte oder Verfahren beschränkt werden (§ 130 a II Satz 3 ZPO).
Da diese Schriftsätze bisher bereits schon wirksam per Telefax übermittelt werden konnten[582], ist die Zulassung der elektronischen Form nur die konsequente Fortsetzung dieses bisherigen Brauches.
Wichtig war in der Gesetzgebung dabei, daß § 130 a I ZPO für bestimmende Schriftsätze als zwingende Vorschrift zu werten ist und lediglich entsprechend der von der Rechtsprechung zu § 130 ZPO entwickelten Fälle von einer qualifizierten elektronischen Signatur abgesehen werden kann.[583]
Für die Gerichte entsteht dadurch die Schwierigkeit, nicht nur die neuen Ausrüstungen zur Prüfung der Signaturen zu integrieren sondern auch die elektronischen Dokumente in die Prozeßabläufe einzufügen.[584]

bb) Anscheinsbeweis, § 292 a ZPO

§ 292 a ZPO regelt den Anscheinsbeweis bei qualifizierter elektronischer Signatur. Danach kann der Anschein der Echtheit einer in elektronischer Form vorliegenden Willenserklärung nur durch solche Tatsachen erschüttert werden, die ernstliche Zweifel daran begründen, daß die Erklärung mit dem Willen des Signaturschlüssel-Inhabers abgegeben wurde.
Grundlage hierfür ist die personenbezogene Erteilung der qualifizierten elektronischen Signatur nach § 5 I SigG.
Der elektronischen Form wird damit eine besondere Beweiswirkung zugemessen, wobei nicht nur die Echtheit der Erklärung, sondern auch die Echtheit der Signatur selbst Inhalt dieser Regelung ist.[585] Eingeordnet wird § 292 a ZPO als neuartige Figur des gesetzlichen Anscheinsbeweises.[586]
Diese Regelung geht über die europarechtlichen Vorgaben hinaus und wird wegen ihrer weitgehenden Rechtsfolge bisweilen für mißlungen gehalten. Hier könne aber die Rechtsprechung durch die entsprechende Konkretisierung der "ernstlichen Zweifel begründenden Tatsachen" bei

582 Siehe unter D I 2. c) aa).
583 Protokoll der 765. Sitzung des Bundesrates vom 22. Juni 2001, S. 322.
584 Vgl. Dästner NJW 2001, S. 3469 (3470 f.).
585 Oertel MMR 2001, S. 419 (420); Dästner NJW 2001, S. 3469.
586 Oertel MMR 2001, S. 419 (420); Roßnagel NJW 2001, S. 1817 (1826).

Bedarf korrigierend tätig werden.[587] Dieser Kritik wird entgegengehalten, daß die Beweisregelung gerade nicht durch die einfache Behauptung zu entkräften sei, daß der Schlüssel widerrechtlich benutzt worden sei und es somit bei weitergehendem Tatsachenvortrag auch geboten sei, dem Gericht die Beurteilung zu überlassen, ob die Vermutung des § 292 a ZPO noch greift oder entkräftet ist.[588]
Im Grunde basiert der Anscheinsbeweis auf einem typischen Geschehensablauf, welcher sich aus der Lebenserfahrung ergibt.[589] Der wohl bekannteste dieser aus der Lebenserfahrung hergeleiteten Grundsätze ist, daß die Ursache für ein Auffahren eines PKW-Fahrers auf das vorausfahrende Fahrzeug ohne erkennbaren Grund in der mangelnden Sorgfalt, also in einer Fahrlässigkeit des Fahrers liegt.[590]
Für die elektronische Signatur fehlt es eigentlich an der Lebenserfahrung, um in dieses Muster des Anscheinsbeweises zu passen und so die Regelung des § 292 a ZPO begründen zu können. Schlimmer noch ist aber wohl die unklare Formulierung ("ernstliche Zweifel"). Denn gerade eine präzise Formulierung ist wichtig, um einen für die Praxis tauglichen Anscheinsbeweis zu schaffen. Würde etwa der genannte Erfahrungssatz zum Auffahren auf den vorausfahrenden PKW um die Eingrenzung "ohne erkennbaren Grund" reduziert werden, so ließen sich auf einmal viel mehr Fälle darunter subsumieren, für die sich aus der Lebenserfahrung ein solcher Anscheinsbeweis gerade nicht herleiten läßt. Hier zeigt sich, daß dem Gesetzgeber gerade die praktischen Erfahrungsberichte mit der elektronischen Signatur fehlen, um einen genauen und damit sinnvollen Anscheinsbeweis überhaupt aufstellen zu können. Die Schaffung des § 292 a ZPO ist wohl nur so zu erklären, daß bestehendes Mißtrauen gegenüber der Signatur durch gesetzliche Regelungen so weit wie möglich beseitigt werden sollte. Um eine hilfreiche Bestimmung zu bekommen, bedarf es nun erst der näheren Konkretisierung der "ernstliche Zweifel begründenden Tatsachen", Grundlage hierfür werden wohl die Erfahrungen mit der Signatur sein. Vielleicht wird sich so ein präziser Anscheinsbeweis zur Echtheit der Signatur und damit der Echtheit der in der elektronischen Form abgegebenen Willenserklärung entwickeln, dafür hätte es jedoch dann nicht der Schaffung dieser gesetzlichen Regelung bedurft.

---

[587] Roßnagel NJW 2001, S. 1817 (1826) und MMR 2002, S. 215 (217 f.).
[588] Fritsche NJ 2002, S. 169 (177).
[589] BGH NJW 2001, S. 1140; BGH NJW 1996, S. 1828.
[590] So z. B. OLG Oldenburg VersR 1992, S. 110.

c) *Voraussetzungen*

Zur Erfüllung der Voraussetzungen der elektronischen Form ist es nach § 126 I BGB erforderlich, daß der Aussteller der Erklärung dieser seinen Namen hinzufügt. Dabei ist anders als bei der Schriftform der räumliche Abschluß durch den Namen nicht zwingend.[591] Dagegen gilt bei der elektronischen Form auch die von der Schriftform bekannte Einheitlichkeit der Urkunde. So muß das gesamte formbedürftige Rechtsgeschäft in dem elektronischen Dokument enthalten sein.[592]
Als ungeschriebene Voraussetzung ist das Einverständnis des anderen Teils mit der Verwendung der elektronischen Form zu nennen. Dieses Einverständnis selbst bedarf keiner Form und kann somit ausdrücklich oder konkludent erklärt werden. Die elektronische Abwicklung des Geschäftsverkehrs durch die Parteien kann demnach ein konkludentes Einverständnis sein.[593]
Wichtigste Voraussetzung der elektronischen Form ist schließlich die qualifizierte elektronische Signatur. Mit einer solchen Signatur muß das Dokument signiert werden.

2. *Elektronische Signatur*

Die rechtlichen Grundlagen der elektronischen Signatur sind geregelt im Gesetz über Rahmenbedingungen für elektronische Signaturen vom 16. Mai 2001 (Signaturgesetz).[594]
Gegliedert ist dieses Signaturgesetz in sechs Abschnitte: Allgemeine Begriffsbestimmungen in den §§ 1-3 im ersten Abschnitt, der zweite Abschnitt betrifft die Zertifizierungsstellen (§§ 4-14), der dritte Abschnitt regelt die freiwillige Akkreditierung in den §§ 15 und 16. Im vierten Abschnitt finden sich Bestimmungen zur technischen Sicherheit (§§ 17 und 18), der fünfte Abschnitt normiert die Aufsicht in den §§ 19 und 20. Im sechsten Abschnitt befinden sich schließlich Schlußbestimmungen (§§ 21-25).

---

591 Palandt/Heinrichs § 126 a Rn. 8.
592 Palandt/Heinrichs § 126 a Rn. 7.
593 Palandt/Heinrichs § 126 a Rn. 6; Boente/Riehm Jura 2001, S. 793 (795 f.).
594 BGBl. I Nr. 22 ausgegeben am 21. Mai 2001, S. 876-884.

a) Das Signaturgesetz

Dieses Signaturgesetz (SigG) ersetzt das alte Signaturgesetz (SigG alt), das erstmals am 22. Juli 1997 als Bestandteil des Gesetzes zur Regelung der Rahmenbedingungen für Informations- und Kommunikationsdienste eingeführt wurde. Zweck war die Schaffung rechtlicher Rahmenbedingungen für die digitale Signatur (§ 1 I SigG alt). Das Gesetz trat zwar bereits am 1. August 1997 in Kraft, effektiv wird es aber erst mit der Schaffung der darin auch geregelten Public-Key-Infrastruktur und dem konkreten Angebot der dafür erforderlichen Komponenten und Dienstleistungen am Markt.

Die Neuregelung des Signaturgesetzes trat am 22. Mai 2001 in Kraft und ersetzte das Signaturgesetz vom 22. Juli 1997. Die 25 Paragraphen umfassende Neufassung setzt in erster Linie die europäische Richtlinie für elektronische Signaturen in nationales Recht um.

Der Anwendungsbereich erstreckt sich nunmehr allgemein auf elektronische Signaturen und ist nicht mehr auf die digitale Signatur beschränkt.

Im Vergleich zum alten Signaturgesetz wurden im neuen Signaturgesetz einige Änderungen vorgenommen, um entstandene Unklarheiten zu beseitigen: In § 18 SigG wurde eine klare gesetzliche Grundlage für die Anerkennung von Prüfstellen geschaffen. Zudem wurde der Begriff der Zertifizierungsstelle (§ 2 II SigG) dadurch begrifflich erweitert, daß über § 4 V SigG die Möglichkeit zur Verlagerung von Aufgaben auf Dritte geschaffen und damit ausdrücklich zugelassen wurde.[595] Durch europäische Vorgaben wurde die Zulassungsfreiheit der Zertifizierungsstellen in Kombination mit einem Überwachungssystem eingeführt, zudem wurden Regelungen zur Haftung und zur internationalen Anerkennung von Signaturen erforderlich.[596]

Zur Konkretisierung und verfahrensrechtlichen Ausgestaltung der Vorschriften des neuen Signaturgesetzes ist am 16. November 2001 von der Bundesregierung die Verordnung zur elektronischen Signatur (Signaturverordnung) erlassen worden. Die Signaturverordnung[597] (SigV) trat am 22. November 2001 in Kraft.

---

[595] Bröhl/Tettenborn Signaturen S. 25.
[596] Roßnagel NJW 2001, S. 1817 (1818).
[597] BGBl. I, S. 3074.

Die besondere Schwierigkeit bei der Regelung dieses Rechtsgebiets lag dementsprechend darin, vor Bestehen eines Marktes eine Ordnung der dort entstehenden Probleme zu finden. Da in den vier Jahren nach Inkrafttreten des ersten Signaturgesetzes auch noch kaum wesentliche Erfahrungswerte gesammelt werden konnten,[598] bleibt somit abzuwarten, ob das neue Signaturgesetz nunmehr eine umfassende Normierung darstellt.
Angeboten werden die für die elektronische Signatur erforderlichen Dienstleistungen von privaten Zertifizierungsstellen. Der Betrieb einer solchen Zertifizierungsstelle ist gemäß § 4 I SigG nun zunächst genehmigungsfrei. Der Regulierungsbehörde für Telekommunikation und Post (RegTP) ist die Betriebsaufnahme lediglich anzuzeigen (§ 4 III Satz 1 SigG), dabei müssen Zuverlässigkeit, Fachkunde und die ausreichende Deckungsvorsorge für eventuelle Schadensersatzfälle nachgewiesen werden (§ 4 III Satz 2 i.V.m. § 4 II SigG). Das genaue Verfahren zur Anzeige ist in § 1 Signaturverordnung geregelt. Die Anforderungen zum Sicherheitskonzept sind in § 2 SigV konkretisiert.[599]
Die Zertifizierungsstelle hat zur Aufgabe, Signaturzertifikate auszugeben. Mit der Ausstellung eines Zertifikats und der darin vorhandenen Signatur bestätigt die Zertifizierungsstelle die Zuordnung des aufgeführten öffentlichen Schlüssels zu dem Inhaber des Zertifikats. Soweit es vom Inhaber gewünscht wird, veröffentlicht die Zertifizierungsstelle das Zertifikat, so daß dieses für die Überprüfung digitaler Signaturen abrufbar ist.
Im Herbst 1998 nahm die RegTP den Betrieb als Prüfstelle der Zertifizierungsstellen nach dem alten Signaturgesetz auf.[600] Bis Mitte 2001 wurden dabei acht Zertifizierungsstellen genehmigt. Drei davon sind "echte" Zertifizierungsstellen: Telesec (Deutsche Telekom AG, Januar 1999), Signtrust (Deutsche Post AG, März 2000), DATEV eG (März 2001). Die anderen fünf sind sogenannte virtuelle Zertifizierungsstellen: Bundesnotarkammer (Dezember 2000), die Steuerberaterkammern Nürnberg, Saarland und Bremen sowie die Medizon AG (alle März 2001).[601] In einer Arbeitsgemeinschaft haben sich weitere Unternehmen

598 Büllingen/Hillebrand DuD 2000, S. 80 (81).
599 Vgl. dazu auch Roßnagel BB 2002, S. 261.
600 Schwemmer DuD 2000, S. 70 (71); Büllingen/Hillebrand DuD 2000, S. 80.
601 Roßnagel NJW 2001, S. 1817.

zusammengefunden, die ebenfalls Zertifizierungsstellen betreiben wollen.[602]

Für die - heute genehmigungsfreien - Zertifizierungsstellen besteht nach dem neuen Signaturgesetz die Möglichkeit der freiwilligen Akkreditierung durch die RegTP. Mit der Akkreditierung, also der umfassenden Prüfung der von der Zertifizierungsstelle eingesetzten technischen Komponenten vor deren Betriebsaufnahme sowie anschließend in regelmäßigen Abständen, wird ein Gütezeichen vergeben (§ 15 I Satz 2 SigG). Näheres zur Akkreditierung regelt § 11 SigV, insbesondere schreibt § 11 II Satz 2 SigV einen Abstand von drei Jahren für die Wiederholungsprüfungen vor. Die nach dem alten Signaturgesetz genehmigten acht Zertifizierungsstellen gelten im Wege des Bestandsschutzes als akkreditierte Zertifizierungsstellen nach dem neuen Signaturgesetz (§ 25 SigG).

Zum Ende des Jahres 2001 existierten vierzehn akkreditierte Zertifizierungsstellen und eine angezeigte Zertifizierungsstelle.[603] Neu akkreditiert wurden die Rechtsanwaltskammern Bamberg, Koblenz, Stuttgart, München und Berlin (alle August 2001), die Authentidate International AG (November 2001), die Trust Center AG (Dezember 2001) und im März 2002 die D-Trust GmbH, die zuvor bereits als angezeigte Zertifizierungsstelle fungierte. Die RegTP ist nach § 19 VI SigG dazu verpflichtet, die aktuellen Zertifizierungsstellen und auch solche, die ihren Betrieb eingestellt haben, in einem öffentlichen Verzeichnis abrufbar zu halten.[604] Signtrust hat Ende Mai 2002 die Einstellung des Dienstes angekündigt. Im Herbst 2002 erfolgte die Einstellung.

Ebenfalls im Herbst 2002 wurden sechs weitere Zertifizierungsstellen akkreditiert: Die Steuerberaterkammer Niedersachsen, die hanseatische Rechtsanwaltskammer Hamburg (beide im September 2002), die Rechtsanwaltskammer München, die Steuerberaterkammer Brandenburg, die Wirtschaftsprüferkammer und die Rechtsanwaltskammer Berlin (alle im November 2002). Im Jahr 2003 wurden bis zur letzten Vervollständigung dieser Arbeit im Juli 2003 keine weiteren Akkreditierungen oder Anzeigen vorgenommen.

---

[602] Belke DuD 2000, S. 74.

[603] Roßnagel BB 2002, S. 261 (264).

[604] Nachzulesen unter www.regtp.de. Dort sind auch umfassende Informationen zur elektronischen Signatur abrufbar.

b) *Das Signaturverfahren*

Elektronische Signaturen sind Daten in elektronischer Form, die anderen elektronischen Daten beigefügt oder logisch mit ihnen verknüpft sind und die zur Authentifizierung dienen (§ 2 Nr. 1 SigG).
Nach dem neuen Signaturgesetz gibt es zunächst drei verschiedene Stufen der elektronischen Signatur: Die einfache elektronische Signatur, die fortgeschrittene elektronische Signatur und die qualifizierte elektronische Signatur.
Eine weitere, vom Gesetz nicht ausdrücklich als eigenständige Signatur eingeordnete Form ist die qualifizierte elektronische Signatur mit Anbieter-Akkreditierung.

aa) *Die unterschiedlichen Signaturen*

Die einfache elektronische Signatur (§ 2 Nr. 1 SigG) muß nicht fälschungssicher oder mit den Daten fest verknüpft sein und hat damit keinen Sicherheitswert.[605]

Fortgeschrittene elektronische Signaturen (§ 2 Nr. 2 SigG) sind ausschließlich dem Unterzeichner zugeordnet. Sie ermöglichen die Identifizierung des Unterzeichners und werden mit Mitteln erstellt, die der Unterzeichner unter seiner alleinigen Kontrolle halten kann.
Die fortgeschrittene elektronische Signatur ist so mit den Daten verknüpft, daß eine nachträgliche Veränderung der Daten erkannt werden kann.

Qualifizierte elektronische Signaturen (§ 2 Nr. 3 SigG) sind solche fortgeschrittenen Signaturen, die auf einem zum Zeitpunkt ihrer Erzeugung gültigen qualifizierten Zertifikat beruhen und mit einer sicheren Signaturerstellungseinheit erzeugt wurden.
Qualifizierte Zertifikate sind nach § 2 Nr. 7 SigG solche Zertifikate, welche die Voraussetzungen des § 7 SigG erfüllen und von Zertifizierungsstellen angeboten werden, die alle Anforderungen des Gesetzes erfüllen. Sichere Signaturerstellungseinheiten sind Softwareeinheiten oder Hardwareeinheiten zur Speicherung und Anwendung des

---

[605] Roßnagel NJW 2001, S. 1817 (1819).

jeweiligen Signaturschlüssels, die für qualifizierte elektronische Signaturen bestimmt sind und die Gesetzesanforderungen erfüllen (§ 2 Nr. 10 SigG). Die genauen Anforderungen an die technischen Komponenten für elektronische Signaturen sind in § 17 SigG geregelt und werden in § 15 SigV näher bestimmt.[606]
Nur an diese qualifizierten elektronischen Signaturen werden spezielle Rechtsfolgen geknüpft, nur mit der qualifizierten elektronischen Signatur kann die elektronische Form gemäß § 126 a BGB erfüllt werden.
Die Gültigkeitsdauer eines qualifizierten Zertifikats darf nach § 14 III SigV höchstens fünf Jahre betragen. Danach müssen Zertifikate und Dokumentationen für weitere fünf Jahre aufbewahrt und prüfbar gehalten werden. Anschließend können sie gelöscht werden. Ist das Zertifikat nicht mehr prüfbar, kann auch mit der zugehörigen Signatur die elektronische Form nicht mehr erfüllt werden.[607]
Roßnagel hält die Regelung zur Aufbewahrungspflicht der Zertifikate für bedenklich, da die Anbieter in anderen Mitgliedsstaaten der Europäischen Union diese Anforderungen nicht erfüllen müssen und so ein nationales Hindernis für das Angebot der Zertifizierungsdienste geschaffen werde.[608]

Genau genommen gibt es noch eine weitere Stufung der Signatur: Die gemäß § 15 SigG akkreditierte Zertifizierungsstelle hat die Möglichkeit zur Vergabe von qualifizierten elektronischen Signaturen mit Anbieter-Akkreditierung (§ 15 I Satz 4 SigG). Bei der Anbieter-Akkreditierung wird nach einer umfangreichen Prüfung der Zertifizierungsstelle ein Gütesiegel vergeben. Die rechtliche Qualität dieser Signatur ist keine andere als die der qualifizierten elektronischen Signatur.
Die Zertifikate und Dokumentationen der von akkreditierten Anbietern vergebenen Signaturen müssen mindestens weitere dreißig Jahre nach Ablauf der fünfjährigen Gültigkeitsdauer prüfbar gehalten und aufbewahrt werden. Diese Prüfung und Aufbewahrung wird notfalls, also bei Beendigung des Betriebs der Zertifizierungsstelle, durch die RegTP ermöglicht.[609]

---

[606] Ausführlich aufgeführt sind die Anforderungen an die zur Erzeugung von Signaturschlüsseln eingesetzten Komponenten, die Signaturanwendungskomponenten und die technischen Komponenten für Zertifizierungsstellen bei Roßnagel BB 2002, S. 261 (263 f.).
[607] Roßnagel BB 2002, S. 261 (262).
[608] Roßnagel BB 2002, S. 261 (262) in Fn. 23.
[609] Roßnagel BB 2002, S. 261 (262 f.).

Im Gesetzgebungsverfahren haben sich hier die Bundesregierung und die sie tragenden Bundestagsfraktionen gegen die vielstimmige[610] Forderung durchgesetzt, dieser Signatur eine eigene Definition und eine einfache gesetzliche Bezeichnung zu geben. Dementsprechend meint Roßnagel, daß sich statt der umständlichen Bezeichnung in der Praxis eine Bezeichnung als akkreditierte Signatur durchsetzen werde.[611]
In der Tat wäre es wünschenswert gewesen, diese primäre Art der Signatur auch deutlich von den anderen Stufungen abzuheben. Schließlich wird die qualifizierte elektronische Signatur mit Anbieter-Akkreditierung diejenige Signatur sein, die sich gerade vor dem Hintergrund der aus Anwendersicht wünschenswerten Überprüfung des Anbieters als Bestandteil der elektronischen Form durchsetzen wird und somit ein wesentliches und grundlegendes Element des gesamten Signaturgesetzes darstellt. Vereinzelt wurde sogar gefordert, die gesetzlichen Regelungen im SigG auf die qualifizierte Signatur zu beschränken, da nur diese Signatur zur Erfüllung der elektronischen Form geeignet ist.[612]
Durch das freiwillige Akkreditierungsverfahren kann zudem die Sicherheit der verwendeten Technik vor der Betriebsaufnahme der Zertifizierungsstelle durch eine neutrale Institution überprüft werden, sodaß sich die vom Telefax bekannte Auseinandersetzung im Einzelfall vor Gericht über diese Frage erübrigt.[613]

bb) Die technischen Vorgänge[614]

Für den Benutzer soll das "signieren" denkbar einfach sein: Zur Erzeugung oder Prüfung einer digitalen Signatur genügen wenige Mittel und Handgriffe. Benötigt wird ein Rechner ("Personal Computer") mit Chipkartenlesegerät und geeignete Anwendungsprogramme mit Signaturfunktion. Auf einer Chipkarte muß der private Schlüssel, das Programm zur Erzeugung der Signatur und eine persönliche Geheimzahl enthalten sein. Mit der Eingabe der Geheimzahl wird der Signaturvorgang

---

610 Vorgetragen vom Bundesrat, der Fraktion der CDU/CSU im Bundestag und in Stellungnahmen der Bundesnotarkammer, des Deutschen Städtetages und der Gesellschaft für Informatik, vgl. Roßnagel NJW 2001, S. 1817 (1822).
611 Roßnagel NJW 2001, S. 1817 (1822).
612 Rieß DuD 2000, S. 530 (534).
613 Schwemmer DuD 2000, S. 70 (72).
614 Zum ganzen Verfahren: Bröhl/Tettenborn Signaturen Teil 1 S. 21 f. .

gestartet. Somit ist sichergestellt, daß der Benutzer den Vorgang bewußt auslösen muß und keine Signaturen ohne seinen Willen erzeugt werden.
Die Zertifizierungsstelle erlangt keine Kenntnis von dem privaten Schlüssel, insbesondere kann sie den Schlüssel nicht auslesen, kopieren oder selbst nutzen. Geheimzahl und Chipkarte werden getrennt versandt.[615]
Anders als die durch den Benutzer auszulösenden Vorgänge sind die mathematischen Verfahren zur Erstellung der Signatur sehr komplex: Für digitale Signaturen soll ein asymmetrischer Schlüssel eingesetzt werden, bestehend aus einem privaten und einem öffentlichen Schlüssel.
Das Besondere dieses mathematischen Verfahrens liegt darin, daß für Verschlüsselung und Entschlüsselung unterschiedliche Schlüssel benutzt werden. Jeder Teilnehmer besitzt ein Schlüsselpaar: Einen privaten Schlüssel ("private key") und einen öffentlichen Schlüssel ("public key"). Es ist nahezu unmöglich, einen Schlüssel aus dem anderen herzuleiten.
Mit Hilfe des privaten Schlüssels wird aus dem zu signierenden Text, der sich als elektronische Zeichenfolge beliebiger Länge darstellt, eine Art Quersumme ("Hash-Wert") errechnet. Dieser Wert wird mit dem privaten Schlüssel verschlüsselt und zusammen mit dem Zertifikat an den elektronischen Text angefügt. Beide bilden zusammen die sogenannte digitale Signatur, welche somit unmittelbar vom signierten Text abgeleitet ist und Rückschlüsse auf Identität des Absenders und Authentizität des Textes zuläßt. Der private Schlüssel muß geheimgehalten werden. Er befindet sich auf einer Chipkarte und kann nur in Verbindung mit einer persönlichen Geheimzahl ("PIN") eingesetzt werden.
Die Überprüfung der Echtheit des übermittelten Textes erfolgt mit Hilfe des öffentlichen Schlüssels des Absenders. Mit dem öffentlichen Schlüssel kann der Empfänger den angefügten Hash-Wert entschlüsseln, der Rechenvorgang wird anhand des übermittelten Textes nachvollzogen. Wenn beide Werte übereinstimmen, ist der Nachweis erbracht, daß die digitale Signatur mit dem privaten Schlüssel erzeugt wurde und der übermittelte Text nicht verändert wurde. Der öffentliche Schlüssel kann allen in einem öffentlichen Verzeichnis bekannt gemacht werden.
Die Identität des Absenders wird mit dem Zertifikat festgestellt, welches dem übermittelten Text angefügt ist. Das Zertifikat wird von der

---

[615] Thiel DuD 2000, S. 77 (78).

Zertifizierungsstelle ausgestellt. Die Zertifizierungsstelle als Diensteanbieter führt auch ein über die öffentlichen Netze zugängliches Verzeichnis der öffentlichen Schlüssel und bestätigt, daß ein bestimmter öffentlicher Schlüssel einer bestimmten Person zugeteilt worden ist.
Ein Unterschied zur Schriftform besteht somit zumindest darin, daß die Signatur immer gleich ist, während die Unterschrift variiert werden kann.

cc) *Pilotprojekte im öffentlichen Bereich*

Inzwischen hat in einem ersten Projekt die digitale Signatur Eingang in den Behördenalltag gefunden. In Baden-Württemberg können Autohändler und Teilnehmer am Projekt des Innenministeriums Autos (nur Neuwagen) unter Verwendung der elektronischen Unterschrift per Internet zur Zulassung anmelden. Zur Anmeldung benötigen die Händler Chipkarte ("Baden-Württemberg-Card") und Lesegerät, die Kosten hierfür betragen zur Zeit 60 Euro. Die Fahrzeugpapiere und die Plaketten müssen allerdings weiterhin bei der Zulassungsstelle abgeholt werden. Die Chipkarte soll um eine Bezahlfunktion erweitert werden, um Verwaltungsgebühren entrichten zu können. Die Landesregierung von Baden-Württemberg führt weitere Pilotprojekte für die Einwohneranmeldung, die Gewerbeanmeldung, im Bauwesen und in der Landwirtschaft durch.[616] Auch im Raum Nürnberg/Fürth, in Bremen und in Esslingen werden lokale Pilotprojekte zur Erprobung der digitalen Signatur im öffentlichen Bereich durchgeführt. Da aber auch die traditionellen Verfahren vorerst parallel beibehalten werden müssen, ist dieses neue Verfahren für die Verwaltung zunächst mit zusätzlichem Personalaufwand verbunden und bietet keine Möglichkeit zur Rationalisierung.[617]
Um eine Zersplitterung der unterschiedlichen Projekte zu verhindern und Akzeptanz und Verbreitung der Signatur zu fördern, wurde auf der Computermesse Cebit im März 2003 in einem gemeinsamen Projekt von Wirtschaft und Verwaltung das Signaturbündnis Niedersachsen gegründet. Ziel ist dabei die Weiterentwicklung und Erprobung der Signatur in den folgenden drei Jahren. An dem Bündnis beteiligen sich neben dem Land Niedersachsen auch Volkswagen, die Deutsche Telekom, Continen-

---

616 Finanztest Februar 2002, S. 21.
617 Büllingen/Hillebrand DuD 2000, S. 80 (82).

tal und die Norddeutsche Landesbank. Alle Teilnehmer verpflichten sich, die Einführung der elektronischen Signatur voranzutreiben.[618]

dd) Die Haftung

In § 11 SigG besteht eine Regelung über die Haftung der Zertifizierungsstellen. Nach § 11 I SigG haftet ein Zertifizierungsdiensteanbieter, wenn er die Anforderungen des SigG oder der Rechtsverordnung nach § 24 SigG verletzt. Die Haftung umfaßt alle Bereiche der angebotenen Dienste, also die Ausstellung von qualifizierten Zertifikaten, Auskünfte nach § 5 I Satz 2 SigG und die Ausstellung von qualifizierten Zeitstempeln. Ebenso tritt die Haftung bei einem Versagen der technischen Sicherheitseinrichtungen oder der Produkte für qualifizierte elektronische Signaturen ein.
§ 11 IV SigG bestimmt, daß der Zertifizierungsdiensteanbieter auch für beauftragte Dritte und beim Einstehen für ausländische Zertifikate haftet und schließt die Exculpationsmöglichkeit des § 831 BGB ausdrücklich aus.
Durch diese Regelungen tritt gegenüber dem alten Signaturgesetz insoweit eine Verbesserung ein, als nunmehr auch Schäden ersetzt werden, die Dritten entstehen, die auf ein Zertifikat vertraut hatten, das fahrlässig falsch ausgestellt oder verwaltet worden war.[619]
Indem die Nutzung des Signaturschlüssels im qualifizierten Zertifikat auf bestimmte Anwendungen nach Art und Umfang beschränkt wird, kann der Zertifizierungsdiensteanbieter seine Haftung beschränken (§ 11 III SigG).
Die Haftungsnorm des § 11 SigG wird unterschiedlich interpretiert: Zum einen wird hierin ein gesetzlich geregelter Fall des Vertrags mit Schutzwirkungen für Dritte gesehen[620], zum anderen eine deliktische Verschuldenshaftung mit Umkehr der Beweislast.[621]
In § 12 SigG ist eine Mindestdeckungsvorsorge vorgeschrieben, um sicherzustellen, daß der Anbieter seine Ersatzpflicht erfüllen kann. Für jeden durch ein die Haftung auslösendes Ereignis verursachten Schaden beträgt die Mindestdeckungsvorsorge 250.000 Euro.

---

[618] Braunschweiger Zeitung vom 25. März 2003.
[619] Bröhl/Tettenborn Signaturen, Erläuterung zu § 11 SigG, S. 77.
[620] Blum DuD 2001, S. 76.
[621] Roßnagel NJW 2001, S. 1817 (1823).

Anzahl und Höhe möglicher Schäden sind nur schwer vorauszusehen, daher kann sich die Vorsorge nicht auf die Mindestdeckungssumme für den einzelnen Schadensfall beschränken, sie muß ein Vielfaches der Mindestdeckungssumme für den Einzelschaden betragen.[622]
Vom Schadensfall zu unterscheiden ist der Versicherungsfall. Als Versicherungsfall gilt jedes haftungsauslösende Ereignis, unabhängig davon, wie viele Schadensfälle dadurch ausgelöst werden.[623] Für den Versicherungsfall schreibt § 9 II Nr. 2 SigV eine Mindestdeckungssumme von 2.500.000 Euro vor.
Eine Versicherungspflicht für die Zertifizierungsstellen besteht hingegen nicht. Im Fall des angesichts der schwer zu kalkulierenden denkbaren Schäden nicht unwahrscheinlichen Abschlusses einer Haftpflichtversicherung durch den Zertifizierungsdienst dürfte der Versicherer auf die Durchführung des Akkreditierungsverfahrens drängen, was mit dazu führen dürfte, daß sich die akkreditierten Anbieter durchsetzen werden.[624]
Der Begriff des Versicherungsfalls darf im Versicherungsvertrag nicht so abgeändert werden, daß ein sich mehrfach auswirkender Fehler als ein Versicherungsfall gilt. Jeder Fehler bei Zertifikat, Zeitstempel oder Verzeichnisauskunft ist als eigener Versicherungsfall anzusehen. Die Versicherungsleistung pro Jahr darf begrenzt werden, muß aber mindestens zehn Millionen Euro betragen.[625]
In § 21 SigG wurde eine neue Bußgeldvorschrift geschaffen, mit der eine Zahl von aufgeführten Ordnungswidrigkeiten geahndet werden kann.

c) *Die Praxis*

Neben der rechtlichen Grundlage im Signaturgesetz und den Signaturverfahren ist zur Etablierung der elektronischen Form auch eine einfache praktische Bewerkstelligung von der Beantragung einer Signatur bis hin zur Ausführung der elektronischen Signatur erforderlich.
Daher ist ein Blick auf den Auftritt der Zertifizierungsdienste, auf die Kosten für den Anwender, auf eine Prognose zur Verbreitung der elektronischen Signatur und auf das Problem der Präsentation der übermittelten Daten für ein vollständiges Bild der elektronischen Signatur hilfreich.

---

622 Roßnagel NJW 2001, S. 1817 (1824).
623 Roßnagel BB 2002, S. 261 (262).
624 Schwemmer DuD 2000, S. 70 (72); Belke DuD 2000, S. 74 (75).
625 Roßnagel BB 2002, S. 261 (262).

aa) Information und Kosten

Informationen über die einzelnen Zertifizierungsdienste und die unterschiedlichen Produkte zur digitalen Signatur sind über das Internet zugänglich.[626]
Informationen über die Kosten der angebotenen Produkte sucht man bei einigen Anbietern vergeblich: Bei D-Trust erfährt man die Preise erst, nachdem man eigene Daten übermittelt hat. Für Produkte, die sich zumindest auch an Privatkunden richten, umfassen die Kosten der Signatur für ein Jahr bei Medizon ab 75 Euro, bei Trust Center ab 31 Euro und bei dem früheren Angebot von Signtrust ab 25 Euro. Von Signtrust wurde auch ein Einsteigerpaket zum Preis von 61,35 Euro angeboten, in dem neben der Gebühr für ein Jahr auch das erforderliche Lesegerät für die Chipkarte enthalten ist.
In einem Vergleich dieser vier Anbieter in der Dezemberausgabe 2001 von PC-Professionell[627] wurde dementsprechend das Angebot von Signtrust auch als das preiswerteste bezeichnet.

bb) Prognose

Der Geschäftsführer von Signtrust, *Fritz Höring*, hat im Rahmen der Cebit-Messe 2002 in Hannover eine optimistische Prognose zur Verbreitung der elektronischen Unterschrift geäußert. Er ging davon aus, daß bis zum Jahr 2010 die elektronische Unterschrift 40 Millionen Nutzer finden werde. Dabei setzte er zur Verbreitung der Chipkarten-Lesegeräte nicht nur auf das in den Postfilialen bestehende Angebot, zum Preis von 60 Euro ein Paket zu erwerben, in dem das Lesegerät, die Chipkarte, die erforderliche Software und eine Jahresgebühr enthalten waren. Vielmehr hoffte Höring, daß Handelsunternehmen oder Tankstellen zur Kundenbindung Signaturkarten kostenlos abgeben.[628]

---

626 Die strukturiertesten und umfangreichsten Informationen unter den Anbietern fanden sich bei *www.signtrust.de*. Unter den anderen Anbietern sind die Darstellungen bei *www.telesec.de*, *www.medizon.de/signatur/index3.htm*, *www.d-trust.net/internet/content/001.html*, und *www.trustcenter.de/set_de.htm* auch noch recht ansprechend. Die anderen Anbieter sind in ihren Darstellungen wenig hilfreich, wohl auch deswegen, weil sich viele Anbieter fast ausschließlich an Geschäftskunden richten.

627 Nachzulesen unter *www.vnunet.de/pc-pro/testzone/vdetail.asp?ArticleID=1527*.

628 Braunschweiger Zeitung vom 14. März 2002.

Zwei Monate nach dieser optimistischen Aussage hat die Deutsche Post bekanntgegeben, daß sie beabsichtige, Signtrust aufzulösen. Die Pläne für die Geschäftsentwicklung von Signtrust seien unter der gegebenen Situation nicht einzuhalten.[629]

Die Bundesregierung plant, im Rahmen eines "Bündnisses für elektronische Signaturen" in einem Zeitraum von fünf Jahren bis zu 100.000 Chipkarten zu subventionieren, Verfahren - insbesondere auch innerhalb der Bundesverwaltung - zu standardisieren und Modellvorhaben in Ländern und Gemeinden zu fördern.[630]

Der Vorstandsvorsitzende der Unternehmensberatung Mummert und Partner, *Wilhelm Alms*, sieht nach einer Studie vom Juni 2002 durch die Einführung der elektronischen Signatur in allen Bereichen, in denen bisher keine Digitalisierung möglich war, Einsparmöglichkeiten von 30 Prozent der Kosten.[631]

Die sehr unterschiedlichen Einschätzungen lassen wohl zumindest folgende Schlußfolgerung zu: Langfristig bietet die Einführung der elektronischen Signatur viele Chancen, aber kurzfristig, also in den nächsten Jahren, ist eine erfolgreiche Verbreitung nicht zu erwarten.

cc) Präsentation

Ein für den Anwender in der Praxis besonders bedeutendes Problem ist das der mehrdeutigen Präsentation signierter Daten durch die Verwendung unterschiedlicher Betriebssysteme, Textverarbeitungsprogramme mit unterschiedlicher Fenstergröße, Zeilenumbruch oder ähnlichem. In den gängigen Textverarbeitungsprogrammen allein gibt es eine Vielzahl von Ansichtsmöglichkeiten. Anders als auf dem Papier gibt es nämlich keine objektivierte Darstellung der Daten, diese hängt immer von den verwendeten Geräten (Hardware), Programmen (Software) und deren individueller Einstellung (Konfiguration) ab. Da auf diese Weise die Daten auf dem Bildschirm des Ausstellers anders dargestellt werden können als auf dem Bildschirm des Empfängers, sind vielfältige Fehler und Täuschungen möglich.[632]

---

629 Die Welt vom 24. Mai 2002.

630 Nachzulesen unter *www.bmi.bund.de/dokumente/pressemitteilungen/ix_84178.htm* .

631 Nachzulesen unter *www.mummert.de/deutsch/press/a_press_info/020606.html* .

632 Stellungnahme der Gesellschaft für Informatik zum Gesetz zur Anpassung der Formvorschriften, abgedruckt in DuD 2001, S. 38 (39).

Ein Beispiel, wie sich allein durch die unterschiedliche Präsentation ein abweichender Inhalt einer Erklärung ergibt, findet man bei Pordesch[633]:

Variante 1:	Variante 2:
1. Der_Kaufpreis_beträgt_DM_225	1. Der_Kaufpreis_beträgt_DM_2252.
2. Die_erste_Rate_beträgt_DM_125	Die_erste_Rate_beträgt_DM_1252.
2. Ratenzahlung_Ende_März	Ratenzahlung_Ende_März

Der Ausschluß solcher Unterschiede ist nur durch eine vorgelagerte Überprüfung der Sicherheit der Zertifizierungsdienste und der von diesen eingesetzten technischen Komponenten möglich. Diese erfolgt nur bei der Akkreditierung, daher wäre auch die in § 292 a ZPO getroffene Vermutungsregelung nur unter der Voraussetzung einer solchen Überprüfung zulässig.[634]

Wenn man davon ausgeht, daß sich in Deutschland die bisher bestehenden, schon nach dem alten Signaturgesetz geprüften akkreditierten Zertifizierungsstellen durchsetzen, stellt sich das Problem der abweichenden Präsentation der Daten hauptsächlich für Signaturen mit Zertifikaten aus anderen Ländern der Europäischen Union, in denen kein Akkreditierungsverfahren durchgeführt wird, deren Signaturen aber nach § 23 I Satz 1 SigG der qualifizierten elektronischen Signatur gleichgestellt werden.[635] Lediglich für die Gleichstellung ausländischer Signaturen mit qualifizierten Signaturen mit Anbieter-Akkreditierung sieht § 23 II SigG eine Prüfung durch die RegTP vor, deren Einzelheiten in § 18 SigV festgelegt sind.

Insofern muß beobachtet werden, ob die theoretisch denkbaren Schwierigkeiten im praktischen Gebrauch auftreten. Gegebenenfalls ist eine Reaktion des Gesetzgebers erforderlich, um die Akkreditierung im Interesse der Rechtssicherheit als zwingende Maßnahme vor Betriebsaufnahme der Zertifizierungsstelle wieder vorzuschreiben, wie dies schon im alten Signaturgesetz geschah.

---

633 Pordesch DuD 2000, S. 89 (90 ff.).

634 Stellungnahme der Gesellschaft für Informatik, DuD 2001, S. 38 (39 f.).

635 Stellungnahme der Gesellschaft für Informatik, DuD 2001, S. 38 (39).

3. Die Elektronische Form - eine Alternative zur Schriftform?

Mit dem Signaturgesetz wurde ein Rahmen geschaffen, der die Beurteilung elektronisch signierter Dokumente durch entsprechende Gutachter vor Gericht zuläßt.

a) Erfüllung von Formfunktionen durch § 126 a BGB

Wichtig war dem Gesetzgeber damit, daß die elektronische Form auf den Zweck der Beweissicherung zugeschnitten ist.[636] Fraglich ist, ob dieses Ziel erfüllt und diese Schwerpunktsetzung im Hinblick auf andere Funktionen der Form auch angemessen ist.

aa) Beweisfunktion, insbesondere Identitätssicherung

Die elektronische Form ist der den Parteien freigestellte Ersatz zur Schriftform. Die Schriftform jedoch ist angesichts der dort gestellten Anforderungen in vielen Punkten kein Garant für die Echtheit der Urkunde oder die Identität des Ausstellers; der durch die Schriftform geleistete Schutz vor Fälschungen ist eher gering. Dazu sind die Formen der öffentlichen Beglaubigung und der notariellen Beurkundung wesentlich besser geeignet. Hier zeigt sich, daß die elektronische Form hinsichtlich der Ausgestaltung kein spiegelbildliches Gegenstück zur Schriftform ist und die Diskussion allein über die Sicherheit des Signaturverfahrens diesen Punkt unverhältnismäßig hervorhebt.
Eine wirkliche Sicherheit vor Fälschungen wird vereinzelt auch bei Weiterentwicklung der elektronischen Signatur nicht für möglich gehalten.[637] In die falsche Richtung gehen auch Forderungen, zusätzlich zur Signatur noch biometrische Verfahren, also Fingerabdrücke oder einen Stimmenvergleich, als Bestandteile der elektronischen Form zu fordern.[638] Schließlich muß auch die Unterschrift nicht durch solche Daten unterstützt werden. Zudem ist ein Verfahren unter Verwendung solcher biometrischer Daten in einem offenen System wie dem der

---

636 § 1 I SigG alt: "Zweck des Gesetzes ist es, Rahmenbedingungen für digitale Signaturen zu schaffen, unter denen diese als sicher gelten und Fälschungen digitaler Signaturen (...) zuverlässig festgestellt werden können."
637 Jungclaus DRiZ 2001, S. 441 (443).
638 So Boente/Riehm Jura 2001, S. 793 (797).

elektronischen Signatur anders als bei geschlossenen Zugangskontrollsystemen nicht möglich.[639]
Anstatt so viel Wert auf das Ziel der absoluten Fälschungssicherheit zu setzen und auf diese Weise bei den zukünftigen Anwendern auch falsche Erwartungen hinsichtlich eines unerreichbaren Wunsches zu wecken, hätte von vornherein auf die verbliebene geringe Fälschungsmöglichkeit hingewiesen werden sollen. Genau wie etwa bei Identitätspapieren wie dem Personalausweis ist eine hundertprozentige Fälschungssicherheit nicht erreichbar, vielmehr ist es das Ziel, Fälschungen soweit wie möglich zu erschweren. Der Vergleich zur Schriftform wird dabei leider auch unter falschen Voraussetzungen geführt: Die Argumentation, daß eine eigenhändige Unterschrift nur eigenhändig gefälscht werden könne und daher die Schriftform einen höheren Sicherheitsstandard biete als die insoweit einem Unterschriftsstempel ähnliche elektronische Form,[640] läßt unberücksichtigt, daß zur Fälschung einer schriftlichen Urkunde und insbesondere der Unterschrift ebenso auf technische Hilfsmittel zurückgegriffen werden kann. Wer in den Besitz einer Unterschrift gelangt, kann diese durch Kopieren ebenso vervielfältigen und einsetzen, wie derjenige, der Zugriff auf die elektronische Unterschrift erhält.
Dies führt direkt zu einem weiteren kritischen Punkt: Die Möglichkeit zur unbefugten Verwendung der elektronischen Form.
Ähnlich hierzu ist der Fall des Mißbrauchs von Kreditkarten und anderen Zahlungskarten (electronic cash).
Insofern wird auch hier argumentiert, daß es jedem Verwender der Signatur zuzumuten wäre, die notwendigen Vorkehrungen zum Schutz seiner Daten zu treffen. Wer seinen Schlüssel anderen überläßt oder ihn anderen zugänglich macht, sei für den Mißbrauch verantwortlich und müsse den Inhalt der mit seinem Schlüssel übermittelten Daten gegen sich gelten lassen.[641] Hier kann eine Parallele zur von der Schriftform bekannten Problematik der Blankounterzeichnung gezogen werden. Wer Signaturkarte und Geheimzahl Dritten bekannt macht, verhält sich so, wie bei der Weitergabe einer blank unterzeichneten Urkunde.
Der Empfänger kann sich schließlich durch die Prüfung mit dem öffentlichen Schlüssel und einem Datenabgleich davon überzeugen, daß die Erklärung mit dem Schlüssel des Absenders signiert und während der

---

[639] So der Leiter des Referates Digitale Signaturen der RegTP Schwemmer in DuD 2000, S. 70.
[640] So Schippel FS Odersky, S. 657 (663).
[641] Nowak MDR 2001, S. 841 (843).

Übermittlung nicht verändert wurde. Somit wird auch die Verifikationsfunktion durch die elektronische Form erfüllt.[642]
Somit kann zunächst festgestellt werden, daß es dem Gesetzgeber mit der elektronischen Form nach derzeitigem Stand der technischen Möglichkeiten durchaus gelungen ist, eine zuverlässige Methode zur Identitätssicherung des Absenders der Erklärung und damit zur Beweissicherung zu entwickeln.

bb) Warnfunktion und Übereilungsschutz

Auf den ersten Blick ist man geneigt zu behaupten, daß wohl mehr Überlegungen angebracht gewesen wären, wie die elektronische Form auch andere wichtige Funktionen der Schriftform wie die Warnfunktion und den Übereilungsschutz erfüllen kann, die vollkommen unberücksichtigt scheinen; eine genauere Betrachtung offenbart aber den Trugschluß dieser Betrachtungsweise.
In der Literatur findet sich zunächst eine recht außergewöhnliche Idee, um die elektronische Form mit Warnfunktion zu versehen.
Die Erwägung, den Verwender der elektronischen Form vor der erstmaligen Teilnahme am elektronischen Rechtsverkehr zum Notar zu schicken, um ihn dort über die rechtlichen Vorgänge zu informieren[643], ist zum einen eine zusätzliche Hürde für die Form, die eigentlich den elektronischen Rechtsverkehr erleichtern soll. Zum anderen kann wohl bezweifelt werden, ob eine solche Vorgehensweise noch Wochen oder gar Monate später einen entsprechenden Übereilungsschutz erfüllen kann. Die Form ist bekanntlich keine einmalige Angelegenheit, die nur beim ersten Kontakt mit bestimmten Rechtsgeschäften erfüllt zu werden braucht. Anders als bei einmaligen Grundstücksgeschäften wird die Signatur in einer Vielzahl von Fällen genutzt. Die Lebenserfahrung spricht eher gegen die Annahme, daß die mit einer einmaligen Beratung sicherlich verbundene Warnfunktion uneingeschränkt für den Geltungszeitraum der Signatur fortwirkt.[644] Eine derartige Einbeziehung der Notare würde allerdings diesen die Erschließung einer weiteren

---

642 Palandt/Heinrichs § 126 a Rn. 5.
643 Vorschlag von Schippel, FS Odersky, S. 657 (664 f.), der auf diese Weise auch eine Warnfunktion erfüllt sieht.
644 Melullis MDR 1994, S. 109 (114).

Einnahmequelle ermöglichen.[645] Der Nutzen für den so Belehrten wäre eher begrenzt. Schließlich ist es auch eine eigenartige Vorgehensweise, jeden Bürger zur Unterrichtserteilung zu schicken, damit dieser sodann eine der Schriftform gleichrangige Form erfüllen kann. Von einer Vereinfachung des Rechtsverkehrs kann hier wohl nicht mehr gesprochen werden.

Der einfachste Weg, um der elektronischen Form auch einen gewissen Grad an Warnfunktion zukommen zu lassen bestünde wohl darin, die Verwendung der Signatur vom Benutzer abermals bestätigen zu lassen, ähnlich wie es bei einigen Programmen zur Löschung von Dateien erforderlich ist. Dabei könnte eine optisch auffällige Darstellung auf dem Bildschirm gewählt werden, die bei Bedarf von einem akustischen Signal unterstützt wird. Eine solche Regelung ist aber weniger Aufgabe des Gesetzgebers, die verwendeten Programme müßten dementsprechend ausgestattet sein. Indes wird dem Einsatz solcher Mittel von Malzer auch keine große Wirkung zugemessen.[646]

Malzer sieht die mangelnde Warnfunktion der elektronischen Form psychologisch begründet, da zum einen die Erstellung einer Erklärung am Computer inklusive Signatur wesentlich schneller und einfacher erfolge als die Herstellung der verkörperten Schrifturkunde und zum anderen die Erklärungen, die Signatur als Unterzeichnungsvorgang und der Erklärungsgegner entkörperlicht sind.[647] Dies trifft nur zum Teil zu, da die Schriftform nicht die Erstellung der Urkunde durch den Unterzeichner verlangt und somit auch recht zügig erfüllt werden kann. Eine Erklärung unter Anwesenheit des Erklärungsgegners ist auch nicht zwingender Bestandteil der Schriftform. Sehr treffend ist die Analyse auf den ersten Blick allerdings hinsichtlich des Unterschieds von Unterzeichnung und Signatur. Die charakteristische Unterschrift, der zum Teil ein hoher Stellenwert im Bereich des Persönlichkeitsrechts eingeräumt wird,[648] ist in ihrer Bedeutung ganz anders im Bewußtsein verankert, als die nur am Bildschirm wahrnehmbare Signatur, erstellt durch einen einfachen Befehl am heimischen Rechner.

---

645 Die Idee stammt vom ehemaligen Vorsitzenden der Bundesnotarkammer, der auch die Vergabe der digitalen Schlüssel durch die Notare vornehmen lassen wollte und auf diese Weise die Zertifizierungsstellen vom Verfahren ausschließen wollte.

646 Malzer DNotZ 1998, S. 96 (107).

647 Malzer DNotZ 1998, S. 96 (107 f.).

648 Vgl. den Streit um die Namensunterschrift bei der Schriftform unter D I 2. b) cc).

Dementsprechend wurde für diese Problematik auch auf die Erfahrung mit Haustürgeschäften verwiesen.[649] Abzuwarten bleibt aber, ob sich dieses Bewußtsein mit Bestehen der Signatur nicht signifikant verändert: Schließlich resultiert die besondere Warnfunktion der Unterschrift auch in gewisser Weise aus ihrer historisch eingeführten Bedeutung, wie es früher für den Handschlag galt, dem etwa in landwirtschaftlichen Auktionen heute noch ein besonderer Stellenwert zukommt. Dies bedeutet, daß der Signatur und damit der elektronischen Form um so mehr Warnfunktion zukommt, je mehr das Handeln und die Interaktion am Bildschirm zum Bestandteil des Alltags wird.

Im Einzelfall wird dem Nutzer damit vielleicht zugemutet, erst aus seinen begangenen Fehlern zu lernen. Dies findet man etwa in Forderungen, das Bewußtsein der Rechtsanwender für Funktion, Wirkung und die rechtliche Bedeutung elektronischer Signaturverfahren anhand von Nutzungsformen zu fördern, deren Folgen reversibel oder wirtschaftlich weniger gravierend sind.[650] Verständlich sind daher Schilderungen, die auf den schwindenden Verbraucherschutz durch die bei Dienstleistungsunternehmen zu beobachtende Verlagerung von Aufgaben und damit auch des Haftungsrisikos für Fehler auf den Kunden hinweisen, welche durch die Möglichkeiten der Signatur noch verstärkt wird. Dadurch entferne sich die Rechtswirklichkeit immer mehr vom dem BGB zugrundeliegenden Bild von im wesentlichen gleichstarken Partnern.[651]

Für die Warnfunktion der elektronischen Form führen die Überlegungen zu einer mit der Unterschrift vergleichbaren Verankerung der Signatur im Bewußtsein der Nutzer aber in die falsche Richtung.

Die eigentliche Frage muß nicht lauten, wie eine Eingabe über die Tastatur eines Rechners, deren Ergebnis am Bildschirm beobachtet werden kann, mit der Unterzeichnung verglichen werden kann. Eine Gegenüberstellung von Signatur und Unterschrift wäre hier wie der sprichwörtliche Vergleich von Apfel und Birne. Die besondere Warnfunktion der elektronischen Signatur muß im Vergleich zu ebenfalls am Computer ausgeführten aber formfreien Rechtsgeschäften bestehen.

Und hier kann ohne Zweifel festgestellt werden, daß die Signatur zum formfreien Rechtsgeschäft über Internet in der Nebeneinanderstellung wie die Schriftform zum rein mündlichen Geschäft Elemente einer

649 Melullis MDR 1994, S. 109 (112).
650 So Miedbrodt/Mayer MDR 2001, S. 432 (436).
651 Melullis MDR 1994, S. 109 (113 f.).

Warnfunktion enthält. So wird durch die Notwendigkeit der Signatur die vorschnelle Eingehung von Verbindlichkeiten insbesondere bei der erstmaligen aber auch bei jeder folgenden Verwendung gemindert. Der erforderliche Einsatz der Chipkarte verdeutlicht zudem einen Unterschied zu anderen formlosen Rechtsgeschäften. So wird zum Teil auch geschlußfolgert, daß allein die umständliche Prozedur vom Erstellen des Dokuments über das Einführen der Chipkarte unter Eingabe der Geheimzahl bis hin zum Auslösen des Signiervorgangs bereits wesentlich zum Erreichen der Warnfunktion beitrage.[652]
Zudem muß die Zertifizierungsstelle nach § 6 II SigG den Anwender darüber belehren, daß die elektronische Signatur im Rechtsverkehr die gleiche Wirkung hat wie eine eigenhändige Unterschrift.
Damit kann durchaus gesagt werden, daß die elektronische Form bei korrekter Betrachtungsweise nicht nur auf die Identitätssicherung ausgerichtet ist, sondern auch dazu geeignet ist, die für ein Korrelat zur Schriftform wichtige Warnfunktion zu erfüllen.

b) Die Elektronische Form als Alternative zur öffentlichen Beglaubigung?

Fraglich ist, ob die elektronische Form nicht viel eher mit der öffentlichen Beglaubigung gemäß § 129 BGB verwandt ist. Zweck der öffentlichen Beglaubigung ist der Nachweis, daß eine Person von bestimmter Identität eine bestimmte Unterschrift tatsächlich geleistet hat.[653] Wie bei der öffentlichen Beglaubigung steht auch bei der elektronischen Form die Unterschrift im Mittelpunkt. An die Stelle des Notars tritt bei der elektronischen Form die Zertifizierungsstelle, wobei sich deren Aufgabe allerdings auf die Bestätigung der Identität des Unterzeichnenden beschränkt, eine Beratung findet nicht statt. Damit ist klar, daß die Zertifizierungsstelle und der Notar diesbezüglich nicht vergleichbar sind. Daher könnte die elektronische Form eher als einfachere Version der öffentlichen Beglaubigung verstanden werden. Ein interessantes Indiz ist in diesem Zusammenhang, daß die Bundesnotarkammer auch als Zertifizierungsstelle fungiert.
Stellt die elektronische Form womöglich einen Praxistest für weitere Alternativen zur öffentlichen Beglaubigung oder gar zur notariellen Beurkundung dar? Zwar gibt es inzwischen schon Angebote wie

---

[652] Palandt/Heinrichs § 126 a Rn. 5; Mallmann/Heinrich ZRP 2000, S. 470 (472).
[653] Siehe oben D II. .

Rechtsberatung am Telefon (für 1,86 Euro / Minute) und auch zahlreiche Beratungsstellen im Internet, deren Qualität kann jedoch keinesfalls das Institut des unabhängigen ausgebildeten Notars ersetzen. Ein Ersatz zur notariellen Beurkundung mit der umfassenden Beratungspflicht und Belehrungspflicht (§ 17 BeurkG) ist momentan nicht vorstellbar.
Etwas anderes mag indes für die öffentliche Beglaubigung gelten. Nach BGH ist der maßgebliche Unterschied zwischen notarieller Beurkundung und öffentlicher Beglaubigung darin zu sehen, daß die zu beurkundende Willenserklärung vom Erklärenden mündlich abgegeben und von der Urkundsperson inhaltlich wahrgenommen und verantwortlich geprüft wird, während die Tätigkeit der Urkundsperson bei der Beglaubigung auf die Bezeugung der Richtigkeit der Unterschrift beschränkt ist.[654]
Bei der öffentlichen Beglaubigung hat der Notar grundsätzlich keine Prüfungspflicht oder Belehrungspflicht hinsichtlich des Inhalts der Urkunde. Auch Geschäftsfähigkeit, Vertretungsmacht oder Verfügungsmacht des Unterzeichnenden müssen von ihm nicht geprüft werden.[655]
An dieser Stelle stellt sich nun die Frage, ob die Aufgabe des Notars bei der öffentlichen Beglaubigung nicht auch durch die Zertifizierungsstelle (wie etwa die der Bundesnotarkammer) der elektronischen Form erfüllt werden kann. Die Zertifizierungsstelle wird von der RegTP überwacht (§ 19 I Satz 2 SigG). Die diesbezüglichen Regelungen im Signaturgesetz besagen unter anderem, daß dem Anbieter eines Zertifizierungsdienstes der Betrieb zumindest vorübergehend zu untersagen ist, wenn er nicht die für den Betrieb erforderliche Fachkunde nachweisen kann (§ 19 III Nr. 2 SigG) oder nicht die erforderliche Zuverlässigkeit besitzt (§ 19 III Nr. 1 SigG).
Bereits bei der Einführung des ersten Signaturgesetzes hat der Bundesrat festgestellt, daß die Aufgabe der Zertifizierungsdienste mit der öffentlichen Beglaubigung eng verwandt wäre. Dabei wurde damals vom Bundesrat kritisiert, daß die Identitätsfeststellung an sich eine öffentliche Aufgabe wäre, die von der Rechtsordnung bisher nur Behörden, Gerichten und anderen öffentlichen Institutionen übertragen wurde.[656]
In die gleiche Richtung geht auch die Kritik von *Malzer*, der bezweifelt, ob privatwirtschaftliche Unternehmen als Zertifizierungsstellen die nötige

654 BGHZ 37, 79 (86).
655 Siehe oben D II. 2. c).
656 BT-Drucksache 13/7385, S. 57 ff..

Unabhängigkeit einhalten könnten, etwa wenn die Beweiswirkung einer Erklärung für Teile der Gesellschaft relevant ist.[657]
Solche Bedenken dürften durch die mit der Akkreditierung der Zertifizierungsstelle verbundenen Überprüfung durch die RegTP ausgeräumt sein. Schließlich ist nur die qualifizierte elektronische Signatur dazu geeignet, die elektronische Form zu erfüllen.
Die Identitätsfeststellung beinhaltet in der Regel eben gerade keine Beratung, welche eine umfangreiche Ausbildung voraussetzen würde. Insoweit wäre die Einordnung der Arbeit der Zertifizierungsdienste als öffentliche Aufgabe ungerechtfertigt und würde der Etablierung der elektronischen Form auch insofern entgegenstehen, da in diesem Fall der Aufbau der notwendigen Infrastruktur, welche nicht zuletzt auch umfangreiche Kenntnisse der technischen Abläufe voraussetzt, nicht mehr durch die Investitionen der privaten Unternehmen unterstützt würde. Am Rande sei hier noch darauf hingewiesen, daß zwei der Zertifizierungsdiensteanbieter, nämlich Signtrust und Telesec, Unternehmensteile der Deutschen Post AG und der Deutschen Telekom AG sind, die bekanntlich im Zuge der Postreform im letzten Jahrzehnt aus dem öffentlichen Aufgabenbereich entlassen wurden, an deren Muttergesellschaften die Bundesrepublik zur Zeit aber noch mit ca. 69 % bzw. ca. 43 % beteiligt ist. Auch vor diesem Hintergrund kann die Identitätsfeststellung im Zuge der elektronischen Signatur nicht zwingend als öffentliche Aufgabe gewertet werden, ohne in Widerspruch zur Postreform zu treten.
In der für die Novellierung des Signaturgesetzes maßgeblichen Richtlinie des Europäischen Rates und des Parlaments über gemeinschaftliche Rahmenbedingungen für elektronische Signaturen vom 13. Dezember 1999 heißt es, daß die Mitgliedsstaaten zur Umsetzung der Richtlinie verpflichtet sind, ihre Formvorschriften daraufhin zu untersuchen, ob diesen auch durch elektronische Erklärungen genügt werden kann.
Ob sich mit der elektronischen Form auch eine kostengünstige Alternative zur öffentlichen Beglaubigung entwickeln ließe, ist allerdings zu bezweifeln. Neben der Kosten für die Infrastruktur, wie PC und Internetzugang, entstehen auch Kosten für die Inanspruchnahme der Dienste der Zertifizierungsstelle. Ob dies letztlich günstiger ist als die Kosten für eine öffentliche Beglaubigung beim Notar hängt wohl von der Häufigkeit der Nutzung ab.

---

[657] Malzer DNotZ 1998, S. 96 (114).

Falls sich die elektronische Form in der Praxis bewähren sollte und eine Verbreitung über den Geschäftsverkehr hinaus auch im Privatverkehr gefunden hat, wäre eine Ausdehnung auf eine alternativ zur öffentlichen Beglaubigung mögliche elektronische öffentliche Beglaubigung daher durchaus denkbar und auch zu begrüßen. Vereitelt werden könnte ein solches Vorhaben allerdings dann, wenn sich im Laufe der Zeit herausstellt, daß die angestrebte Fälschungssicherheit durch das Signaturverfahren bei weitem nicht gewährleistet werden kann.
Hier muß letzten Endes auch die weitere technische Entwicklung abgewartet werden: Denn ein Verfahren, das heute noch als sicher gilt, kann diese Eigenschaft schon bald verlieren.[658] Gerade auch vor dem Hintergrund der technischen Entwicklung in den letzten beiden Jahrzehnten kann die Hypothese aufgestellt werden, daß die elektronische Form in ihrer Machart früher oder später veränderten technischen Gegebenheiten angepaßt werden muß.

II. § 126 b BGB Textform

Seit dem 1. August 2001 findet sich neben der Elektronischen Form des § 126 a BGB auch noch die Textform als weitere neue Form im Allgemeinen Teil des Bürgerlichen Gesetzbuchs.
Eingeführt wurde die Textform ebenso wie die elektronische Form durch das Gesetz zur Anpassung der Formvorschriften des Privatrechts und anderer Vorschriften an den modernen Rechtsverkehr vom 13. Juli 2001.[659]
Zur Erfüllung der Textform muß die Erklärung in einer Urkunde oder auf andere geeignete Weise zur dauerhaften Wiedergabe in Schriftzeichen abgegeben werden, die Person des Erklärenden genannt werden und der Abschluß der Erklärung durch Nachbildung der Namensunterschrift oder anders erkennbar gemacht werden (§ 126 b BGB).
Anders als bestimmte Änderungen hinsichtlich der Einführung der elektronischen Form ist die Einführung der Textform nicht durch europarechtliche Vorgaben motiviert. Mit der Textform verfolgte der Gesetzgeber andere Zielsetzungen.

---

658 Melullis MDR 1994, S. 109 (113).
659 BGBl. I Nr. 35 ausgegeben am 18. Juli 2001, S. 1542-1549.

1. Gesetzgeberisches Ziel

Im Gesetzentwurf[660] heißt es, daß mit der Textform eine Erleichterung des Rechtsverkehrs erreicht werden sollte. Die Textform komme den Bedürfnissen des modernen Rechtsverkehrs entgegen und verallgemeinere bereits bestehende Einzelbestimmungen.
Angeführt wird in erster Linie die lange Zeit bestehende Regelung des § 8 MHRG.[661] Die Textform solle alle die Fälle regeln, in welchen das Erfordernis der eigenhändigen Unterschrift unangemessen und verkehrserschwerend sei, insbesondere bei Vorgängen ohne erhebliche Beweiswirkung und bei nicht erheblichen oder leicht wieder rückgängig zu machenden Rechtsfolgen einer der Schriftform unterworfenen Erklärung.
An dieser Stelle ergibt sich bereits die Frage, warum bei angeblich so unerheblichen Rechtsgeschäften, deren Rückabwicklung zudem keine Probleme bereitet, überhaupt an einer gesetzlichen Form festgehalten werden soll, welche Funktionen die dort bisher geltende Schriftform bzw. jetzt die Textform nach Ansicht des Gesetzgebers dann noch erfüllt, um eine Abweichung vom Grundsatz der Formfreiheit zu rechtfertigen. Insoweit ist diese Argumentation für die Berechtigung der Textform mit dem Grundprinzip der Form als Ausnahme für einzelne Fälle nicht konform.
Weiter heißt es im Gesetzentwurf[662], daß die Textform für alle Fälle in Betracht komme, in denen ein der strengen Schriftform vergleichbarer Sicherheitsstandard nicht erforderlich wäre. Daher eigne sich die Textform nicht, wenn Warnfunktion oder Beweisfunktion Aufgabe der Formvorschrift sind. Durch den Verzicht auf die eigenhändige Unterschrift kann die Textform auch durch die Übermittlung per Telefax, die Versendung einer Kopie oder die papierlose Übermittlung mittels Computerfax erfüllt werden.
Während also die Bundesregierung durch die Einführung der Textform den Rechtsverkehr erleichtert sah, ist diese gesetzliche Neuerung an anderer Stelle von Beginn an nicht mit der gleichen Begeisterung aufgenommen worden.

---

660 Entwurf eines Gesetzes zur Anpassung der Formvorschriften des Privatrechts und anderer Vorschriften an den modernen Rechtsverkehr, beschlossen vom Bundeskabinett am 6. 9. 2000, S. 34 - 39.

661 § 8 MHRG: "Hat der Vermieter seine Erklärung nach den §§ 2 bis 7 mit Hilfe automatischer Einrichtungen gefertigt, so bedarf es nicht seiner eigenhändigen Unterschrift." Im Rahmen der Mietrechtsreform ist § 8 MHRG entfallen, eine entsprechende Regelung wurde im BGB nicht verankert.

662 Entwurf eines Gesetzes zur Anpassung der Formvorschriften des Privatrechts und anderer Vorschriften an den modernen Rechtsverkehr, beschlossen vom Bundeskabinett am 6. 9. 2000, S. 34 - 39.

Der Sinn der Textform war nämlich bereits im Gesetzgebungsverfahren stark bezweifelt worden.
Kritisiert wurde die Textform im Gesetzgebungsverfahren, da sie vor allem wegen der Fragen der Beweisqualität und der Beweisfähigkeit für Verwirrung sorgen würde.[663] Die Einführung der Textform wäre lediglich eine künstliche Komplizierung des Rechts durch eine qualifizierte Formlosigkeit.
Auch in der Literatur ist die Textform nicht unbedingt auf positive Resonanz gestoßen: So heißt es dort etwa, daß sich die Textform bestenfalls als überflüssige aber unschädliche Form erweisen werde.[664]
Teilweise wurde auch unter Hinweis auf die Manipulationsmöglichkeit einer in Textform übermittelten Erklärung die Berechtigung der Formstufe Textform bezweifelt, die in einem Rechtsstreit zudem nicht die bei einer formlosen Erklärung bestehende Hemmschwelle einer eventuell falschen Zeugenaussage überwinden müsse. Die Textform sei somit nicht nur überflüssig, sondern auch schädlich.[665]

2. *Anwendungsfälle*

Anwendungsfälle für die Textform finden sich sowohl im BGB als auch in anderen Gesetzen.

Im BGB sind die Anwendungsfälle der Textform:
- in § 554 III für die Mitteilung über die Modernisierung der Mietsache,
- in § 556 a II Satz 1 für die Erklärung zur Umstellung auf eine verbrauchsabhängige Betriebskostenabrechnung,
- in § 556 b II Satz 1 für die Aufrechnung durch den Mieter,
- in § 557 b III Satz 1 für die Änderung der Indexmiete,
- in § 558 a I und § 559 b I für das Mieterhöhungsverlangen nach § 558 bzw. § 559,
- in § 560 I Satz 1 und IV für die Veränderung von Betriebskosten und
- in § 651 g II für die Zurückweisung von Ansprüchen des Reisenden durch den Reiseveranstalter.

663 BT-Drucksache 14/5561 S. 19.
664 Hähnchen NJW 2001, S. 2831 (2833); auch Belke DuD 2000, S. 74 (76).
665 Malzer DNotZ 1998, S. 96 (118); Mallmann/Heinrich ZRP 2000, S. 470 (472).

Damit zeigt sich, daß sich die Anwendung der Textform im BGB im wesentlichen auf das Mietrecht konzentriert. Dort sind somit nunmehr fast alle Formvorschriften mit der Textform verbunden, lediglich in § 550 und in §§ 557 a I, 557 b I BGB wird noch die Schriftform angeordnet. Die Textform soll hier überall dort an die Stelle der Schriftform getreten sein, wo es nicht auf besondere Sicherheit oder auf eine Warnfunktion ankäme.[666] Zwei weitere von der Bundesregierung ursprünglich geplante Anwendungsfälle der Textform im allgemeinen Schuldrecht, nämlich für die Anzeige der Abtretung gegenüber dem Schuldner (§ 410 II BGB) und die Mitteilung des Veräußerers bei Übernahme einer Hypothekenschuld durch den Erwerber, sind im Vermittlungsverfahren von Bundestag und Bundesrat gescheitert.[667]

Außerhalb des BGB ist die Textform vorgesehen:
- in §§ 5 III Satz 1, 8 Nr. 1, 9 I Nr. 1, 12 II Satz 2 BundeskleingartenG;
- in § 6 I Nutzungsentgeltverordnung;
- in § 24 IV Satz 1 Wohnungseigentumsgesetz (WEG) für die Einberufung der Wohnungseigentümerversammlung;
- im Handelsrecht für die obligatorische Information des Absenders einer gefährlichen Fracht an den Frachtführer (§ 410 I HGB), ebenso für die Information des Spediteurs durch den Versender eines gefährlichen Gutes (§455 I Satz 2 HGB), ebenso die Information des Einlagerers eines gefährlichen Gutes an den Lagerhalter (§ 468 I Satz 1 HGB), und für die Schadensanzeige beim Frachtgeschäft (§ 438 IV Satz 1 HGB);
- im Börsengesetz für §§ 45 IV, 53 II, 73 II, Börsengesetz,
- im Umwandlungsgesetz für Unterrichtungen bei der Übernahme einer Genossenschaft (§ 89 II UmwG), bei der Übertragung eines Versicherungsvereins auf Gegenseitigkeit (§ 182 I UmwG), der Gesellschafter allgemein (§ 216 UmwG), der Gesellschafter von Kapitalgesellschaften (§ 230 I UmwG), der Genossen einer Genossenschaft (§ 256 III UmwG), der Vorbereitung einer Generalversammlung (§ 260 I Satz 1 UmwG) und der Anteilsinhaber nach § 267 I Satz 1 Umwandlungsgesetz;
- im Aktiengesetz für die Ermächtigung zur Teilnahme an Sitzungen des Aufsichtsrats einer AG (§ 109 III AktG);
- im GmbH-Gesetz für Abstimmungsvollmachten für

[666] Nies NZM 2001, S. 1071; Blank/Börstinghaus S. 4.
[667] Hähnchen NJW 2001, S. 2831 (2833).

Gesellschafterversammlungen (§§ 47 III, 48 II GmbH-Gesetz);
- im Versicherungsrecht für den Widerspruch des Versicherungsnehmers gegen Abweichungen im Versicherungsschein (§ 5 VVG), den Widerspruch des Versicherungsnehmers im Fall des § 5a VVG, die Verlangung der Prämienübermittlung nach § 37 VVG, die Information über Pflichtverletzungen (§ 158 e I Satz 2 VVG) und für die Anzeige eines Schadensereignisses nach § 3 Nr. 7 PflichtVersG.

Außerhalb des BGB findet sich somit eine Vielzahl von Anwendungsfällen der Textform in den unterschiedlichsten Rechtsgebieten, wobei die Schwerpunkte im Handelsrecht und Gesellschaftsrecht sowie im Versicherungsrecht liegen.

3. *Voraussetzungen*

Die Voraussetzungen zur Erfüllung der Textform sind vergleichbar mit den Erfordernissen der Schriftform. Lediglich die eigenhändige Unterschrift bleibt der Schriftform vorbehalten. Somit gilt, daß eine Erklärung, die den Anforderungen der Schriftform nach § 126 BGB genügt, zugleich auch die Voraussetzungen der Textform nach § 126 b BGB erfüllt.

a) *Urkunde*

Zur Erfüllung der Textform muß die Erklärung in einer Urkunde oder in einer anderen zur dauerhaften Wiedergabe in Schriftzeichen geeigneten Weise abgegeben werden. Die Erklärung kann dem Empfänger dabei sowohl per Post oder per Telefax übermittelt werden. Ebenso ausreichend ist die Übermittlung einer am Bildschirm verfaßten Erklärung, die als Email versendet wird.[668]
Dementsprechend kann auch eine Kurzmitteilung per Mobiltelefon oder Festnetztelefon ("Short Message Service") die Voraussetzungen der Textform erfüllen.[669]

---

668 Palandt/Heinrichs § 126 b Rn. 3.
669 Bielefeld NZM 2001, S. 1121.

b) Abschluß der Erklärung

Zum Abschluß muß die Erklärung nicht zwingend unterschrieben werden. Der Abschluß der Erklärung ist aber auf geeignete Weise kenntlich zu machen. Dies kann etwa durch eine Grußformel geschehen.[670]
Daneben muß die Person des Erklärenden in der Erklärung angegeben werden.
Auch wenn zur Vermeidung von Zweifeln eine Namensnennung empfehlenswert scheint, ist jede Bezeichnung ausreichend, die den Aussteller der Erklärung für den Empfänger eindeutig klarstellt. Der Name des Erklärenden muß nicht genannt werden. Die Angabe des Erklärenden kann entweder zu Beginn der Erklärung, im Text der Erklärung oder aber am Ende der Erklärung, etwa in Form einer mechanischen Unterschrift erfolgen.[671]

4. Die Textform - eine nützliche Innovation?

Die Textform als lesbare, aber unterschriftslose Erklärung dient nicht zur Erfüllung der klassischen Formzwecke.[672]
Allein diese einfache Feststellung läßt Zweifel aufkommen, ob der neue § 126 b BGB zwischen Schriftform und notarieller Beurkundung richtig angesiedelt ist.
Auch die neue Wortschöpfung "Textform" ist kein Beitrag zu einem allgemein verständlichen Gesetzestext. Die juristische Textform ist schließlich etwas ganz anderes als die sprachwissenschaftlichen Textformen, wie Kurzgeschichten, Gedichte oder Versepen.[673] Immerhin beinhalten all diese Formen schriftliche Texte. Aber eine Schriftform soll die Textform ja gerade nicht sein. Daß sich die neue Form von der Schriftform dadurch absetzen soll, daß auf die eigenhändige Unterschrift verzichtet wird, wird im Titel "Textform" jedenfalls erfolgreich verborgen.
Anders als etwa bei der Schriftform wurde auch keine Regelung aufgenommen, daß die Textform durch andere Formen ersetzt werden

---

670 Palandt/Heinrichs § 126 b Rn. 5.
671 Palandt/Heinrichs § 126 b Rn. 4.
672 Palandt/Heinrichs § 126 b Rn. 1.
673 Geißler NZM 2001, S. 689.

kann. Analog zur Regelung des § 126 IV BGB soll die Textform aber durch die notarielle Beurkundung ersetzt werden.[674]
Für die Textform ist keine elektronische Sicherung vorgeschrieben. Ein einfaches Telefax oder eine einfache Email genügt, um rechtliche Bindungen einzugehen. Eine zur Garantierung der Identität des Absenders und der Unverfälschtheit des Inhalts erforderliche Verschlüsselung ist nicht erforderlich. Die Folge davon sind Zweifel an der Echtheit und Endgültigkeit einer solchen Erklärung. Durch die Textform sollte das Potential der neuen Technologien zur Kostensenkung und Produktivitätssteigerung realisiert werden. Der Weg zur Erreichung dieses Ziels scheint eher ein halbherziger. Besser als eine Vereinheitlichung und Ausdehnung bestehender Sonderregelungen wäre wohl die Aufhebung des Formzwangs in Einzelfällen gewesen: So ist es wohl mehr als fraglich, ob die Bestimmungen im Bundeskleingartengesetz ein Anwendungsbereich für moderne Medien sind, jedenfalls wurden dort die Bestimmungen, welche die Schriftform vorsahen, durch Regelungen mit Textform ersetzt.
Formzwecke wie Warnfunktion oder Beweisfunktion können durch die Textform nicht ausreichend erfüllt werden. Wenn die Form aber so in ihrer Wirkung begrenzt ist, ist ihre Berechtigung zweifelhaft.
In der Begründung heißt es, daß die Textform dort genügt, wo es nur um nicht erhebliche oder leicht wieder rückgängig zu machende Rechtsfolgen gehe. Wenn man mit dieser Begründung die Berechtigung einer schärferen Form wie der Schriftform anzweifelt, dann wäre es konsequent, diese Rechtsgeschäfte oder Erklärungen gänzlich vom Formzwang zu befreien und dem Grundsatz der Formfreiheit zu folgen.
Die Textform ist keine durchdachte Ergänzung der bekannten Formen, ihr fehlt die Eignung zur Erfüllung vielfältiger Zwecke. Angesichts des Grundsatzes der Formfreiheit ist dies aber fast schon die conditio sine qua non für eine Form, um nicht zum bloßen Selbstzweck zu werden.
Eigentlich ist die Textform damit nichts anderes als der Ausschluß der mündlichen Erklärung. Fraglich ist, ob es dazu wirklich des Instruments einer gesetzlich vorgeschriebenen Form bedarf oder ob dies nicht auch den Vertragsparteien hätte überlassen werden können. Bei Betrachtung der Anwendungsfälle der Textform werden diese Fragen beantwortet: Während eine Gruppe dieser Fälle weiterhin mit einer vereinfachten, also

[674] Palandt/Heinrichs § 126 b Rn. 2.

unterschriftslosen Schriftform gut bedient wäre, kann die andere Gruppe getrost in die Formfreiheit entlassen werden.
Wenn man sich etwa die Anwendungsfälle der Textform im Mietrecht ansieht, stellt sich die Frage, warum für die Änderung der Betriebskostenabrechnung und ähnliches eine gesetzliche Form vorgeschrieben wird. Es steht wohl kaum zu befürchten, daß ohne einen solchen Formzwang demnächst Erhöhungen der Betriebskosten oder gar Mieterhöhungen dem Mieter vom Vermieter am Telefon oder per Zuruf auf dem Hausflur mitgeteilt werden. Alle anderen denkbaren Formen der Kommunikation erfüllen die Voraussetzungen der Textform. Ohne eine solche Formpflicht würde der Vermieter wohl schon aus eigenem (Beweis-) Interesse an der Schriftform festhalten. Angesichts der im Zusammenhang mit § 550 BGB zu beachtenden Schriftform wird in der Praxis dem Vermieter ohnehin empfohlen, sich weiter der Schriftform zu bedienen.[675]
Auch die Textform für Mahnungen bzw. Abmahnungen im Bundeskleingartengesetz scheint in ihrer Existenz fraglich. Diese Handlungen können getrost formfrei gestellt werden, die betroffenen Personen können selbständig (etwa in Form einer Satzung des Kleingartenvereins) entscheiden, ob eine Formpflicht bestehen soll oder nicht. Eines gesetzlichen Formzwangs bedarf es hier nicht.

Alle diese Betrachtungen führen zu dem Ergebnis, daß mit der Einführung der Textform als § 126 b BGB keine erfolgreiche Verbesserung der Formvorschriften gelungen ist.
Die Stellung als selbständiger Paragraph, gleichsam gleichberechtigt mit Schriftform, Beglaubigung und Beurkundung spiegelt nicht die eigentliche Bedeutung der Textform wieder.
Wenn die früher bestehenden Ausnahmen zur Schriftform hinsichtlich des Erfordernisses der eigenhändigen Unterschrift in den allgemeinen Teil aufgenommen werden sollen, bietet sich ein anderer Weg an: Besser wäre es, die Regelung des § 126 b BGB in Abkehr von einer Eigenständigkeit der Schriftform zuzuordnen und damit auch unterzuordnen. Dazu sollte § 126 b BGB zu einem Absatz V des § 126 BGB werden. Schließlich könnte durch den Verzicht auf die Bezeichnung Textform noch für zusätzliche Klarheit gesorgt werden, etwa indem eine aussagekräftige Bezeichnung als "unterschriftslose Schriftform" gewählt wird.

[675] Nies NZM 2001, S. 1071 (1072); Ormanschick/Riecke MDR 2002, S. 247 (249).

Siebtes Kapitel

G Ergebnisse der Arbeit und Ausblick

Die Formen des BGB befinden sich trotz ihrer langen Tradition noch immer in Bewegung. Durch die Schaffung neuer Formen ist noch zusätzlicher Schwung in diese Bewegung gekommen. In Zukunft dürfte es nicht nur Anpassungen bei den neuen Formen geben, auch die altgedienten Formen werden insbesondere hinsichtlich einzelner Anwendungsfälle weiterhin von einigen Änderungen betroffen sein werden.

I. Erweiterung der Formvorschriften?

Entsprechend des immer stärker im Blick von Rechtsprechung und Gesetzgeber liegenden Verbraucherschutzes sollte die für die Bürgschaft bestehende Formpflicht auch auf bürgschaftsähnliche Rechtsgeschäfte ausgedehnt werden. Heute bedarf z.B. ein Schuldbeitritt zu einem konstitutivem Schuldanerkenntnis nach BGH und herrschender Literatur nicht der Schriftform des § 781 BGB.[676] Die verbraucherfreundliche Rechtsprechung zur Bürgschaft und die ebenso zunehmend am Verbraucher orientierte Gesetzgebung könnte in Zukunft zu einer Änderung dieser Lage führen, wie dies schon beim Schuldbeitritt eines Verbrauchers zu einem Darlehensvertrag geschehen ist.[677]

II. Lockerung der Formvorschriften?

Die Lockerung von Formvorschriften unter Zuhilfenahme einer vom Wert des Vertragsgegenstands bestimmten betragsabhängigen Form ist angesichts der damit verbundenen Schwierigkeiten, die im Zusammenhang mit der Form der Schenkung bereits erörtert wurden, kein erfolgversprechendes Mittel.

Die Schaffung neuer Formen mit der elektronischen Form und der Textform verdeutlicht einen vom Gesetzgeber gesehenen Handlungsbedarf. Vielleicht führt der damit vollzogene erste Schritt und die praktischen Erfahrungen mit den Ergebnissen zu weiteren Schritten:

---

676 BGHZ 121, 1; Nachweise bei Blaurock EWiR 1993, S. 245 (246).

677 Vgl. oben unter E III. 3. f) aa).

Einige der Rechtsgeschäfte, die jetzt unter Einhaltung der Textform abgeschlossen werden müssen, könnten demnächst gänzlich vom Formzwang befreit werden.

III. Ergebnisse der Arbeit

- Die rechtsgeschäftlichen Formvorschriften sind heute nur noch in Ausnahmefällen Selbstzweck. In fast allen Anwendungsgebieten steht und fällt die Form mit ihrer Funktion. Die angestrebten Ziele bestimmen die Form und deren Anforderungen. Die teleologische Auslegung ist für Formvorschriften maßgeblich.
  Unter den verschiedenen Funktionen der Form steht heute die Warnfunktion und der Übereilungsschutz im Vordergrund.
  Ein zunehmendes Ungleichgewicht zwischen den Verhandlungspositionen der Vertragspartner führt dazu, daß der Gesetzgeber zum Schutz des schwächeren Vertragspartners durch die Schaffung einer entsprechenden Form eingreift und so versucht, das Gleichgewicht wiederherzustellen. Die neuen Definitionen der Personen Verbraucher (§ 13 BGB) und Unternehmer (§ 14 I BGB) verdeutlichen diese Entwicklung.
  Die Form ist heute fast ausschließlich durch ihre Funktion legitimiert. Nur in Einzelfällen im Familienrecht und im Erbrecht ist die Form heute noch Selbstzweck.

- Bei der Schriftform (§ 126 BGB) ist auf diese Weise der Bereich der Unterschrift einigen festen Regeln unterworfen, während der Bereich der Urkunde in Anbetracht seines geringen Beitrags zur Funktion der Form weitgehend der Gestaltung durch die Parteien überlassen wird.
  Die Änderungen in der Rechtsprechung zur Einheitlichkeit der Urkunde und zur Blankobeglaubigung sind zu begrüßen.
  Bezüglich der Unterschrift sind die räumliche Abschlußfunktion und die Individualität des Schriftzugs zu beachten.

- Die öffentliche Beglaubigung (§ 129 BGB) ist eine in der Praxis bewährte Form zur Identitätsbestätigung.

- Die notarielle Beurkundung (§ 128 BGB) ist die höchste der Formstufen des BGB. Beim Verfahren der notariellen Beurkundung muß auf die ordnungsgemäße Erstellung der Niederschrift geachtet werden. Die

Verlesung muß nach Abschluß der Beratung von einem sachlichen Substrat erfolgen. Nach der Genehmigung erfolgt die Unterzeichnung, wobei die Reihenfolge zu beachten ist.
Die Beurkundung im Ausland im Rahmen von Satzungsänderungen von Kapitalgesellschaften ist bei Gleichwertigkeit der Beurkundung als zulässig zu bewerten.

- Die Nichtigkeitsfolge des § 125 Satz 1 BGB ist ein wesentlicher Bestandteil zur Erfüllung der Funktionen der Form.
Die Heilung an sich formwidriger Rechtsgeschäfte ist nur dort zulässig, wo dies im Gesetz ausdrücklich geregelt ist. Eine generelle analoge Anwendung der Heilungsvorschriften auf alle Formvorschriften ist wie auch die Analogie im Einzelfall nicht zulässig.
Die von der Rechtsprechung und von Stimmen der Literatur auf unterschiedliche Weise vorgenommene Begrenzung der Rechtsfolge der Nichtigkeit ist problematisch; teilweise kann eine Korrektur der Formnichtigkeit entsprechend Treu und Glauben aber erforderlich sein.
Wünschenswert ist eine Änderung der Formvorschriften insbesondere im Erbrecht, um die Gründe, die zur Abweichung von § 125 BGB führen, auf diese Weise zu beseitigen.

- Die elektronische Form (§ 126 a BGB) ist eine interessante Neuerung als Alternative zur Schriftform, die sich allerdings in der Praxis erst noch bewähren muß. Ob diese neue Form auch ihre Akzeptanz im Alltag findet, bleibt angesichts des erforderlichen PC-Zubehörs und der dadurch entstehenden zusätzlichen Kosten zunächst abzuwarten.
In Zukunft könnte die stark auf Identitätsüberprüfung ausgerichtete elektronische Form auch als eine ortsunabhängige Alternative zur öffentlichen Beglaubigung fungieren.

- Die Textform (§ 126 b BGB) ist keine Vervollkommnung der Formvorschriften des BGB. Die eigenständige Regelung des § 126 b BGB sollte als Absatz der Schriftform etwa in § 126 V BGB an diese angegliedert werden und eine verständlichere Bezeichnung etwa als unterschriftslose Schriftform erhalten.

- Die Form wird auch in Zukunft ihren Platz in den rechtlichen Regelungen haben. Die letzte Novellierung zeigt, daß auch beim Auftritt neuer

Möglichkeiten der Gestaltung, Kommunikation und damit neuer Anwendungsgebiete des Rechts kein Auskommen ohne Form denkbar ist.

IV. Fünfzehn Thesen zu der Dissertation

1. Der Abschluß eines Rechtsgeschäfts bedarf heute grundsätzlich nicht der Einhaltung einer besonderen Form. Von diesem Grundsatz der Formfreiheit sieht das BGB mehrere Ausnahmen vor.
2. Die Formvorschriften haben eine Vielzahl von Funktionen. Zweck und Aufgabe einer Formvorschrift bilden vielfach eine gute Grundlage zur Beurteilung kontrovers diskutierter Probleme im Rahmen der Formarten.
   Formvorschriften bedürfen dabei wie andere Bestimmungen der Auslegung, um zu bestimmen, welche Rechtsgeschäfte im einzelnen der Form unterfallen oder welche Voraussetzungen zur Einhaltung der Form zu erfüllen sind.
3. Bezweckt werden Warnfunktion, Beweisfunktion, die Möglichkeit fachkundiger Beratung, Kontrollfunktion sowie Abschluß- und Inhaltsklarheit. Weitere denkbare Zwecksetzungen sind zudem die Erkennbarkeit des Rechtsgeschäfts für Dritte und die Erschwerung des Vertragsschlusses.
   Ein charakteristisches Beispiel für die Warnfunktion ist die Formpflicht der Bürgschaft (§ 766 BGB). Bei der Bürgschaft muß dem künftigen Bürgen oftmals die Tragweite seines Handelns erst vor Augen geführt werden. Vielfach besteht der Gedanke, daß die Bürgschaft nur eine formale Angelegenheit sei. Der Bürge könnte ohne das Formerfordernis bei entsprechender Leichtfertigkeit die eingegangene Verpflichtung falsch einschätzen. Anders ist dies bei Schuldversprechen und Schuldanerkenntnis (§§ 780, 781 BGB). Für diese Rechtsgeschäfte ist es nicht charakteristisch, daß deren Inhalt und dessen Bedeutung für den Erklärenden von diesem falsch eingeschätzt werden. Hier soll durch die Formvorschrift eine Abgrenzung zu mißverständlich formulierbaren mündlichen Erklärungen erreicht werden. Die Literaturansicht, die in den Formvorschriften der §§ 780, 781 BGB eine Warnfunktion erfüllt sieht, vermag somit nicht zu überzeugen.
   Der Zweck des § 550 BGB liegt im Schutz des Informationsinteresses eines potentiellen Grundstückserwerbers. Daneben ist bei der Norm des § 550 BGB von einer Beweisfunktion auszugehen. Die Annahme einer darüber hinausgehenden Warnfunktion würde aber einen Wertungswider-

spruch zu der Tatsache bedeuten, daß andere Dauerschuldverhältnisse des Schuldrechts für eine langfristige Dauer auch ohne Beachtung einer Form geschlossen werden können. Ein Formzwang ist überall dort zum Schutz vor übereilten Entscheidungen erforderlich, wo der Gesetzgeber Handlungsbedarf sah.

4. Um den angestrebten Formzweck zu erreichen, kann es erforderlich sein, die jeweils vorgeschriebene Form bei allen wesentlichen Teilen einer Erklärung anzuwenden. Eine Umgehung der Formvorschrift und damit auch eine Verfehlung der Formziele kann auf diese Weise unterbunden werden.

   Die Verwirklichung der Formzwecke ist allerdings nur gesetzgeberisches Motiv, nicht aber Anwendungsvoraussetzung für die einzelne Formvorschrift. Die Formvorschriften sind daher auch dann zu beachten, wenn der jeweils verfolgte Zweck anderweitig bereits erreicht wurde.

5. Als Grundsatz gilt, daß das ganze Rechtsgeschäft formbedürftig ist, wenn für die darin getroffenen Verpflichtungen das Gesetz eine Form vorschreibt.

   Nach der ständigen und dem Grundsatz nach unumstrittenen Rechtsprechung des BGH zu § 311 b I BGB erstreckt sich der Formzwang bei zusammengesetzten Rechtsgeschäften auf das ganze Rechtsgeschäft, wenn dies rechtlich eine Einheit bildet. Dies ist dann der Fall, wenn die Vereinbarungen nach dem Willen der Parteien nicht für sich allein gelten, sondern miteinander "stehen und fallen" sollen. Im Interesse der Einheitlichkeit der Rechtsordnung muß dies auch im Bereich von Ehevertrag (§ 1410 BGB) und Erbvertrag (§ 2276 BGB) gelten. Alle drei Formvorschriften ordnen die notarielle Beurkundung, also die stärkste der Formen des BGB an. Hier steht den Vertragsparteien der Notar als fachkundige Person zur Seite.

   Nachträgliche Änderungen und Ergänzungen des Rechtsgeschäfts sind grundsätzlich ebenso formbedürftig. Die Aufhebung eines formbedürftigen Rechtsgeschäfts ist hingegen im allgemeinen nicht formbedürftig. Etwas anderes gilt im Erbrecht für den Erbvertrag nach § 2290 IV BGB und den Erbverzicht nach § 2351 BGB. Auch das wieder aktivierte Schriftformerfordernis für die Kündigung (§ 623 BGB) sieht etwas anderes vor.

   Die Formbedürftigkeit eines Vorvertrags hängt davon ab, welchem Zweck die Form des Hauptvertrages dient: Grundsätzlich formbedürftig ist der Vorvertrag zu einem dem Formzwang unterliegenden

Rechtsgeschäft dann, wenn der Zweck der für den Hauptvertrag vorgeschriebenen Form zumindest auch der Schutz vor übereilter Bindung ist (Warnfunktion). Nicht formbedürftig sind dementsprechend solche Vorverträge, bei denen die Form des Hauptvertrages der Beweissicherung dient.

6. Die Vollmacht ist nach der gesetzlichen Regelung des § 167 II BGB formfrei. Anders als bei Inkrafttreten des BGB ist heute die Warnfunktion eine zentrale Aufgabe von Formvorschriften. Um dem voll und ganz gerecht zu werden, erfordert dies eine vom Gesetzeswortlaut des § 167 II BGB abweichende Regelung. Bei warnenden Formvorschriften sollte zum Schutz des Erklärenden die Leichtigkeit der Vollmachtserteilung eingeschränkt und ebenfalls mit dem Formzwang belegt werden. Die Formbedürftigkeit der Vollmacht erlangt auch im Zusammenhang mit der Befreiung des Selbstkontrahierungsverbots nach § 181 BGB Bedeutung. Denn in diesem Fall können Vertragspartner und Bevollmächtigter ein und dieselbe Person sein. Bei Personengleichheit von Bevollmächtigtem und Vertragspartner liegt in der Bevollmächtigung gleichsam eine Vorwegnahme des Hauptgeschäfts. Die Möglichkeit des Widerrufs der Vollmacht ist hier vielfach nur theoretisch. Die Vollmacht, die unter Befreiung vom Verbot des Selbstkontrahierens nach § 181 BGB erteilt wird, ist daher ebenso formbedürftig.

   Die Zustimmung ist nach der gesetzlichen Regelung des § 182 II BGB formfrei. Ob in der Praxis ein Unterschied zur Vollmacht und damit zur geforderten Regelung des § 167 II BGB besteht, hängt allein vom Verhalten des Vertretenen ab (Kenntnisnahme vom Vertragsinhalt). Doch vom Verhalten eines Vertragspartners soll die Anwendung von Formvorschriften gerade nicht abhängig gemacht werden. Die Form gilt unabhängig davon, ob es sich um fachkundige Vertragspartner handelt oder um Laien, ob sich der beabsichtigte Zweck der Formvorschrift einstellt oder nicht. Das Argument der *Möglichkeit* (der Kenntnisnahme) zur Verwirklichung der bezweckten Warnfunktion kann daher kein entscheidendes sein, um eine unterschiedliche Behandlung beider Fälle zu rechtfertigen. Konsequenterweise ist daher § 182 II BGB genauso zu behandeln wie § 167 II BGB.

7. Für die Auslegung von formbedürftigen Erklärungen ist an der Andeutungstheorie der Rechtsprechung festzuhalten, um eine Untergrabung der Formerfordernisse zu verhindern. Danach können außerhalb der Urkunde liegende Umstände nur dann zur Auslegung herangezogen

werden, wenn sie in der förmlichen Erklärung zumindest andeutungsweise zum Ausdruck gekommen sind.

8. Die Schriftform ist eine der am weitesten verbreiteten Formvorschriften, zugleich auch eine der einfachsten Möglichkeiten der Form. Zur Erfüllung der Schriftform muß die Urkunde vom Aussteller eigenhändig durch Namensunterschrift oder mittels notariell beglaubigten Handzeichens unterzeichnet werden (§ 126 I BGB). Hinsichtlich der Anforderungen ist zwischen Erfordernissen im Zusammenhang mit der Urkunde und solchen bezüglich der Unterschrift zu unterscheiden.

Die Einheitlichkeit der Urkunde bezeichnet das Erfordernis, daß das gesamte formbedürftige Rechtsgeschäft grundsätzlich in einer Urkunde enthalten sein muß. Der vollzogene Wechsel in der Rechtsprechung des BGH ist uneingeschränkt zu begrüßen: Der Verzicht auf die strengere Anforderung einer festen Verbindung der Urkunde fügt sich gut in das Gesamtbild der Schriftform ein. Andere Mittel wie die fortlaufende Numerierung der Seiten sind ein ebenso geeignetes Mittel zur Wahrung der Einheitlichkeit der Urkunde. Zudem führt der Verzicht auf die Forderung einer festen Verbindung auch zu der vom BGH angesprochenen Annäherung an die Vorstellungen der Allgemeinheit über die Schriftform und ist auch eine angemessene Reaktion auf den heutigen Umgang mit Urkunden und Einsatz von neuen Medien im Alltag, ohne die Form in ihrer Wirkung zu schwächen.

Die Bedeutung der Unterschrift ergibt sich aus dem Sprachgebrauch und dem Zweck der Formvorschrift. Unterschrift ist demnach ein aus Buchstaben einer üblichen Schrift bestehendes Gebilde, das nicht lesbar zu sein braucht. Mit der Unterschrift muß ein einmaliger, die Identität des Unterschreibenden ausreichend kennzeichnender, individueller Schriftzug vorliegen, der entsprechende charakteristische Merkmale aufweist, sich als Wiedergabe eines Namens darstellt und die Absicht einer vollen Unterschriftsleistung erkennen läßt. Anders als bei der Urkunde, bei der tendenziell immer weniger Einschränkungen vorhanden sind, bestehen im Zusammenhang mit der Unterzeichnung durch den Aussteller eine Reihe von Vorgaben, wie die Definition der Unterschrift bereits andeutet. Explizit sind dies der räumliche Abschluß, Zulässigkeitsbeschränkungen von Blankounterschriften, die Eigenhändigkeit der Unterschrift und die Namensunterschrift.

Die Unterschrift hat Abschlußfunktion: Sie muß den Urkundentext räumlich abschließen, also den unverbindlichen Entwurf von der

Vollendung der Erklärung und dessen inhaltlicher Bestätigung abgrenzen. Nur der Teil der Urkunde, der oberhalb der Unterschrift steht, wird dabei von der Unterschrift gedeckt.
Damit bleibt es auch unter Berücksichtigung der neueren Rechtsprechung bei der grundsätzlichen Zulässigkeit der Blankounterschrift. Etwas anderes gilt nur dann, wenn die Form auch dazu dient, dem Unterzeichnenden den konkreten Geschäftsinhalt schriftlich vor Augen zu führen und ihn damit vor der Eingehung dieser bestimmten Verbindlichkeit zu warnen. Demnach kann überall dort die Blankounterzeichnung der Schriftform nicht genügen, wo die Form der Warnfunktion dient und die Urkunde bestimmte inhaltliche Anforderungen erfüllen muß.
Zur Erfüllung der Namensunterschrift als Voraussetzung der Schriftform nach § 126 BGB ist eine Unterschrift erforderlich, die zwar nicht Buchstabe für Buchstabe lesbar sein muß, aber durch hinreichende Individualität ohne weiteres als Unterzeichnung des Namensträgers zu erkennen ist.
Die Urkunde muß vom Aussteller eigenhändig unterzeichnet werden. Durch das Erfordernis der Eigenhändigkeit wird die mechanische Vervielfältigung, also die Unterschrift durch Maschinenschrift, Stempel oder Faksimile, und die datenmäßige Vervielfältigung durch Computereinblendung ausgeschlossen. Den Bedürfnissen des Massenverkehrs hat der Gesetzgeber in einigen Fällen Rechnung getragen. Eine vollkommene Abkehr von der Eigenhändigkeit wiederum würde der Unterschrift einen wesentlichen Bestandteil nehmen.
Die Telefax-Übermittlung mag zwar Vorteile im modernen Geschäftsleben bringen, kann aber dort, wo durch Gesetz die Schriftform vorgeschrieben ist, den Brief nicht ersetzen. Im materiellen Recht ist der Telefax-Übermittlung die Gleichwertigkeit zur Erfüllung der Schriftform nach § 126 BGB eindeutig abzusprechen, es fehlt an der eigenhändigen Unterzeichnung. Lediglich im Bereich des Prozeßrechts findet der Einsatz fernmeldetechnischer Übertragungsmittel Billigung. Dort kann auf diese Weise dem Rechtssuchenden zur Wahrung seines Rechts die volle Ausnutzung der Rechtsmittelfristen auch unter Zuhilfenahme der modernen Nachrichtentechnik ermöglicht werden. Für das Computerfax gilt im Ergebnis nichts anderes als für das Telefax: Auch der Gebrauch des Computerfax ermöglicht keine eigenhändige Unterzeichnung und genügt somit nicht der Schriftform.

9. Die Öffentliche Beglaubigung ist in § 129 BGB geregelt. Die Form der öffentlichen Beglaubigung ist erfüllt, wenn eine schriftliche Erklärung unterzeichnet und die Unterschrift des Erklärenden von einem Notar beglaubigt wird (§ 129 I Satz 1 BGB). Zweck der öffentlichen Beglaubigung ist es, den Nachweis zu sichern, daß eine Person von bestimmter Identität eine bestimmte Unterschrift tatsächlich geleistet hat. Das Verfahren der öffentlichen Beglaubigung ist heute im Beurkundungsgesetz (§§ 39, 40) geregelt. Zuständig sind grundsätzlich die Notare.
Die Unterschrift soll nur beglaubigt werden, wenn sie in Gegenwart des Notars vollzogen oder anerkannt wird (§ 40 I BeurkG). Der Notar fertigt als Bestätigung einen Beglaubigungsvermerk an. Die Unterschriftsbeglaubigung ist keine Beglaubigung des Inhalts der Erklärung, die Beglaubigung kann daher im allgemeinen ohne Rücksicht auf Form und Inhalt des Textes getroffen werden. Bei der öffentlichen Beglaubigung hat der Notar grundsätzlich keine Prüfungspflicht oder Belehrungspflicht. Er braucht die Urkunde nur darauf zu überprüfen, ob Gründe bestehen, seine Amtstätigkeit zu verweigern (§ 40 II BeurkG, Evidenzprüfung). Die Beglaubigung einer Unterschrift ohne zugehörigen unterzeichneten Text (Blankobeglaubigung) ist dann zulässig, wenn dargelegt wird, daß die Beglaubigung vor der Festlegung des Urkundeninhalts benötigt wird (§ 40 V BeurkG). Die Unterschriftsbeglaubigung unter einem fremdsprachigen Text ist ebenso zulässig. Dies gilt insbesondere auch dann, wenn die fremde Sprache dem Notar nicht bekannt ist. Daher kann auch die Unterschrift in fremden Schriftzeichen als Unterschrift beglaubigt werden. Mit Zustimmung des Erklärenden kann der Text der Urkunde auch nach bereits erfolgter Unterschriftsbeglaubigung geändert werden, ohne daß dies die Formwirksamkeit beeinträchtigt. Einer abermaligen Unterzeichnung und deren Beglaubigung bedarf es nicht.

10. Die Notarielle Beurkundung ist in § 128 BGB geregelt. Das dazugehörige Verfahren wird im Beurkundungsgesetz näher erläutert. Überall dort, wo ein Vertrag kraft Gesetzes einer notariellen Beurkundung bedarf, ist § 128 BGB anwendbar. § 128 BGB ist hingegen nicht anwendbar, wenn nur die Willenserklärung einer Partei formbedürftig ist (wie in §§ 518 I, 1516 II Satz 3, 1750 I Satz 2, 2282 III, 2291 II, 2296 II Satz 2 BGB) oder wenn durch Gesetz die gleichzeitige Anwesenheit beider Parteien vorgeschrieben ist (wie in §§ 925, 1410, 2276 I Satz 1, 2290 IV BGB). Über den Beurkundungsvorgang wird eine Niederschrift aufgenommen, die vorgelesen, genehmigt und von den Beteiligten und dem Notar

eigenhändig unterschrieben wird (§§ 9, 13 BeurkG). Zur Verlesung gebracht werden soll die als Ergebnis der Verhandlung zu Papier gebrachte Niederschrift, nicht nur ein Entwurf oder eine Beratungsgrundlage. Wie die Genehmigung erfolgen soll, ist nicht näher geregelt. Die Genehmigung kann daher nicht nur durch ausdrückliche Bejahung, sondern auch durch schlüssiges Verhalten wie z.B. Kopfnicken oder auch widerspruchslose Unterzeichnung geschehen. Die Genehmigung erfolgt zeitlich nach der Verlesung der Niederschrift. In der Niederschrift wird die Herkunft der Unterschrift der Beteiligten vom Notar ausdrücklich bezeugt. Als Unterschrift reicht daher jeder Schriftzug, welcher als Unterschrift des jeweils Beteiligten interpretiert werden kann. Die Unterschrift ist das letzte für die Wirksamkeit der Niederschrift erforderliche Merkmal und sollte auch in zeitlicher Reihenfolge zuerst von den Beteiligten und dann vom Notar vorgenommen werden. Der Notar hat schließlich auch darauf zu achten, daß die Unterschrift mit der Bezeichnung der Beteiligten in der Niederschrift übereinstimmt. Verdeutlicht wird die Notwendigkeit einer genauen zeitlichen Reihenfolge der Unterschriften noch dadurch, daß die Unterschrift der Beteiligten zugleich auch die konkludente Genehmigung darstellen kann und die Genehmigung der Beteiligten immerhin vor der Unterzeichnung durch den Notar geschehen sollte.

Die Frage, ob eine nach deutschem Recht für ein Rechtsgeschäft vorgeschriebene notarielle Beurkundung auch durch einen ausländischen Notar erfüllt werden kann, stellt sich insbesondere für beurkundungsbedürftige Rechtsgeschäfte bei Kapitalgesellschaften. Hier stehen Aspekte wie die Beweissicherung oder auch der Übereilungsschutz im Vordergrund. Diese können auch durch die Beurkundung durch einen schweizerischen Notar erfüllt werden. Allerdings muß beachtet werden, daß durch die Wahl eines ausländischen Notar die notarielle Beurkundung in Funktion und Wirkung nicht auf eine öffentliche Beglaubigung reduziert wird. Eine generelle Feststellung der Gleichwertigkeit etwa innerhalb der Europäischen Union ist daher unangebracht, die Prüfung im Einzelfall ist geboten. Wenn als Ergebnis dieser Prüfung aber die Gleichwertigkeit mit dem deutschen Notariat festgestellt wurde, so sollte auch im Interesse der Rechtssicherheit der Beurkundung im Ausland nichts mehr im Wege stehen.

11. Eine besondere Formvorschrift ist § 2247 BGB für das eigenhändige privatschriftliche Testament. Dies kann der Erblasser für sich allein an

jedem Ort verfassen und aufbewahren. Die verständliche Zielsetzung, die Bedeutung der letztwilligen Verfügung dem Testierenden mit der Form zu verdeutlichen, ohne ihm einschränkende Auflagen, wie die Inanspruchnahme fachkundiger Personen oder die zwingende Hinterlegung bei Gericht, aufzuerlegen, führt zu zahlreichen Problemen. Widersprüchliche Testamente, erbittert streitende Hinterbliebene, unklare Äußerungen des Testierenden und Verstöße gegen die Eigenhändigkeit oder das Unterschriftserfordernis sind nicht selten Probleme, mit denen sich schließlich die Gerichte zu befassen haben. Es kann nicht die Aufgabe der Rechtsprechung sein, mißglückte Testamente zu reparieren. Die vom Gesetzgeber festgelegte Form für das eigenhändige Testament ist bei Verstoß ebenso der in § 125 BGB festgelegten Nichtigkeitsfolge zu unterwerfen, wie dies bei formwidrigen Grundstückskaufverträgen oder Bürgschaftsverträgen geschieht.

12. Die einheitliche Rechtsfolge der Nichtbeachtung der gesetzlich geforderten Form ist in § 125 Satz 1 BGB geregelt. Danach ist ein solches der gesetzlich vorgeschriebenen Form ermangelndes Rechtsgeschäft nichtig. Von dem Grundsatz der Nichtigkeit nach § 125 Satz 1 BGB bestehen einige gesetzliche Ausnahmen. Dabei führt der Formverstoß entsprechend dem nicht beachteten Formzweck zu einem anderen Inhalt der getroffenen Vereinbarung, an deren Wirksamkeit ändert sich nichts. Die bekannteste Ausnahme vom Grundsatz der Nichtigkeit ist § 550 Satz 1 BGB. Auch nach der Neuregelung ist § 550 BGB ein Anwendungsfall für die Schriftform nach § 126 BGB. Ähnlich zu § 550 BGB ist das Formerfordernis des § 623 BGB. Eine weitere Ausnahme gilt für Verbraucherdarlehensverträge und Teilzahlungsgeschäfte. Bestimmte früher in § 4 I, II VerbrKrG genannte Angaben bedürfen der nun in § 492 BGB und § 502 BGB besonders geregelten Schriftform.

13. In vielen Fällen kann der Mangel der gesetzlich vorgeschriebenen Form durch Heilung beseitigt werden. Durch die Heilung wird das ganze Rechtsgeschäft inklusive aller Nebenabreden wirksam. Es existiert ein bunter Strauß an Einzelfallregelungen, die nicht zuletzt durch die unterschiedlichen Voraussetzungen keine Basis für eine generelle Deutung der Heilung bilden können. Die unterschiedlichen Heilungsvorschriften können nicht auf ein gemeinsames Grundprinzip zurückgeführt werden, die Gemeinsamkeiten der verschiedenen Heilungsvorschriften ist insoweit gering.

Eine analoge Anwendung der Heilungsvorschriften kann nicht befürwortet werden. Die Heilung muß weiterhin die Ausnahme bleiben, um die Form nicht in ihrer Wirkung einzuschränken. Bei der Heilung wird etwa aus Gründen der Rechtssicherheit in Kauf genommen, auf die Formzwecke im Einzelfall auch zu verzichten. Eine generelle Heilung bei Erfüllung des formwidrig geschlossenen Vertrages kann nicht befürwortet werden.
Die Möglichkeit zur Heilung von zunächst nicht formgemäß abgeschlossenen Rechtsgeschäften beschränkt sich damit auf die im Gesetz ausdrücklich geregelten Fälle. Eine Heilung ist demnach möglich bei der Grundstücksveräußerung (§ 311 b I Satz 2 BGB), bei Verbraucherdarlehen und Teilzahlungsgeschäft (§ 494 und § 502 BGB), bei der Schenkung (§ 518 II BGB), bei der Bürgschaft (§ 766 Satz 3 BGB), bei der Schenkung von Todes wegen (§ 2301 II BGB), beim Schiedsvertrag (§ 1031 VI ZPO) und bei der Abtretung von GmbH-Anteilen (§ 15 IV Satz 2 GmbHG).
Nach § 518 II BGB wird bei der notariell zu beurkundenden Schenkung der Mangel der Form durch die Bewirkung der versprochenen Leistung geheilt. Die Leistungshandlung genügt für die Heilung nach § 518 II BGB. Die Einführung einer Wertgrenze würde mehr Probleme schaffen als beseitigen.

14. Wenn keine Möglichkeit zur Heilung des Formmangels im Gesetz vorgesehen ist, so wäre die Nichtigkeit nach § 125 Satz 1 BGB unweigerliche Folge. In § 125 BGB ist keine Ausnahme von der Folge der Nichtigkeit vorgesehen. Ausgehend vom Grundsatz, daß gesetzliche Formvorschriften im Interesse der Rechtssicherheit nicht aus bloßen Billigkeitserwägungen außer Acht gelassen werden dürfen, werden in der Rechtsprechung Ausnahmen von der Nichtigkeit nach § 125 Satz 1 BGB nur dann für zulässig erachtet, wenn es nach den Beziehungen der Parteien und den gesamten Umständen mit Treu und Glauben unvereinbar wäre, das Rechtsgeschäft am Formmangel scheitern zu lassen. Entscheidend ist dabei, daß das Ergebnis der Nichtigkeit für die betroffenen Parteien schlechthin untragbar wäre. Für Ausnahmen vom Grundsatz der Nichtigkeit sind teils in der Rechtsprechung, teils in der Literatur bestimmte Fallgruppen entwickelt worden, bei denen das jeweilige Rechtsgeschäft trotz des Formverstoßes seine Gültigkeit behalten soll. Eine bedeutende dieser Fallgruppen ist die arglistige Täuschung über das Formerfordernis durch den Vertragspartner. Eine

weitere Fallgruppe ist die Verletzung einer Fürsorgepflicht oder einer Treuepflicht. Eine dritte Gruppe umfaßt die Fälle der Existenzgefährdung. Die für eine Existenzgefährdung beispielhaften Fälle finden sich im Höferecht. Schließlich umfaßt eine weitere Gruppe die Fälle der Unmöglichkeit der sachgemäßen Rückabwicklung des Geschäfts im Hinblick auf bereits aus diesem Geschäft gezogene Vorteile.
Durch die Lektüre des Gesetzestextes ist nicht erkennbar, wann eine Abweichung von § 125 BGB vorgenommen werden kann. Selbst die von der Rechtsprechung verwendete Formel des schlechthin untragbaren Ergebnisses ist fast ebenso schwer zu konkretisieren wie Treu und Glauben. Somit geht die von der Rechtsprechung durch diesen Weg erreichte Gerechtigkeit im Einzelfall auf Kosten der allgemeinen Rechtssicherheit. Daher ist auf die Befolgung des § 125 BGB besonders Wert zu legen. Bei besonderen Sachverhalten führt nur eine Abweichung vom Grundsatz des § 125 BGB zu sachgerechten Ergebnissen. Eine solche Abweichung kann gerechtfertigt sein, um den Mißbrauch der Nichtigkeitsfolge bei Formverstoß durch eine Vertragspartei zu vermeiden, etwa bei Arglist. Die Abweichung vom Grundsatz des § 125 Satz 1 BGB muß aber im Interesse der Rechtssicherheit die Ausnahme bleiben.

15. Unter anderem als Reaktion auf die Verbreitung der neuen Medien über den geschäftlichen Massenverkehr hinaus hat der Gesetzgeber zwei neue Formen geschaffen: Die elektronische Form (§ 126 a BGB) und die Textform (§ 126 b BGB). Nach § 126 III BGB kann die Schriftform durch die elektronische Form ersetzt werden, soweit das Gesetz in der konkreten Formvorschrift nicht etwas anderes bestimmt. Zur Ersetzung der Schriftform durch die elektronische Form muß der Aussteller der Erklärung seinen Namen hinzufügen und das Dokument mit einer qualifizierten elektronischen Signatur versehen (§ 126 a I BGB). Die elektronische Form erhält ihre Wirkung also in einer Kombination mit den Regelungen des Signaturgesetzes, insbesondere hinsichtlich der qualifizierten Signatur. Genau genommen ist die elektronische Form damit keine eigenständige Form mit eigenen Zielsetzungen, sondern nur eine Variante zur Schriftform. Zunächst kann festgestellt werden, daß es dem Gesetzgeber mit der elektronischen Form nach derzeitigem Stand der technischen Möglichkeiten durchaus gelungen ist, eine zuverlässige Methode zur Identitätssicherung des Absenders der Erklärung und damit zur Beweissicherung zu entwickeln. Durch die Notwendigkeit der Signatur wird auch die vorschnelle Eingehung von Verbindlichkeiten

insbesondere bei der erstmaligen aber auch bei jeder folgenden Verwendung gemindert. Der erforderliche Einsatz der Chipkarte verdeutlicht zudem einen Unterschied zu anderen formlosen Rechtsgeschäften. Allein die umständliche Prozedur vom Erstellen des Dokuments über das Einführen der Chipkarte unter Eingabe der Geheimzahl bis hin zum Auslösen des Signiervorgangs trägt bereits zum Erreichen der Warnfunktion bei. Damit kann durchaus gesagt werden, daß die elektronische Form bei korrekter Betrachtungsweise nicht nur auf die Identitätssicherung ausgerichtet ist, sondern auch dazu geeignet ist, die für ein Korrelat zur Schriftform wichtige Warnfunktion zu erfüllen.
Falls sich die elektronische Form in der Praxis bewähren sollte und eine Verbreitung über den Geschäftsverkehr hinaus auch im Privatverkehr gefunden hat, wäre eine Ausdehnung auf eine alternativ zur öffentlichen Beglaubigung mögliche elektronische öffentliche Beglaubigung durchaus denkbar und auch zu begrüßen.

16. Seit dem 1. August 2001 findet sich neben der Elektronischen Form des § 126 a BGB auch noch die Textform als weitere neue Form im Allgemeinen Teil des Bürgerlichen Gesetzbuchs. Zur Erfüllung der Textform muß die Erklärung in einer Urkunde oder auf andere geeignete Weise zur dauerhaften Wiedergabe in Schriftzeichen abgegeben werden, die Person des Erklärenden genannt werden und der Abschluß der Erklärung durch Nachbildung der Namensunterschrift oder anders erkennbar gemacht werden (§ 126 b BGB). Die Textform als lesbare, aber unterschriftslose Erklärung dient nicht zur Erfüllung der klassischen Formzwecke: Warnfunktion oder Beweisfunktion können durch die Textform nicht ausreichend erfüllt werden. Die Textform ist keine durchdachte Ergänzung der bekannten Formen, ihr fehlt die Eignung zur Erfüllung vielfältiger Zwecke. Angesichts des Grundsatzes der Formfreiheit ist dies aber fast schon die conditio sine qua non für eine Form, um nicht zum bloßen Selbstzweck zu werden. Mit der Einführung der Textform als § 126 b BGB ist keine erfolgreiche Verbesserung der Formvorschriften gelungen. Die Stellung als selbständiger Paragraph, gleichsam gleichberechtigt mit Schriftform, Beglaubigung und Beurkundung, spiegelt nicht die eigentliche Bedeutung der Textform wieder. Wenn die früher bestehenden Ausnahmen zur Schriftform hinsichtlich des Erfordernisses der eigenhändigen Unterschrift in den allgemeinen Teil aufgenommen werden sollen, bietet sich ein anderer Weg an: Besser wäre es, die Regelung des § 126 b BGB in Abkehr von

einer Eigenständigkeit der Schriftform zuzuordnen und damit auch unterzuordnen. Dazu sollte § 126 b BGB zu einem Absatz V des § 126 BGB werden. Schließlich könnte durch den Verzicht auf die Bezeichnung Textform noch für zusätzliche Klarheit gesorgt werden, etwa indem eine aussagekräftige Bezeichnung als "unterschriftslose Schriftform" gewählt wird.

Literaturverzeichnis

Bamberger, Heinz Georg Roth, Herbert	Kommentar zum Bürgerlichen Gesetzbuch, Bd. 1: §§ 1-610 BGB, 1. Auflage, München 2003, zitiert: Bamberger/Roth/Bearbeiter.
Battes, Robert	Erfüllungsansprüche trotz beiderseits bewußten Formmangels?, in: Juristenzeitung 1969, S. 683, zitiert: Battes JZ 1969.
Bauer, Hans-Joachim Oefele, Helmut von	Grundbuchordnung, Kommentar, München 1999, zitiert: Bauer/Oefele/Bearbeiter.
Baumbach, Adolf Hueck, Alfred	GmbH-Gesetz, 17. Auflage, München 2000, zitiert: Baumbach/Hueck.
Bechtold, Rainer	Kartellgesetz, Gesetz gegen Wettbewerbsbeschränkungen, München 1993, zitiert: Bechtold.
Belke, Marcus	Die digitale Signatur kurz vor dem Start, in: Datenschutz und Datensicherheit 2000, S. 74, zitiert: Belke DuD 2000.
Benedict, Jörg	Wi(e)der die Formwirksamkeit der Blankettbürgschaft, in: Juristische Ausbildung 1999, S. 78, zitiert: Benedict Jura 1999.
Bernard, Karl-Heinz	Formbedürftige Rechtsgeschäfte, Berlin 1979, zitiert: Bernard Rechtsgeschäfte.
Berscheid, Ernst-Dieter	Schriftform für Beendigung und Befristungen von Arbeitsverträgen, in: Zeitschrift für das gesamte Insolvenzrecht 2000, S. 208, zitiert: Berscheid ZInsO 2000.
Bielefeld, Volker	Einladung zur Wohnungseigentümerversammlung ohne Unterschrift, in: Neue Zeitschrift für Miet- und Wohnungsrecht 2001, S. 1121, zitiert: Bielefeld NZM 2001.
Blank, Hubert Börstinghaus, Ulf	Neues Mietrecht, Kommentar, München 2001, zitiert: Blank/Börstinghaus.

Blaurock, Uwe	Anmerkung zu BGH XI ZR 96/92, in: Entscheidungen zum Wirtschaftsrecht 1993, S. 245, zitiert: Blaurock EWiR 1993.
Blum, Felix	Entwurf eines neuen Signaturgesetzes, in: Datenschutz und Datensicherheit 2001, S. 71, zitiert: Blum DuD 2001.
Boente, Walter Riehm, Thomas	Das BGB im Zeitalter digitaler Kommunikation, in: Juristische Ausbildung 2001, S. 793, zitiert: Boente/Riehm Jura 2001.
Bokelmann, Gunther	GmbH-Gesellschafterversammlung im Ausland und Beurkundung durch ausländische Notare, in: Neue Juristische Wochenschrift 1972, S. 1729, zitiert: Bokelmann NJW 1972.
Brambring, Günter Jerschke, Hans-Ulrich	Beck´sches Notar-Handbuch, München 2000, zitiert: Beck´sches Notar-Handbuch/Bearbeiter.
Bredthauer, Jürgen	Zur Wirksamkeit gesellschaftsrechtlicher Beurkundungen im Kanton Zürich, in: Betriebsberater 1986, S. 1864, zitiert: Bredthauer BB 1986.
Bröhl, Georg Tettenborn, Alexander	Das neue Recht der elektronischen Signaturen, Köln 2001, zitiert: Bröhl/Tettenborn Signaturen.
Bub, Wolf-Rüdiger Treier, Gerhard Heile, Bernhard	Handbuch der Geschäfts- und Wohnraummiete, 3. Auflage, München 1999, mit Nachtrag 2001, zitiert: Bub/Treier/Heile.
Bühren, Hubert van	Anmerkung zu BGH IV ZR 306/97, in: Monatsschrift für Deutsches Recht 1999, S. 356, zitiert: Bühren MDR 1999.
Bülow, Peter	Verbraucherkreditrecht im BGB, in: Juristische Schulung 2002, S. 1145, zitiert: Bülow JuS 2002.
Bülow, Peter	Blankobürgschaft und Rechtsscheinzurechnung, in: Zeitschrift für Wirtschaftsrecht 1996, S. 1694, zitiert: Bülow ZIP 1996.
Bunte, Hermann-Josef [Hrsg.]	Kommentar zum deutschen und europäischen Kartellrecht, Band I, 9. Auflage, Neuwied 2001, zitiert: Bunte/Bearbeiter.

Bürge, Alfons	Kupolofenfall, in: Festschrift für Gerhard Lüke, München 1997, S. 7, zitiert: Bürge FS Lüke.
Bydlinski, Peter	Die aktuelle höchstrichterliche Judikatur zum Bürgschaftsrecht in der Kritik, in: Wertpapiermitteilungen 1992, S. 1301, zitiert: Bydlinski WM 1992.
Canaris, Claus-Wilhelm	Die Vertrauenshaftung im deutschen Privatrecht, München 1971, zitiert: Canaris Vertrauenshaftung.
Cordes, Albrecht	Telefax und Übereilungsschutz, in: Neue Juristische Wochenschrift 1993, S. 2427, zitiert: Cordes NJW 1993.
Damrau, Jürgen	Die Abschichtung, in: Zeitschrift für Erbrecht und Vermögensnachfolge 1996, S. 361, zitiert: Damrau ZEV 1996.
Dästner, Christian	Neue Formvorschriften im Prozeßrecht, in: Neue Juristische Wochenschrift 2001, S. 3469, zitiert: Dästner NJW 2001.
Däubler, Wolfgang	Obligatorische Schriftform für Kündigung, Aufhebungsvertrag und Befristung, in: Arbeitsrecht im Betrieb 2000, S. 188, zitiert: Däubler AiB 2000.
Daumke, Michael	Rechtsprobleme der Telefaxübermittlung, in: Zeitschrift für Wirtschaftsrecht 1995, S. 722, zitiert: Daumke ZIP 1995.
Dehn, Wilma	Zur Form des Schuldbeitritts zu einem Schuldanerkenntnis gemäß § 781 BGB, in: Wertpapiermitteilungen 1993, S. 2115, zitiert: Dehn WM 1993.
Demharter, Johann	Grundbuchordnung, 24. Auflage, München 2002, zitiert: Demharter.
Derleder, Peter	Anmerkung zu BGH XI ZR 40/00, in: Juristenzeitung 2001, S. 830, zitiert: Derleder JZ 2001.

Dieterich, Thomas [Hrsg.] — Erfurter Kommentar zum Arbeitsrecht,
München 2001,
zitiert: ErfKomm/Bearbeiter.

Dörner, Heinrich — Anmerkung zu BGH IV ZR 306/97,
in: Juristische Rundschau 2000, S. 16,
zitiert: Dörner JR 2000.

Dörner, Heinrich u.a. — Bürgerliches Gesetzbuch, Handkommentar,
2. Auflage, Baden-Baden 2002,
zitiert: HK/Bearbeiter.

Ebenroth, Carsten — Erbrecht,
München 1992,
zitiert: Ebenroth Erbrecht.

Ebenroth, Carsten; Wilken, Oliver — Entwicklungstendenzen im deutschen internationalen Gesellschaftsrecht,
in: Juristenzeitung 1991, S. 1061,
zitiert: Ebenroth/Wilken JZ 1991.

Ebnet, Peter — Die Entwicklung des Telefaxrechts seit 1992,
in: Juristenzeitung 1996, S. 507,
zitiert: Ebnet JZ 1996.

Eckert, Hans-Georg — Bedeutung der Mietrechtsreform für die gewerbliche Miete,
in: Neue Zeitschrift für Miet- und Wohnungsrecht 2001, S. 409,
zitiert: Eckert NZM 2001.

Eckert, Michael; Scalia, Salvatore — Formwahrung durch Telefax,
in: Deutsches Steuerrecht 1996, S. 1608,
zitiert: Eckert/Scalia DStR 1996.

Einsele, Dorothee — Formerfordernisse bei mehraktigen Rechtsgeschäften,
in: Deutsche Notar-Zeitschrift 1996, S. 835,
zitiert: Einsele DNotZ 1996.

Einsele, Dorothee — Anmerkung zu BGH V ZR 272/96,
in: Deutsche Notar-Zeitschrift 1999, S. 43,
zitiert: Einsele DNotZ 1999.

Emde, Raimond — Kurzkommentar zu BGH XII ZR 55/97,
in: Entscheidungen zum Wirtschaftsrecht 1999, S. 777,
zitiert: Emde EWiR 1999.

Emmerich, Volker; Sonnenschein, Jürgen — Miete,
6. Auflage, Berlin 1991,
zitiert: Emmerich/Sonnenschein.

Erman, Walter
Handkommentar zum Bürgerlichen Gesetzbuch,
Band I, §§ 1-853 BGB, 10. Auflage, Köln 2000,
zitiert: Erman/Bearbeiter.

Eylmann, Horst
Vaasen, Hans-Dieter
Bundesnotarordnung, Beurkundungsgesetz,
Kommentar, München 2000,
zitiert: Eylmann/Vaasen/Bearbeiter.

Faßbender, Hermann J.
u.a.
Notariatskunde,
13. Auflage, Rinteln 2000,
zitiert: Faßbender/Bearbeiter.

Feldmann, Karl
Haftung und Anfechtung bei mißbräuchlich ausgefüllten
Blankourkunden des bürgerlichen Rechts,
Dissertation, Frankfurt/Main 1955,
zitiert: Feldmann Blankourkunden.

Fischer, Gerfried
Formnichtigkeit der Blankobürgschaft,
in: Juristische Schulung 1998, S. 205,
zitiert: Fischer JuS 1998.

Flume, Werner
Allgemeiner Teil des Bürgerlichen Rechts,
Zweiter Band: Das Rechtsgeschäft, Berlin 1979,
zitiert: Flume AT II.

Frenz, Norbert
Anmerkung zu BGH IV ZR 238/93,
in: Deutsche Notar-Zeitschrift 1996, S. 766,
zitiert: Frenz DNotZ 1996.

Fritsche, Ingo
Die Einführung des elektronischen Rechtsverkehrs im Privatrecht,
in: Neue Justiz 2002, S. 169,
zitiert: Fritsche NJ 2002.

Geißler, Hasso
"In Textform" - was ist das?,
in: Neue Zeitschrift für Miet- und Wohnungsrecht 2001, S. 689,
zitiert: Geißler NZM 2001.

Gernhuber, Joachim
Das Schuldverhältnis,
Tübingen 1989,
zitiert: Gernhuber Schuldverhältnis.

Goette, Wulf
Auslandsbeurkundungen im Kapitalgesellschaftsrecht,
in: Festschrift für Karlheinz Boujong, München 1996,
zitiert: Goette FS Boujong.

Gramlich, Bernhard
Mietrecht,
6. Auflage, München 1995,
zitiert: Gramlich.

Grundmann, Stefan	Zu Formfreiheit und Formzwang bei privatschriftlichen Testamenten, in: Archiv für die civilistische Praxis 187 (1987), S. 429, zitiert: Grundmann AcP 187.
Güthe, Georg Triebel, Franz	Grundbuchordnung, 6. Auflage, Berlin 1936, zitiert: Güthe/Triebel.
Haas, Lothar	Das neue Mietrecht, Köln 2001, zitiert: Haas Mietrecht.
Haase, Karsten	Das mietvertragliche Formerfordernis und das Prinzip der Einheitlichkeit der Urkunde: Die ratio legis des § 566 BGB als Regulativ des Zusammenwirkens der §§ 566, 126 BGB, in: Wohnungswirtschaft und Mietrecht 1995, S. 625, zitiert: Haase WuM 1995.
Habscheid, Walther	Zur Heilung formnichtiger Erbteilskaufverträge, in: Zeitschrift für das gesamte Familienrecht 1968, S. 13, zitiert: Habscheid FamRZ 1968.
Hadding, Walther	Kurzkommentar zu BGH IX ZR 153/95, in: Entscheidungen zum Wirtschaftsrecht 1996, S. 785, zitiert: Hadding EWiR 1996.
Haegele, Karl	Beurkundungsgesetz, Regensburg 1969, zitiert: Haegele.
Hagen, Horst	Formzwang, Formzweck, Formmangel und Rechtssicherheit, in: Festschrift für Helmut Schippel, München 1996, zitiert: Hagen FS Schippel.
Hähnchen, Susanne	Das Gesetz zur Anpassung der Formvorschriften des Privatrechts und anderer Vorschriften an den modernen Rechtsverkehr, in: Neue Juristische Wochenschrift 2001, S. 2831, zitiert: Hähnchen NJW 2001.
Häsemeyer, Ludwig	Die gesetzliche Form der Rechtsgeschäfte, Frankfurt am Main 1971, zitiert: Häsemeyer Form.
Häsemeyer, Ludwig	Die Bedeutung der Form im Privatrecht, in: Juristische Schulung 1980, S. 1, zitiert: Häsemeyer JuS 1980.

Haug, K. H.	Inhalt und Grenzen der notariellen Belehrungspflicht, in: Deutsche Notar-Zeitschrift 1972, S. 388, zitiert: Haug DNotZ 1972.
Heckschen, Heribert	Auslandsbeurkundung und Richtigkeitsgewähr, in: Der Betrieb 1990, S. 161, zitiert: Heckschen DB 1990.
Heiderhoff, Bettina	Schriftform bei langfristigen Mietverträgen und Loseblatt-Rechtsprechung des BGH, in: Neue Zeitschrift für Miet- und Wohnungsrecht 1998, S. 896, zitiert: Heiderhoff NZM 1998.
Heile, Bernhard	Gesetzlicher Formzwang nach § 566 BGB für Mietvorverträge über Grundstücke und Räume, in: Neue Juristische Wochenschrift 1991, S. 6, zitiert: Heile NJW 1991.
Heiss, Helmut	Formmängel und ihre Sanktionen, Tübingen 1999, zitiert: Heiss Formmängel.
Heldrich, Karl	Die Form des Vertrages, in: Archiv für die civilistische Praxis 147 (1941), S. 89, zitiert: Heldrich AcP 147.
Henneke, Sebastian	Form- und Fristfragen beim Telefax, in: Neue Juristische Wochenschrift 1998, S. 2194, zitiert: Henneke NJW 1998.
Hepp, Eva-Maria	Reformüberlegungen zum Kosten- und Haftungsrecht, in: Deutsche Notar-Zeitschrift 2002, S. 226* (Sonderheft zum 26. Dt. Notartag 2002, Kurzreferate: Zukunftsfragen des Notariats), zitiert: Hepp DNotZ 2002.
Herpers, Hans Heinz	Wohnraummietrecht, 2. Auflage, Baden-Baden 1994, zitiert: Herpers.
Herrmann, Elke	Vollzug von Schenkungen nach § 518 II BGB, in: Monatsschrift für Deutsches Recht 1980, S. 883, zitiert: Herrmann MDR 1980.
Hillebrand, Anette Büllingen, Franz	Erfolgsfaktoren digitaler Signaturen, in: Datenschutz und Datensicherheit 2000, S. 80, zitiert: Hillebrand/Büllingen DuD 2000.

Hohmann, Klaus	Erbrechtliche Bindung und lebzeitige Verfügungsfreiheit beim Erbvertrag, in: Zeitschrift für Erbrecht und Vermögensnachfolge 1996, S. 24, zitiert: Hohmann ZEV 1996.
Hübner, Heinz	Allgemeiner Teil des Bürgerlichen Gesetzbuchs, 2. Auflage, Berlin 1996, zitiert: Hübner AT.
Huhn, Diether von Schuckmann, Hans-Joachim	Beurkundungsgesetz, 3. Auflage, Berlin 1995, zitiert: Huhn/v.Schuckmann.
Hülsmann, Christoph	Zum Einwilligungserfordernis nach § 159 VVG im Lichte der Rechtsprechung, in: Neue Zeitschrift für Versicherung und Recht 1999, S. 550, zitiert: Hülsmann NVersZ 1999.
Immenga, Ulrich Mestmäcker, Ernst-Joachim	Gesetz gegen Wettbewerbsbeschränkungen, 2. Auflage, München 1992, 3. Auflage, München 2001, zitiert: Immenga/Mestmäcker/Bearbeiter.
Jakobs, Horst Heinrich Schubert, Werner	Die Beratung des Bürgerlichen Gesetzbuchs, Allgemeiner Teil, §§ 1-240 BGB, Band I, Berlin 1985, zitiert: Jakobs/Schubert AT I.
Jansen, Paul	Freiwillige Gerichtsbarkeit, III. Band, 2. Auflage, Berlin 1971, zitiert: Jansen.
Jauernig, Othmar	Bürgerliches Gesetzbuch, 10. Auflage, München 2003, zitiert: Jauernig/Bearbeiter.
Johannsen	Die Rechtsprechung des BGH auf dem Gebiet des Erbrechts, in: Wertpapiermitteilungen 1972, S. 1046, zitiert: Johannsen WM 1972.
Jungclaus, Katrin	Das neue Signaturgesetz, in: Deutsche Richterzeitung 2001, S. 441, zitiert: Jungclaus DRiZ 2001.
Kanzleiter, Rainer	Das Vorlesen der Niederschrift, in: Deutsche Notar-Zeitschrift 1997, S. 261, zitiert: Kanzleiter DNotZ 1997.

Kanzleiter, Rainer	Bedürfen Rechtsgeschäfte Im Zusammenhang mit Ehe- und Erbverträgen der notariellen Beglaubigung?, in: Neue Juristische Wochenschrift 1997, S. 217, zitiert: Kanzleiter NJW 1997.
Kanzleiter, Rainer	Der Umfang der Beurkundungsbedürftigkeit bei verbundenen Rechtsgeschäften, in: Deutsche Notar-Zeitschrift 1994, S. 275, zitiert: Kanzleiter DNotZ 1994.
Keidel, Theodor Kuntze, Joachim Winkler, Karl	Freiwillige Gerichtsbarkeit, Teil B, Beurkundungsgesetz mit Erläuterungen, 14. Auflage, München 1999, zitiert: Keidel/Kuntze/Winkler.
Keim, Christopher	Das Ende der Blankobürgschaft?, in: Neue Juristische Wochenschrift 1996, S. 2774, zitiert: Keim NJW 1996.
Keller, Hilmar	Die Heilung eines formnichtigen Erbteilskaufvertrages oder ähnlichen Vertrages im Sinne von § 2385 I BGB, in: Zeitschrift für Erbrecht und Vermögensnachfolge 1995, S. 427, zitiert: Keller ZEV 1995.
Kiethe, Kurt	Die Form des Ehevertrages, in: Monatsschrift für Deutsches Recht 1994, S. 639, zitiert: Kiethe MDR 1994.
Köbl, Hans	Die Bedeutung der Form im heutigen Recht, in: Deutsche Notar-Zeitschrift 1983, S. 207, zitiert: Köbl DNotZ 1983.
Köhler, Helmut	Die Problematik automatisierter Rechtsvorgänge, insbesondere von Willenserklärungen, in: Archiv für die civilistische Praxis 182 (1982), S. 126, zitiert: Köhler AcP 182 (1982).
Köhler, Helmut	Die Unterschrift als Rechtsproblem, in: Festschrift für Helmut Schippel, München 1996, zitiert: Köhler FS Schippel.
Köhler, Helmut	Anmerkung zu BGH XI ZR 107/89, in: Juristenzeitung 1991, S. 408, zitiert: Köhler JZ 1991.
Köhler, Helmut	BGB, Allgemeiner Teil, 26. Auflage, Heidelberg 2002, zitiert: Köhler AT.

Kossmann, Ralph Köhler, Wolfgang	Handbuch der Wohnraummiete, 5. Auflage, München 2000, zitiert: Kossmann/Köhler.
Köstner, Elmar	Gesetzliches Schriftformerfordernis im Arbeitsrecht, in: Betrieb und Wirtschaft 2001, S. 126, zitiert: Köstner BuW 2001.
Kropholler, Jan	Auslandsbeurkundung im Gesellschaftsrecht, in: Zeitschrift für das gesamte Handelsrecht 140 (1976), S. 394, zitiert: Kropholler ZHR 140.
Kuntze, Joachim	Grundbuchrecht, Kommentar, 5. Auflage, Berlin 1999, zitiert: Kuntze/Bearbeiter.
Lange, Heinrich	Die Eindämmung von Nichtigkeit und Anfechtbarkeit, in: Archiv für die civilistische Praxis 144 (1938), S. 149, zitiert: Lange AcP 144 (1938).
Lange, Heinrich Kuchinke, Kurt	Erbrecht, 5. Auflage, München 2001, zitiert: Lange/Kuchinke Erbrecht.
Lange, Knut Werner	Handbuch zum deutschen und europäischen Kartellrecht, Heidelberg 2001, zitiert: Lange/Bearbeiter.
Lange, Rudolf Wulff, Hans Lüdtke-Handjery, Christian	Höfeordnung, Kommentar, 9. Auflage, München 1991, zitiert: Lange/Wulff/Lüdtke-Handjery.
Langenfeld, Gerrit	Notarielle Scheidungsvereinbarungen über den Versorgungsausgleich, in: Deutsche Notar-Zeitschrift 1983, S. 139, zitiert: Langenfeld DNotZ 1983.
Larenz, Karl Canaris, Claus-Wilhelm	Lehrbuch des Schuldrechts, I. Band, 14. Auflage, München 1987, zitiert: Larenz/Schuldrecht I; II. Band, 2. Halbband, 13. Auflage, München 1994, zitiert: Larenz/Canaris.
Larenz, Karl	Methodenlehre, 6. Auflage, Berlin 1991, zitiert: Larenz Methodenlehre.

Larenz, Karl
Wolf, Manfred — Allgemeiner Teil des Bürgerlichen Rechts, 8. Auflage, München 1997, zitiert: Larenz/Wolf AT.

Lehmann, Heinrich — Die Unterschrift im Tatbestand der schriftlichen Willenserklärung, Dissertation, Bonn 1904, zitiert: Lehmann Unterschrift.

Leipold, Dieter — BGB, Allgemeiner Teil, 1. Auflage, Tübingen 1999, zitiert: Leipold AT.

Lerch, Klaus — Beurkundung und formfreie Genehmigung, in: Zeitschrift für Rechtspolitik 1998, S. 347, zitiert: Lerch ZRP 1998.

Lindner-Figura, Jan — Schriftform langfristiger Mietverträge, in: Neue Juristische Wochenschrift 1998, S. 731, zitiert: Lindner-Figura NJW 1998.

Liwinska, Malgorzata — Übersendung von Schriftsätzen per Telefax, in: Monatsschrift für Deutsches Recht 2000, S. 500, zitiert: Liwinska MDR 2000.

Lorenz, Werner — Das Problem der Aufrechterhaltung formnichtiger Schuldverträge, in: Archiv für die civilistische Praxis 156 (1957), S. 381, zitiert: Lorenz AcP 156 (1957).

Löwe, Walter — Kritische Bemerkungen zum Referentenentwurf Mietrechtsreformgesetz, in: Neue Zeitschrift für Miet- und Wohnungsrecht 2000, S. 577, zitiert: Löwe NZM 2000.

Lübtow, Ulrich von — Probleme des Erbrechts, Berlin 1967, zitiert: Lübtow Erbrecht.

Lutter, Marcus
Hommelhoff, Peter — GmbH-Gesetz, 15. Auflage, Köln 2000, zitiert: Lutter/Hommelhoff.

Lützenkirchen, Klaus — Neue Mietrechtspraxis, Köln 2001, zitiert: Lützenkirchen Mietrechtspraxis.

Mallmann, Robert
Heinrich, Erbo — Schriftform bei Geschäften im Internet, in: Zeitschrift für Rechtspolitik 2000, S. 470, zitiert: Mallmann/Heinrich ZRP 2000.

Malzer, Hans Michael	Die öffentliche Beglaubigung, in: Deutsche Notar-Zeitschrift 2000, S. 169, zitiert: Malzer DNotZ 2000.
Malzer, Hans Michael	Zivilrechtliche Form und prozessuale Qualität der digitalen Signatur nach dem Signaturgesetz, in: Deutsche Notar-Zeitschrift 1998, S. 96, zitiert: Malzer DNotZ 1998.
Mankowski, Peter	Anmerkung zu BGH XI ZR 40/00, in: Entscheidungen zum Wirtschaftsrecht und Bankrecht I E 2 § 4 VerbrKrG 8.01, zitiert: Mankowski WuB.
Mecke, Friedrich Lerch, Klaus	Beurkundungsgesetz, 2. Auflage, München 1991, zitiert: Mecke/Lerch.
Medicus, Dieter	Bürgerliches Recht, 19. Auflage, München 2002, zitiert: Medicus BR.
Medicus, Dieter	Allgemeiner Teil des Bürgerlichen Gesetzbuches, 8. Auflage, Heidelberg 2002, zitiert: Medicus AT.
Medicus, Dieter	Schuldrecht II: Besonderer Teil, 10. Auflage, München 2000, zitiert: Medicus Schuldrecht II.
Meikel, Georg	Grundbuchrecht, Band II: §§ 17-44 GBO, 7. Auflage, Frankfurt/Main 1988, zitiert: Meikel/Bearbeiter.
Melullis, Klaus	Zum Regelungsbedarf bei der elektronischen Willenserklärung, in: Monatsschrift für Deutsches Recht 1994, S. 109, zitiert: Melullis MDR 1994.
Merz, Hans	Auslegung, Lückenfüllung und Normberichtigung, in: Archiv für die civilistische Praxis 163, (1964), S. 305, zitiert: Merz AcP 163 (1964).
Michalski, Lutz	Das Schriftformerfordernis bei langfristigen Mietverträgen (§ 566 BGB), in: Wertpapiermitteilungen 1998, S. 1993, zitiert: Michalski WM 1998.

Miedbrodt, Anja Mayer, Patrick	E-Commerce - Digitale Signaturen in der Praxis, in: Monatsschrift für Deutsches Recht 2001, S. 432, zitiert: Miedbrodt/Mayer MDR 2001.
Mihm, Katja	Pflicht zur Verlesung notarieller Urkunden bei EDV-Einsatz, in: Neue Juristische Wochenschrift 1997, S. 3121, zitiert: Mihm NJW 1997.
Mittelstein	Ist § 566 Satz 2 BGB zwingend oder Auslegungsvorschrift?, in: Deutsche Juristenzeitung 1905, S. 444, zitiert: Mittelstein DJZ 1905.
Möller, Cosima	Das Recht der Stellvertretung und der Verbraucherschutz, in: Zeitschrift für Wirtschaftsrecht 2002, S. 333, zitiert: Möller ZIP 2002.
Müller-Freienfels, Wolfram	Die Vertretung beim Rechtsgeschäft, Tübingen 1955, zitiert: Müller-Freienfels Vertretung.
Münch, Joachim	Anmerkung zu BGH XII ZR 55/97, in: Juristenzeitung 2000, S. 210, zitiert: Münch JZ 2000.
Münchener Kommentar	Kommentar zum Bürgerlichen Gesetzbuch, Band I: §§ 1-240 BGB, AGBG, 4. Auflage, München 2001, Band II: §§ 241-432 BGB, 4. Auflage, München 2001, Band III: §§ 433-606 BGB, 3. Auflage, München 1995, Band IV: §§ 607-704 BGB, 3. Auflage, München 1997, Band IX: §§ 1922-2385 BGB, 3. Auflage, München 1997, Kommentar zur Zivilprozeßordnung, Band III: §§ 803-1066 ZPO, München 2001, zitiert: MünchKomm/Bearbeiter.
Nies, Günter	Schrift- oder Textform im Mietrecht, in: Neue Zeitschrift für Miet- und Wohnungsrecht 2001, S. 1071, zitiert: Nies NZM 2001.
Nowak, Ulrich	Der elektronische Vertrag - Zustandekommen und Wirksamkeit unter Berücksichtigung des neuen Formvorschriftenanpassungsgesetzes, in: Monatsschrift für Deutsches Recht 2001, S. 841, zitiert: Nowak MDR 2001.
Nussbaum, Arthur	Deutsches internationales Privatrecht, Tübingen 1932, zitiert: Nussbaum Privatrecht.

Oertel, Klaus	Elektronische Form und notarielle Aufgaben im elektronischen Rechtsverkehr, in: Multimedia und Recht 2001, S. 419, zitiert: Oertel MMR 2001.
Ormanschick, Heiko Riecke, Olaf	Schriftformerfordernisse für Langzeitmietverträge, in: Monatsschrift für Deutsches Recht 2002, S. 247, zitiert: Ormanschick/Riecke MDR 2002.
Palandt, Otto	Kommentar zum Bürgerlichen Gesetzbuch, 62. Auflage, München 2003, zitiert: Palandt/Bearbeiter.
Pawlowski, Hans-Martin	Anmerkung zu BGH IX ZR 153/95, in: Juristenzeitung 1997, S. 309, zitiert: Pawlowski JZ 1997.
Pohlmann, Petra	Die Heilung formnichtiger Verpflichtungsgeschäfte durch Erfüllung, Berlin 1992, zitiert: Pohlmann Heilung.
Pordesch, Ulrich	Der fehlende Nachweis der Präsentation signierter Daten, in: Datenschutz und Datensicherheit 2000, S. 89, zitiert: Pordesch DuD 2000.
Preis, Ulrich Gotthard, Michael	Schriftformerfordernis für Kündigungen, Aufhebungsverträge und Befristungen nach § 623 BGB, in: Neue Zeitschrift für Arbeitsrecht 2000, S. 348, zitiert: Preis/Gotthard NZA 2000.
Regelsberger, Ferdinand	Gesetz und Rechtsanwendung, in: Iherings Jahrbücher für die Dogmatik des bürgerlichen Rechts 58 (1911), S. 146, zitiert: Regelsberger IherJb 58 (1911).
Reichel, Hans	Zur Behandlung formnichtiger Verpflichtungsgeschäfte, in: Archiv für die civilistische Praxis 104 (1909), S. 1, zitiert: Reichel AcP 104 (1909).
Reinhart, Gert	Das Verhältnis von Formnichtigkeit und Heilung des Formmangels im Bürgerlichen Recht, Heidelberg 1969, zitiert: Reinhart Heilung.
Reinicke, Dietrich	Das deklaratorische Schuldanerkenntnis, in: Neue Juristische Wochenschrift 1970, S. 885, zitiert: Reinicke NJW 1970.

Reinicke, Dietrich — Rechtsfolgen formwidrig abgeschlossener Verträge,
Berlin 1969,
zitiert: Reinicke Rechtsfolgen.

Reithmann, Christoph — Berichtigung notarieller Urkunden,
in: Deutsche Notar-Zeitschrift 1999, S. 27,
zitiert: Reithmann DNotZ 1999.

Reithmann, Christoph — Notarpraxis,
Bonn 1999,
zitiert: Reithmann/Bearbeiter.

Reithmann, Christoph — Vertragsgestaltung als Urkundstätigkeit,
in: Festschrift für Helmut Schippel, München 1996,
zitiert: Reithmann FS Schippel.

Repgen, Tilman — Die Form langfristiger Mietverträge,
in: Deutsche Wohnungswirtschaft 1999, S. 47,
zitiert: Repgen DWW 1999.

Reuter, Alexander — Keine Auslandsbeurkundung im Gesellschaftsrecht?,
in: Betriebsberater 1998, S. 116,
zitiert: Reuter BB 1998.

RGRK — Das Bürgerliche Gesetzbuch mit besonderer Berücksichtigung der Rechtsprechung des Reichsgerichts und des Bundesgerichtshofs,
Band I: §§ 1-240, 12. Auflage, Berlin 1982,
Band II 4: §§ 631-811, 12. Auflage, Berlin 1978,
zitiert: RGRK/Bearbeiter.

Richardi, Reinhard / Annuß, Georg — Der neue § 623 BGB - Eine Falle im Arbeitsrecht?,
in: Neue Juristische Wochenschrift 2000, S. 1231,
zitiert: Richardi/Annuß NJW 2000.

Riedel, Hermann / Feil, Gregor — Beurkundungsgesetz,
München 1970,
zitiert: Riedel/Feil.

Rieß, Joachim — Signaturgesetz - Der Markt ist unsicher,
in: Datenschutz und Datensicherheit 2000, S. 530,
zitiert: Rieß DuD 2000.

Riezler, Erwin — Die Blankettunterschrift,
in: Archiv für die civilistische Praxis 95 (1904), S. 357,
zitiert: Riezler AcP 95 (1904).

Roemer, Heiner | Die Formbedürftigkeit der Aufhebung und Änderung von Verträgen im Sinne des § 313 BGB,
Bonn 2001,
zitiert: Roemer Formbedürftigkeit.

Rolfs, Christian | Schriftform für Kündigungen und Beschleunigung des arbeitsgerichtlichen Verfahrens,
in: Neue Juristische Wochenschrift 2000, S. 1227,
zitiert: Rolfs NJW 2000.

Römermann, Volker / Moolen, Mark van der | Schriftsätze per Computerfax,
in: Betriebsberater 2000, S. 1640,
zitiert: Römermann/Moolen BB 2000.

Rösler, Patrick | Formbedürftigkeit der Vollmacht,
in: Neue Juristische Wochenschrift 1999, S. 1150,
zitiert: Rösler NJW 1999.

Roßnagel, Alexander | Das neue Recht elektronischer Signaturen,
in: Neue Juristische Wochenschrift 2001, S. 1817,
zitiert: Roßnagel NJW 2001.

Roßnagel, Alexander | Die neue Signaturverordnung,
in: Betriebsberater 2002, S. 261,
zitiert: Roßnagel BB 2002.

Roßnagel, Alexander | Rechtliche Unterschiede von Signaturverfahren,
in: Multimedia und Recht 2002, S. 215,
zitiert: Roßnagel MMR 2002.

Rottenburg, Franz von | Repräsentationsprinzip gegen Verbraucherschutz,
in: Wertpapiermitteilungen 2001, S. 2194,
zitiert: Rottenburg WM 2001.

Sander, Peter / Siebert, Ralph | Die Schriftform im individuellen Arbeitsrecht,
Arbeit und Recht 2000, S. 287 und 330,
zitiert: Sander/Siebert AuR 2000.

Schervier, Joachim | Beurkundung GmbH-rechtlicher Vorgänge im Ausland,
in: Neue Juristische Wochenschrift 1992, S. 593,
zitiert: Schervier NJW 1992.

Schilken, Eberhard | Zivilprozeßrecht,
4. Auflage, Köln 2002,
zitiert: Schilken Zivilprozeßrecht.

Schilken, Eberhard | Gerichtsverfassungsrecht,
2. Auflage, Köln 1994,
zitiert: Schilken Gerichtsverfassungsrecht.

Schippel, Helmut	Elektronische Form, in: Festschrift für Walter Odersky, München 1996, S. 657, zitiert: Schippel FS Odersky.
Schlüter, Wilfried	Erbrecht, 14. Auflage, München 2000, zitiert: Schlüter Erbrecht.
Schlüter, Wilfried	Heilung eines formnichtigen Erbteilkaufs durch Erfüllung, in: Juristische Schulung 1969, S. 10, zitiert: Schlüter JuS 1969.
Schmid, Ines	Computerfaxe in einem Web of Trust, in: Computer und Recht 1999, S. 609, zitiert: Schmid CR 1999.
Schmidt, Klaus [Hrsg.]	Arbeitsrecht und Arbeitsgerichtsbarkeit, Festschrift zum 50-jährigen Bestehen der Arbeitsgerichtsbarkeit in Rheinland-Pfalz, Neuwied 1999, zitiert: FS Arbeitsgerichtsbarkeit.
Schmittmann, Jens	Telefaxübermittlungen im Zivilrecht unter besonderer Berücksichtigung des Wettbewerbsrechts, Münster 1999, zitiert: Schmittmann Telefax.
Schmittmann, Jens	Zur Telefaxübermittlung im Geschäftsverkehr und den Gefahren der Manipulation, in: Der Betrieb 1993, S. 2575, zitiert: Schmittmann DB 1993.
Schmitz-Valckenberg, Walter Frenz, Norbert [Hrsg.]	Freundesgabe für Willi Weichler, Köln 1997, zitiert: FS Weichler.
Schneider, Egon	Vertrauensbruch durch Rechtsprechung, in: Monatsschrift für Deutsches Recht 1997, S. 904, zitiert: Schneider MDR 1997.
Schneider, Egon	Über gekrümmte Linien, Bogen, Striche, Haken und Unterschriften, in: Neue Juristische Wochenschrift 1998, S. 1844, zitiert: Schneider NJW 1998.
Scholz, Franz	GmbH-Gesetz, Band I, §§ 1-44, 9. Auflage, Köln 2000, Band II, §§ 45-85, 8. Auflage, Köln 1995, zitiert: Scholz/Bearbeiter.

Scholz, Franz Josef | Zehn Jahre Verbraucherkreditgesetz,
in: Finanzierung, Leasing, Factoring 2001, S. 190,
zitiert: Scholz FLF 2001.

Schultz | Der langfristige Mietvertrag und § 566 BGB,
in: Deutsche Juristenzeitung 1906, S. 75,
zitiert: Schultz DJZ 1906.

Schulze, Götz | Anmerkung zu BGH XII ZR 234/95,
in: Juristenzeitung 1998, S. 524,
zitiert: Schulze JZ 1998.

Schürmann, Frank | Wohnraumkündigung per Telefax - formungültig und doch fristwahrend,
in: Neue Juristische Wochenschrift 1992, S. 3005,
zitiert: Schürmann NJW 1992.

Schwemmer, Jürgen | Frontbericht - Der steinige Weg zur digitalen Unterschrift,
in: Datenschutz und Datensicherheit 2000, S. 70,
zitiert: Schwemmer DuD 2000.

Seibert, Ulrich | Erfüllung und Konvaleszenz,
in: Juristenzeitung 1981, S. 380,
zitiert: Seibert JZ 1981.

Siber, Heinrich | Die schuldrechtliche Vertragsfreiheit,
in: Iherings Jahrbücher für die Dogmatik des bürgerlichen Rechts 70 (1921), S. 223,
zitiert: Siber IherJb 70 (1921).

Siegel, Julius | Die Blanketterklärung,
Dissertation, München 1908,
zitiert: Siegel Blanketterklärung.

Soergel, Hans | Kommentar zum Bürgerlichen Gesetzbuch,
Band 2: Allg. Teil §§ 104-240 BGB, 13. Auflage, Stuttgart 1999,
zitiert: Soergel/Bearbeiter.

Staudinger, Julius von | Kommentar zum Bürgerlichen Gesetzbuch,
12. Bearbeitung:
- §§ 90-240, Berlin 1980,
13. Bearbeitung:
- §§ 293-327, Berlin 1995,
- §§ 433-534, Berlin 1995,
- §§ 741-764, Berlin 1996,
- §§ 765-778, Berlin 1997,
- §§ 1363-1563, Berlin 2000,

	- §§ 2265-2338 a, Berlin 1998,
	- §§ 2339-2385, Berlin 1997,
	- Verbraucherkreditgesetz, Berlin 1998,
	14. Bearbeitung:
	- §§ 164-240, Berlin 2001,
	- §§ 255-314, Berlin 2001,
	- Internationales Gesellschaftsrecht, Berlin 1998;
	zitiert: Staudinger/Bearbeiter.
Stein, Friedrich Jonas, Martin	Kommentar zur Zivilprozeßordnung, Band 2: §§ 91-252 ZPO, 21. Auflage, Tübingen 1994, zitiert: Stein/Jonas/Bearbeiter.
Sternel, Friedemann	Anmerkung zu BGH XII ZR 234/95, in: Monatsschrift für Deutsches Recht 1998, S. 33, zitiert: Sternel MDR 1998.
Sternel, Friedemann	Mietrecht, 3. Auflage, Köln 1988, zitiert: Sternel.
Sternel, Friedemann	Probleme des neuen Mietrechts, in: Zeitschrift für Miet- und Raumrecht 2001, S. 937, 2002, S. 1, zitiert: Sternel ZMR 2001.
Thiel, Christopher	Marktentwicklung im Umfeld digitaler Signaturen, in: Datenschutz und Datensicherheit 2000, S. 77, zitiert: Thiel DuD 2000.
Thomas, Heinz Putzo, Hans	Zivilprozeßordnung, 24. Auflage, München 2002, zitiert: Thomas/Putzo.
Tiedtke, Klaus	Haftung des Blankobürgen und Rückwirkung der Rechtsprechungsänderung zum Bürgschaftsrecht, in: Wirtschaftsrechtliche Beratung 1996, S. 807, zitiert: Tiedtke WiB 1996.
Tiedtke, Klaus	Zur Rechtsprechung des Bundesgerichtshofs auf dem Gebiet des Kaufrechts seit dem 1. Januar 1987, in: Juristenzeitung 1990, S. 75, zitiert: Tiedtke JZ 1990.
Wacke, Andreas	Kein Schenkungsvollzug ohne Aushändigung, in: Archiv für die civilistische Praxis 201 (2001), S. 256, zitiert: Wacke AcP 201.

Wacke, Andreas	Zur Behauptungslast und Beweislast des Beklagten für den Einwand der Schenkung, in: Zeitschrift für Zivilprozeß 114 (2001), S. 77, zitiert: Wacke ZZP 114.
Wandt, Manfred	Anmerkung zu BGH IV ZR 306/97, in: Versicherungsrecht 1999, S. 350, zitiert: Wandt VersR 1999.
Weimar, Wilhelm	Bedarf der Vorvertrag zu einem langfristigen Grundstücksmietvertrag der Schriftform?, in: Monatsschrift für Deutsches Recht 1961, S. 289, zitiert: Weimar MDR 1961.
Welter, Wolfgang	Auslegung und Form testamentarischer Verfügungen, Frankfurt 1985, zitiert: Welter Verfügungen.
Wiedemann, Gerhard	Handbuch des Kartellrechts, München 1999, zitiert: Wiedemann Kartellrecht.
Wilken, Oliver	Anmerkung zu LG Augsburg 2 HK T 2093/96, in: Entscheidungen zum Wirtschaftsrecht 1996, S. 937, zitiert: Wilken EWiR 1996.
Winkler, Karl	Urkunden in Vermerkform nach dem Beurkundungsgesetz, in: Deutsche Notar-Zeitschrift 1971, S. 140, zitiert: Winkler DNotZ 1971.
Winkler, Karl	Anmerkung zu BayObLG 2 Z 77/84, in: Deutsche Notar-Zeitschrift 1985, S. 224, zitiert: Winkler DNotZ 1985.
Wittig, Judith Wittig, Arne	Das neue Darlehensrecht im Überblick, in: Wertpapiermitteilungen 2002, S. 145, zitiert: Wittig/Wittig WM 2002.
Wufka, Eduard	Formfreiheit oder Formbedürftigkeit der Genehmigung von Grundstücksverträgen?, in: Deutsche Notar-Zeitschrift 1990, S. 339, zitiert: Wufka DNotZ 1990.
Zöller, Richard	Zivilprozeßordnung, 23. Auflage, Köln 2002, zitiert: Zöller/Bearbeiter.

Lebenslauf

Lutz-Ingo Plewe wurde 1976 in Wolfsburg als Sohn von Peter Plewe und Ursula Plewe, geb. Naucke, geboren.
Nach Abitur und Zivildienst in Wolfsburg begann er im Wintersemester 1996/1997 das Studium der Rechtswissenschaften an der Rheinischen Friedrich-Wilhelms-Universität Bonn. Im Januar 2001 absolvierte er das Erste Staatsexamen.
Zur Zeit ist Lutz-Ingo Plewe Rechtsreferendar in Braunschweig.